소프트웨어 세상을 여는
컴퓨터 과학

지은이 김종훈 jkim0858@jejunu.ac.kr

제주대학교 초등컴퓨터교육전공 교수로, 교육 기부 프로그램인 창의 컴퓨터 교실(http://cafe.naver.com/creativecomputer)과 소프트웨어 교육 커뮤니티인 SW 교육 카페(http://cafe.naver.com/scratchprogramming)를 운영하고 있다. 2016년과 2018년에 세계인명사전인 '마르퀴즈 후즈 후(Marquis Who's Who)'의 컴퓨터 과학 분야에 이름이 등재되었으며, 저서로 『중학교 정보 교과서』(한빛아카데미, 2018), 『앱 인벤터』(한빛미디어, 2016), 『프로그래밍 비타민』(한빛미디어, 2015), 『프로그래밍 언어론』(한빛아카데미, 2013) 등 20여 권이 있다.

소프트웨어 세상을 여는 컴퓨터 과학

초판발행 2018년 01월 26일
5쇄발행 2023년 09월 09일

지은이 김종훈 / **펴낸이** 전태호
펴낸곳 한빛아카데미(주) / **주소** 서울시 서대문구 연희로2길 62 한빛아카데미(주) 2층
전화 02-336-7112 / **팩스** 02-336-7199
등록 2013년 1월 14일 제2017-000063호 / **ISBN** 979-11-5664-381-4 93000

총괄 박현진 / **책임편집** 김성무 / **기획** 유경희 / **편집** 변소현 / **교정** 마정숙 / **진행** 안비단
디자인 표지 박정화, 내지 김미현, 김연정
영업 김태진, 김성삼, 이정훈, 임현기, 이성훈, 김주성 / **마케팅** 길진철, 김호철, 주희

이 책에 대한 의견이나 오탈자 및 잘못된 내용에 대한 수정 정보는 아래 이메일로 알려주십시오.
잘못된 책은 구입하신 서점에서 교환해 드립니다. 책값은 뒤표지에 표시되어 있습니다.

홈페이지 www.hanbit.co.kr / **이메일** question@hanbit.co.kr

지금 하지 않으면 할 수 없는 일이 있습니다.
책으로 펴내고 싶은 아이디어나 원고를 메일(**writer@hanbit.co.kr**)로 보내주세요.
한빛아카데미(주)는 여러분의 소중한 경험과 지식을 기다리고 있습니다.

소프트웨어 세상을 여는

컴퓨터 과학

김종훈 지음

한빛아카데미
Hanbit Academy, Inc.

10가지 영역으로 살펴보는
컴퓨터 과학의 핵심 원리

필자는 여러 권의 책을 집필한 경험이 있지만 이 책이야말로 가장 집필하기 어려웠습니다. 컴퓨터를 개발하고 사용하는 데 기반이 되는 이론을 글로 표현하는 일이 쉽지 않았기 때문입니다. 하지만 컴퓨터를 처음 접하는 이들이 두려움 없이 공부하길 바라는 마음으로 최대한 쉽게 설명했습니다.

이 책에서 다루는 내용은 다음과 같습니다.

1장 컴퓨터 과학 소개 컴퓨터의 기능과 구성을 알아보고, 컴퓨터 과학의 주요 분야를 살펴봅니다.

2장 데이터 표현과 디지털 논리 컴퓨터가 정보를 표현하는 방법을 알아보고, 부울 대수와 디지털 논리에 대해 공부합니다.

3장 컴퓨터 구조 컴퓨터 시스템이 어떻게 구성되고, 어떤 과정으로 동작하는지 알아봅니다.

4장 운영체제 운영체제가 어떤 소프트웨어인지 알아보고, 그 역할을 살펴봅니다.

5장 프로그래밍 언어 파이선 실습을 통해 프로그래밍 언어의 주요 문법을 공부합니다.

6장 자료구조 자료구조의 개념을 이해하고, 배열, 연결 리스트, 스택, 큐, 그래프, 트리 등 주요 자료구조를 살펴봅니다.

7장 알고리즘 알고리즘의 개념을 이해하고, 정렬, 탐색, 재귀 알고리즘의 동작 과정을 살펴봅니다.

8장 데이터베이스 데이터베이스의 개념과 주요 용어를 살펴보고, 관계형 데이터베이스 언어인 SQL을 이용해서 데이터를 조작해봅니다.

9장 네트워크와 인터넷 컴퓨터 통신망이 어떻게 구성되고 IP 주소는 어떻게 적용되는지 알아보고, 인터넷에서 데이터 전송 과정을 살펴봅니다.

10장 보안과 암호화 보안이 필요한 이유를 이해하고 주요 암호화 알고리즘을 살펴봅니다.

독자를 위해 카페(http://cafe.naver.com/scratchprogramming)를 운영하고 있습니다. [컴퓨터 과학 책] 게시판에서 이 책과 관련된 자료를 받을 수 있고, [질의응답] 게시판에서 궁금한 내용을 묻고 응답 받을 수 있습니다.

이 책이 나올 수 있도록 도움을 주신 한빛아카데미(주) 식구들에게 감사의 마음을 전합니다. 그리고 많은 시간을 함께 해주지 못한 사랑하는 가족에게 미안함과 감사의 마음을 동시에 전합니다. 부디 이 책을 보는 독자 여러분들도 희망하는 바를 모두 이루시기 바랍니다.

저자 김종훈

강의 보조 자료

한빛아카데미 홈페이지에서 '교수회원'으로 가입하신 분은 인증 후 교수용 강의 보조 자료를 제공받으실 수 있습니다. 한빛아카데미 홈페이지 상단의 〈교수전용공간〉 메뉴를 클릭해 주세요.
http://www.hanbit.co.kr/academy

다루는 내용

컴퓨터를 개발하고 사용하는 데 기반이 되는 이론을 10가지 영역으로 나누어 살펴봅니다. 부팅부터 프로그램 실행까지 어떤 과정을 거치는지, 컴퓨터가 사용하는 언어는 무엇인지, 컴퓨터는 어떻게 방대한 데이터를 처리할 수 있는지, 그리고 인터넷에서 정보는 어떻게 전송되는지 등을 단계별 그림과 함께 자세히 설명하여 입문자도 쉽게 이해할 수 있습니다.

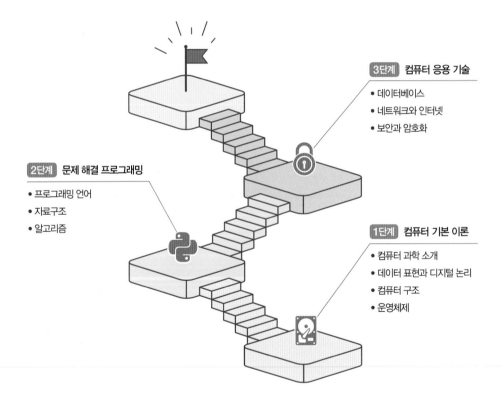

3단계 컴퓨터 응용 기술
- 데이터베이스
- 네트워크와 인터넷
- 보안과 암호화

2단계 문제 해결 프로그래밍
- 프로그래밍 언어
- 자료구조
- 알고리즘

1단계 컴퓨터 기본 이론
- 컴퓨터 과학 소개
- 데이터 표현과 디지털 논리
- 컴퓨터 구조
- 운영체제

연습문제 해답 안내

본 도서는 대학 강의용 교재로 개발되었으므로 연습문제 해답은 제공하지 않습니다.

본문 구성

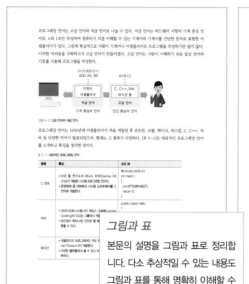

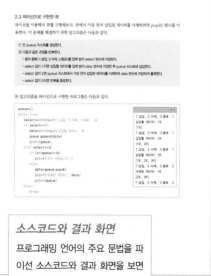

그림과 표

본문의 설명을 그림과 표로 정리합니다. 다소 추상적일 수 있는 내용도 그림과 표를 통해 명확히 이해할 수 있습니다.

소스코드와 결과 화면

프로그래밍 언어의 주요 문법을 파이선 소스코드와 결과 화면을 보면서 공부합니다.

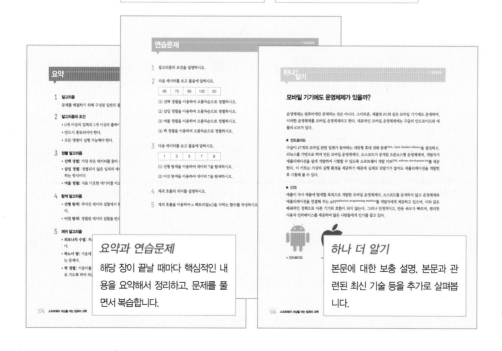

요약과 연습문제

해당 장이 끝날 때마다 핵심적인 내용을 요약해서 정리하고, 문제를 풀면서 복습합니다.

하나 더 알기

본문에 대한 보충 설명, 본문과 관련된 최신 기술 등을 추가로 살펴봅니다.

목차

목차 --

목차 --

CHAPTER 10 보안과 암호화 343

CHAPTER 01

컴퓨터 과학 소개

서론

- 컴퓨터의 기능과 구성을 알아본다.
- 하드웨어와 소프트웨어의 관계를 알아본다.
- 입력장치, 중앙처리장치, 기억장치, 출력장치의 역할을 알아본다.
- 시스템 소프트웨어와 응용 소프트웨어의 역할을 알아본다.
- 컴퓨터 과학의 역사와 연구 분야를 알아본다.

1 컴퓨터의 기능과 구성

컴퓨터는 문자, 그림, 소리, 동영상 등 여러 유형의 데이터를 처리하여 사용자가 원하는 정보를 제공한다. 컴퓨터의 기능은 다음과 같다.

- **입력 기능:** 처리할 데이터를 컴퓨터로 입력한다.
- **기억 기능:** 입력 데이터, 처리 결과, 프로그램 등을 기억한다.
- **연산 기능:** 사칙 연산, 논리 연산 등을 수행한다.
- **제어 기능:** 명령을 해독하고 각 장치를 통제한다.
- **출력 기능:** 처리 결과를 사람이 원하는 형태로 출력한다.

컴퓨터 시스템은 하드웨어hardware와 소프트웨어software로 구성된다.

- **하드웨어:** 컴퓨터를 구성하는 기계 장치로 소프트웨어가 지시한 일을 수행한다.
- **소프트웨어:** 하드웨어의 동작을 지시하고 제어하는 역할을 하는 프로그램과 프로그램에 필요한 데이터를 말한다.

아무리 우수한 성능의 하드웨어라도 혼자서는 아무런 일도 할 수 없고, 반드시 소프트웨어가 있어야만 사용자가 원하는 작업을 수행할 수 있다.

하드웨어
기계 장치

소프트웨어
프로그램과 데이터

그림 1-1 **컴퓨터의 구성**

2 하드웨어

하드웨어는 중앙처리장치, 기억장치, 입력장치, 출력장치로 구성된다. 입력장치를 통해 외부의 데이터를 입력 받아 중앙처리장치에서 명령을 실행하고 기억장치에서 필요한 데이터를 저장한다. 이렇게 처리된 결과는 출력장치를 통해 출력된다.

그림 1-2 하드웨어의 구성

2.1 중앙처리장치

중앙처리장치^{CPU, Central Processing Unit}는 명령어를 해독하고 실행하는 장치로 사람에 비유하면 두뇌에 해당하는 핵심 장치다. 특히 하나의 칩으로 된 중앙처리장치를 마이크로프로세서^{microprocessor}라 하는데 대표적인 제품으로 인텔사의 코어가 있다.

그림 1-3 **인텔 코어**

중앙처리장치는 제어장치, 연산장치, 레지스터 집합으로 구성된다.

그림 1-4 **중앙처리장치의 구성**

■ **제어장치**

중앙처리장치에서 일어나는 모든 작업을 통제하고 관리한다. 프로그램 명령을 해석하고, 해석된 명령에 따라 다른 장치의 동작을 제어한다.

■ **연산장치**

제어장치의 신호에 따라 덧셈, 뺄셈, 곱셈, 나눗셈 등의 산술 연산과 AND, OR, NOT 등의 논리 연산을 수행한다.

■ **레지스터 집합**

레지스터는 중앙처리장치에서 명령어를 실행하는 동안 필요한 정보를 저장하는 기억장치다. 레지스터의 크기와 개수는 중앙처리장치에 따라 차이가 있다.

2.2 기억장치

기억장치는 실행 중인 프로그램과 프로그램에 필요한 데이터를 저장하는 장치다. 우수한 기억장치는 가격은 최소이면서 용량은 크고 접근 시간은 빠른 것이다. 하지만 이런 조건을 모두 만족하기란 쉽지 않다. 빠른 속도와 큰 용량을 만족하려면 비용이 많이 들고, 비용을 최소화하려면 속도와 용량이 만족스럽지 못하다.

그림 1-5 만족스러운 기억장치의 조건

이러한 모든 조건을 만족시킬 방법은 [그림 1-6]과 같이 용량은 작고 비싸지만 속도가 빠른 기억장치와, 속도는 느리지만 용량이 크고 값 싼 기억장치를 함께 사용하는 것이다. 즉 기억장치를 계층화하여 중앙처리장치가 당장 필요로 하는 프로그램과 데이터는 빠른 속도의 레지스터, 캐시기억장치, 주기억장치에 저장해놓고 이용하고, 중앙처리장치가 현재 필요로 하지 않는 많은 양의 프로그램과 데이터는 보조기억장치에 저장해놓고 이용하는 것이다. 그렇게 되면 사용자는 빠른 속도의 기억장치를 사용하면서도 큰 용량의 기억장치도 사용하는 것처럼 느끼게 된다.

그림 1-6 기억장치의 계층 구조

[그림 1-6]의 각 계층에 있는 기억장치별 특징을 살펴보면 다음과 같다.

■ 보조기억장치

프로그램과 데이터를 영구적으로 저장하는 장치다. 중앙처리장치에서 요청이 오면 저장하고 있던 프로그램과 데이터를 주기억장치로 전송한다. 대표적인 보조기억장치로 하드디스크, SSD, USB 메모리, 광디스크 등이 있다.

■ 주기억장치

실행 중인 프로그램과 실행에 필요한 데이터를 저장하는 장치로 램과 롬이 있다.

- **램**RAM, Random Access Memory: 실행 중인 프로그램과 실행에 필요한 데이터를 일시적으로 저장한다. 전원을 차단하면 기억된 내용이 모두 지워지는 휘발성 메모리다.
- **롬**ROM, Read Only Memory: 부팅할 때 동작하는 바이오스 프로그램을 저장한다. 전원을 차단해도 기억된 내용이 지워지지 않는 비휘발성 메모리다.

■ 캐시기억장치

주기억장치의 접근 시간과 중앙처리장치와의 속도 차이를 줄이기 위해 사용되는 기억장치다. 중앙처리장치가 자주 필요로 하는 프로그램의 일부와 데이터를 저장한다. 캐시기억장치를 이용하면 중앙처리장치가 주기억장치까지 접근하지 않아도 되므로 명령어 처리 속도가 향상된다. 캐시기억장치는 램과 마찬가지로 휘발성 메모리다.

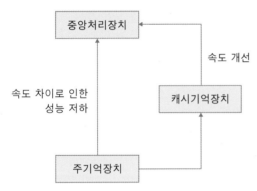

그림 1-7 **캐시기억장치의 위치**

2.3 입출력장치

입력장치는 문자, 그림, 소리, 동영상 등과 같은 외부의 데이터를 컴퓨터로 읽어 들이는 일을 한다. 대표적인 입력장치로 키보드, 마우스, 태블릿, 스캐너, 조이스틱 등이 있다. 출력장치는 컴퓨터에서 처리한 결과를 사람이 이해할 수 있는 형태로 변환하는 일을 한다. 대표적인 출력장치로 모니터, 프린터, 스피커, 플로터 등이 있다.

3 소프트웨어

소프트웨어는 시스템 소프트웨어와 응용 소프트웨어로 분류된다.

3.1 시스템 소프트웨어

하드웨어 자원을 효율적으로 관리하고 사용자가 컴퓨터를 보다 쉽게 사용할 수 있도록 도와주는 역할을 한다. 대표적인 시스템 소프트웨어로 운영체제, 언어 번역 프로그램, 유틸리티 프로그램이 있다.

■ 운영체제

하드웨어의 각 장치를 관리하고 사용자가 컴퓨터를 편리하게 사용할 수 있는 환경을 제공한다. 대표적인 운영체제로 윈도우, 리눅스, 유닉스 등이 있으며 최근 모바일 기기의 대중화로 iOS, 안드로이드 같은 모바일 운영체제도 널리 사용되고 있다.

그림 1-8 윈도우와 리눅스(페도라)의 실행화면

■ 언어 번역 프로그램

사람이 이해하기 쉬운 형태로 작성된 프로그램을 컴퓨터가 이해할 수 있는 형식으로 번역한다. 어셈블리어로 작성된 프로그램을 번역하는 어셈블러, 고급 언어로 작성된 프로그램을 한꺼번에 번역한 후 실행하는 컴파일러, 고급 언어로 작성된 프로그램을 한 줄씩 번역하여 즉시 실행하는 인터프리터가 있다.

■ 유틸리티 프로그램

운영체제의 기능을 보완해서 사용자가 컴퓨터를 편리하게 사용할 수 있도록 도와준다. 시스템 관리 프로그램, 텍스트 편집기, 백신 프로그램 등이 있다.

3.2 응용 소프트웨어

응용 소프트웨어는 사용자가 필요로 하는 특정 업무를 수행할 수 있도록 개발된 소프트웨어로 다음과 같은 다양한 종류가 있다.

- **워드프로세서:** 문서 작성, 편집, 인쇄 등의 기능을 수행하는 프로그램으로 한글, 워드 등이 있다.
- **스프레드시트:** 수식을 쉽게 계산해주고 통계 처리 등의 기능을 수행하는 프로그램으로 엑셀, 구글 스프레드시트 등이 있다.
- **프레젠테이션:** 도표, 도형, 애니메이션 효과 등을 이용하여 발표 자료를 쉽게 만드는 프로그램으로 파워포인트, 프레지, 구글 프레젠테이션 등이 있다.
- **멀티미디어 재생 및 저작:** 그림, 소리, 동영상 등을 편집하는 프로그램으로 그림을 다루는 포토샵, 소리를 다루는 골드 웨이브, 동영상을 다루는 프리미어 등이 있다.
- **통신 프로그램:** 네트워크를 이용해서 데이터를 주고받는 프로그램으로 웹 브라우저, FTP, 텔넷 등이 있다.

02 컴퓨터 과학

컴퓨터 과학^{computer science}은 컴퓨터를 개발하고 사용하는 데 기반이 되는 이론, 실험, 기술 등을 연구하는 학문 분야다. 컴퓨터 과학 기술은 이러한 컴퓨터 과학을 실생활에 적용한 모든 응용 기술을 말한다. 컴퓨터 과학 기술의 발달로 다양한 컴퓨팅 기기 및 서비스들이 개발되고 있다.

슈퍼 컴퓨터

과학, 수학 등의 분야에서 많은 용량의 자료를 초고속으로 처리하는 데 사용하는 컴퓨터다. 수백 수천 개의 CPU가 내장되어 있다.

개인용 컴퓨터

개인 사용자를 위한 컴퓨터다. 가정이나 사무실에서 주로 사용한다. 하나의 칩으로 된 중앙처리장치인 마이크로프로세서가 내장되어 있다.

다양한 컴퓨팅 기기

사물 인터넷

센서와 통신 기능을 내장한 사물과 사물을 인터넷으로 연결한 기술이다. 각 사물은 수집한 데이터를 처리 및 분석하여 다른 사물 또는 사람에게 제공함으로써 상호 소통한다.

모바일 기기

이동하면서 이용할 수 있도록 만든 컴퓨팅 기기다. 편리한 인터페이스를 제공하고 무선 인터넷과 센서 기능이 내장되어 있다.

웨어러블 컴퓨터

옷처럼 몸에 착용하는 컴퓨팅 기기다. 체온, 혈압, 운동량 등의 정보를 측정할 수 있다. 컴퓨팅 시스템을 작고 가볍게 만드는 기술과 배터리 지속 시간을 늘리는 기술 등의 발전으로 탄생했다.

클라우드 컴퓨팅

인터넷으로 연결된 다른 컴퓨터에 프로그램과 데이터를 저장하고 필요할 때마다 자신의 컴퓨터로 불러와 사용하는 기술이다. 개인용 컴퓨터뿐만 아니라 다양한 유형의 기기에서 이용할 수 있고, 여러 사용자가 시스템 자원을 공유할 수 있어 편리하다.

그림 1-9 **다양한 컴퓨팅 기기 및 서비스**

1 컴퓨터 과학의 역사

컴퓨터 과학의 역사는 고대 주판에서 시작되었다. 이후 1642년 최초의 계산기인 블레즈 파스칼^{Blaise} ^{Pascal}의 파스칼린, 1694년 고트프리트 빌헬름 라이프니츠$^{Gottfried\ Wilhelm\ von\ Leibniz}$의 계산기, 1889년 허먼 홀러리스$^{Herman\ Hollerith}$의 천공 카드 시스템$^{PCS,\ Punch\ Card\ System}$으로 발전하였다.

(a) 파스칼린   (b) 라이프니츠의 계산기   (c) 천공 카드 시스템

그림 1-10 초기 계산기

현대 컴퓨터의 동작 원리는 1936년 영국의 수학자 앨런 매시선 튜링$^{Alan\ Mathison\ Turing}$이 발표한 논문에 기초한다. 튜링은 「계산 가능한 수와 결정 문제의 응용에 관하여$^{On\ Computable\ Numbers,\ with\ an\ Application\ to\ the}$ $_{Entscheidungsproblem}$」라는 논문에서 현대 컴퓨터의 동작 원리가 되는 추상적인 기계를 정의했고 이 기계는 현재 튜링 기계로 불리고 있다. 튜링 기계는 '부록'에서 자세히 설명한다.

튜링 기계가 소개된 후 1940년대에 들어서면서 전기 기계식 계산기 마크원$^{Mark-Ⅰ}$, 전자식 계산기 에니악$^{ENIAC,\ Electronic\ Numerical\ Integrator\ And\ Calculator}$이 개발되었다.

그림 1-11 마크원과 에니악

이후 다양한 컴퓨터가 개발되었는데 1975년 알테어 8800$^{Altair\ 8800}$, 1976년 애플 Ⅰ$^{Apple\ Ⅰ}$, 1981년 IBM PC$^{Personal\ Computer}$ 같은 개인용 컴퓨터가 개발되면서 컴퓨터가 대중화되었다.

(a) 알테어 8800　　　　　　　　(b) 애플 Ⅰ　　　　　　　　(c) IBM PC

그림 1-12 **초기의 개인용 컴퓨터**

2 컴퓨터 과학 분야

기술의 발전으로 컴퓨터를 이용해 다양한 일을 처리할 수 있게 되면서 컴퓨터 과학의 중요성은 더욱 커지고 있다. 자율 주행 자동차, 가사 도우미 로봇 등의 첨단 기기들이 개발되고 있으며, 교통, 교육, 산업 등 사회 전 분야에 컴퓨터 과학 기술이 활용되어 우리 생활을 더욱 편리하게 만들고 있다.

컴퓨터 과학은 다음 그림과 같이 다양한 분야로 구분되어 각 분야별로 이론적 토대를 갖추며 발전하고 있다. 이 책에서는 이런 내용을 중심으로 살펴볼 것이다.

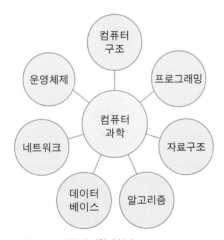

그림 1-13 **컴퓨터 과학의 분야**

1 컴퓨터의 기능

- **입력 기능**: 처리할 데이터를 컴퓨터로 입력한다.
- **기억 기능**: 입력 데이터, 처리 결과, 프로그램 등을 기억한다.
- **연산 기능**: 사칙 연산, 논리 연산 등을 수행한다.
- **제어 기능**: 명령을 해독하고 각 장치를 통제한다.
- **출력 기능**: 처리 결과를 사람이 원하는 형태로 출력한다.

2 컴퓨터의 구성

- **하드웨어**: 컴퓨터를 구성하는 기계 장치로 소프트웨어가 지시한 일을 수행한다.
- **소프트웨어**: 하드웨어의 동작을 지시하고 제어하는 역할을 하는 프로그램과 프로그램에 필요한 데이터를 말한다.

3 하드웨어의 구성

하드웨어는 중앙처리장치, 기억장치, 입력장치, 출력장치로 구성된다. 입력장치를 통해 외부의 데이터를 입력 받아 중앙처리장치에서 명령을 실행하고 기억장치에서 필요한 데이터를 저장한다. 이렇게 처리된 결과는 출력장치를 통해 출력된다.

4 소프트웨어의 분류

소프트웨어는 시스템 소프트웨어와 응용 소프트웨어로 나뉜다. 시스템 소프트웨어는 하드웨어 자원을 효율적으로 관리하고 사용자가 컴퓨터를 보다 쉽게 사용할 수 있도록 도와주고, 응용 소프트웨어는 사용자가 필요로 하는 특정 업무를 수행할 수 있도록 도와준다.

5 컴퓨터 과학

컴퓨터 과학은 컴퓨터를 개발하고 사용하는 데 기반이 되는 이론, 실험, 기술 등을 연구하는 학문 분야다. 컴퓨터 구조, 운영체제, 네트워크, 데이터베이스, 알고리즘, 자료구조, 프로그래밍 등의 분야가 있고 각 분야별로 이론적 토대를 갖추며 발전하고 있다.

1 컴퓨터의 기능을 설명하시오.

2 하드웨어와 소프트웨어의 관계를 설명하시오.

3 다음 하드웨어 장치의 역할을 설명하시오.

 (1) 중앙처리장치

 (2) 주기억장치

 (3) 보조기억장치

 (4) 입력장치

 (5) 출력장치

4 시스템 소프트웨어와 응용 소프트웨어에 대해 설명하고, 그 종류를 나열하시오.

5 다음에 제시된 다양한 컴퓨팅 기기 및 서비스에 대해 설명하시오.

 (1) 모바일 기기

 (2) 웨어러블 컴퓨터

 (3) 클라우드 컴퓨팅

 (4) 사물 인터넷

프로그램 내장 방식이란?

미국의 수학자인 존 폰노이만John von Neumann은 1946년 '프로그램 내장 방식'을 제안했다. 당시 컴퓨터인 에니악ENIAC은 탄도 계산을 목적으로 만들어졌기 때문에 다른 용도로 사용하기 위해서는 배선반의 연결을 바꿔야 하는 문제점이 있었다.

프로그램 내장 방식은 이러한 번거로움을 해결하기 위해 제안된 것으로, 주기억장치에 프로그램을 저장하고 프로그램 명령어들을 순서대로 실행한다. 즉, 하드웨어는 그대로 둔 채 작업을 위한 프로그램만 교체해서 주기억장치에 올리는 식으로, 하드웨어를 변경해야 하는 기존 컴퓨터의 문제점을 해결했다. 프로그램 내장 방식을 최초로 적용하여 만든 컴퓨터는 1949년 영국 케임브리지 대학에서 개발한 에드삭EDSAC이다.

▲ 존 폰노이만   ▲ 에드삭

CHAPTER 02

데이터 표현과 디지털 논리

인간은 10진수, 컴퓨터는 2진수

학습목표

- 진법의 종류와 진수 변환 방법을 알아본다.
- 컴퓨터에서 문자, 정수, 실수의 표현 방법을 알아본다.
- 불 대수의 개념과 관련 법칙을 알아본다.
- 게이트의 동작 과정과 이를 결합한 논리회로에 대해 알아본다.
- 간단한 논리회로인 반가산기를 직접 설계해본다.
- 1비트 정보를 저장하는 플립플롭에 대해 알아본다.

---

1 수의 체계

1.1 진법

우리는 "1년은 365일이다"에서 365란 300 더하기 60 더하기 5라고 알고 있다. 이것이 옳은지 그른지는 사용하고 있는 수 체계의 진법에 달려있는데, 10진법 체계에서는 옳다. 그러나 다른 수의 체계에서는 틀린 것이 된다.

진법이란 사용할 수 있는 숫자의 개수와 각 숫자의 위치값을 정의한 수 체계다. 사용할 수 있는 숫자의 개수는 해당 진법과 같은데 '0~해당 진법의 수보다 1 적은 수'를 사용한다. 예를 들어 10진법에서 사용할 수 있는 숫자는 0, 1, 2, 3, 4, 5, 6, 7, 8, 9로 열 개고, 2진법에서는 0, 1로 두 개다. 그리고 8진법에서는 0부터 7까지 여덟 개다.

13진법과 같이 10진법보다 큰 진법의 경우에는 0부터 9까지의 수 외에도 다른 수가 더 필요한데, 이런 경우에는 A, B, C 등을 사용한다. 컴퓨터에서는 2진법, 8진법, 16진법을 자주 사용하므로 16진법의 경우를 살펴보면, 0부터 9까지의 수 외에 여섯 개의 수가 더 필요하므로 A, B, C, D, E, F를 사용한다. 즉, 16진법에서 A는 10진수 10을, B는 11을, C는 12를, …, F는 15를 의미한다.

10진수 9에 1을 더하면 10이 되고, 29에 1을 더하면 30이 된다. 9 이후에는 더 이상 나타낼 수 있는 숫자가 없기 때문에 왼쪽 자리에 1을 올리고 현재 자리는 0이 되는 것이다. 이와 같은 원리로 2진수 101에 1을 더하면 110이 되고, 111에 1을 더하면 1000이 된다. 마찬가지로 8진수 7에 1을 더하면 10이 되고, 277에 1을 더하면 300이 된다. 그리고 16진수 F에 1을 더하면 10이 되고, AF에 1을 더하면 B0이 된다.

해당 수가 무슨 진법인지 나타내는 일반적인 방법은 0.258_{10}, 1011_2, 567_8, $0.1A_{16}$처럼 오른쪽에 해당 진법을 아래 첨자로 나타내는 것이다.

1.2 자릿값

모든 수의 각 숫자는 자릿값을 가지고 있다. 각 숫자의 자릿값은 그 위치가 의미하는 제곱수를 해당 진법에 적용하면 된다. 각 위치가 의미하는 제곱수는 가장 오른쪽이 0이고 왼쪽으로 가면서 1을 더한 값이 된다.

예를 들어, 10진수 365에서 각 위치의 제곱수는 5는 0, 6은 1, 3은 2가 되어, 각 자릿값은 5는 10^0, 6은 10^1, 3은 10^2이 된다. 결국 10진수 365는 각 자리의 숫자와 자릿값을 곱하고 이를 더한 값을 의미한다.

$$365 = 3 \times 10^2 + 6 \times 10^1 + 5 \times 10^0$$

다음은 2진수, 8진수, 16진수가 지니는 의미를 보여주는 예다.

$$1011_2 = 1 \times 2^3 + 0 \times 2^2 + 1 \times 2^1 + 1 \times 2^0$$
$$567_8 = 5 \times 8^2 + 6 \times 8^1 + 7 \times 8^0$$
$$AB1_{16} = A \times 16^2 + B \times 16^1 + 1 \times 16^0$$

소수점부를 가진 실수의 경우 소수점부의 제곱수는 −1부터 시작하여 오른쪽으로 가면서 1을 뺀다. 예를 들어 10진수 0.258에서 각 위치의 제곱수는 2는 −1, 5는 −2, 8은 −3이다.

$$0.258_{10} = 2 \times 10^{-1} + 5 \times 10^{-2} + 8 \times 10^{-3}$$
$$0.101_2 = 1 \times 2^{-1} + 0 \times 2^{-2} + 1 \times 2^{-3}$$
$$0.34_8 = 3 \times 8^{-1} + 4 \times 8^{-2}$$
$$0.1A_{16} = 1 \times 16^{-1} + A \times 16^{-2}$$

10진수, 2진수, 8진수, 16진수의 관계를 정리하면 [표 2−1]과 같다.

표 2-1 진수 간의 값 비교

10진수	2진수	8진수	16진수
0	0	0	0
1	1	1	1
2	10	2	2
3	11	3	3
⋮	⋮	⋮	⋮
7	111	7	7
8	1000	10	8
9	1001	11	9
10	1010	12	A
11	1011	13	B
12	1100	14	C
13	1101	15	D
14	1110	16	E
15	1111	17	F
16	10000	20	10
17	10001	21	11
18	10010	22	12

2 진수 변환

2.1 진수 변환의 의미

진수의 변환을 일반화하면 크게 다른 진수를 10진수로 변환, 10진수를 다른 진수로 변환, 2진수를 2^n진수로 변환, 2^n진수를 2진수로 변환, 그리고 기타 변환(x진수를 p진수로 변환)으로 구분할 수 있다.

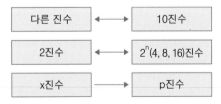

그림 2-1 진수 변환 형태

2.2 다른 진수 → 10진수

8진수와 16진수를 10진수로 변환해보자.

■ 8진수 → 10진수

8진수 27.42를 10진수로 변환해보자. 8진수 27.42에서 2는 2×8^1, 7은 7×8^0, 4는 4×8^{-1}, 2는 2×8^{-2}을 의미한다. 따라서 다음과 같은 절차를 거치면 10진수 23.53125로 변환된다.

$$
\begin{aligned}
27.42_8 &= 2 \times 8^1 + 7 \times 8^0 + 4 \times 8^{-1} + 2 \times 8^{-2} \\
&= 16 + 7 + 0.5 + 0.03125 \\
&= 23.53125_{10}
\end{aligned}
$$

■ 16진수 → 10진수

16진수 AF.8을 10진수로 변환해보자. 16진수 AF.8에서 A는 $A \times 16^1$, F는 $F \times 16^0$, 8은 8×16^{-1}을 의미한다. 따라서 다음과 같은 절차를 거치면 10진수 175.5로 변환된다.

$$
\begin{aligned}
AF.8_{16} &= A \times 16^1 + F \times 16^0 + 8 \times 16^{-1} \\
&= 10 \times 16^1 + 15 \times 16^0 + 8 \times 16^{-1} \\
&= 160 + 15 + 0.5 \\
&= 175.5_{10}
\end{aligned}
$$

2.3 10진수 → 다른 진수

10진수를 2진수와 16진수로 변환해보자.

■ 10진수 → 2진수

10진수 37.6875를 2진수로 변환해보자. 실수는 정수부와 소수점부로 나누어 변환한다. 먼저 정수부인 37을 2진수로 변환하면, [그림 2-2]의 (a)와 같이 37을 2로 나눈 나머지를 2진수의 첫째 자리에 오게 하고 몫은 다시 2로 나누어 나머지를 둘째 자리, … 이 과정을 몫이 0이 될 때까지 진행한다. 그 후 나머지를 역순으로 배열하면 100101이 된다.

소수점부인 0.6875를 2진수로 변환하는 과정은 [그림 2-2]의 (b)와 같다. 먼저 0.6875에 2를 곱하면 1.3750이 되는데 여기에서 소수점 윗자리인 1이 2진수 0.1이 된다. 그리고 1.3750의 소수점 윗자리를 0으로 고친 다음 다시 2를 곱하면 0.7500이 되는데, 소수점 윗자리인 0이 0.1의 뒤에 붙어 0.10이 된다. 이와 같은 식으로 적당한 자리까지 계산해 가다가 소수점부가 0이 되면 종료한다. 결국 10진수 37.6875는 2진수 100101.1011로 변환된다.

$$
\begin{array}{rcl}
& 0.6875 & \\
\times & 2 & \\
\hline
& 1.3750 & (\Rightarrow 0.1) \\
& 0.3750 & \\
\times & 2 & \\
\hline
& 0.7500 & (\Rightarrow 0.10) \\
& 0.7500 & \\
\times & 2 & \\
\hline
& 1.5000 & (\Rightarrow 0.101) \\
& 0.5000 & \\
\times & 2 & \\
\hline
& 1.0000 & (\Rightarrow 0.1011)
\end{array}
$$

(a) 정수부   (b) 소수점부

그림 2-2 10진수를 2진수로 변환하는 예

■ 10진수 → 16진수

10진수 524.76을 16진수로 변환해보자. [그림 2-3]과 같이 정수부는 16으로 나누어 나머지를 역순으로 나열한다. 그 결과 10진수 524는 16진수 20C로 변환된다. 소수점부는 16을 곱해 그 결과의 소수점 윗자리를 위에서 아래로 읽는다. 소수점 아래 세 번째 수까지 구하면 10진수 0.76은 16진수 0.C28이 된다. 결국 10진수 524.76은 16진수 20C.C28로 변환된다.

$$
\begin{array}{rcl}
& 0.76 & \\
\times & 16 & \\
\hline
& 12.16 & (\Rightarrow 0.C) \\
& 0.16 & \\
\times & 16 & \\
\hline
& 2.56 & (\Rightarrow 0.C2) \\
& 0.56 & \\
\times & 16 & \\
\hline
& 8.96 & (\Rightarrow 0.C28)
\end{array}
$$

(a) 정수부   (b) 소수점부

그림 2-3 10진수를 16진수로 변환하는 예

2.4 2진수 → 2^n진수

2진수를 4, 8, 16과 같은 2^n진수로 변환하는 방법은 매우 간단하다.

■ 2진수 → 4진수

2진수 두 자리는 4진수 한 자리와 대응된다. 따라서 2진수를 4진수로 변환할 때는 소수점을 기준으로 두 자리씩 묶어 각 묶음을 4진수로 바꾼다. 단, [그림 2-4]의 (b)와 같이 2진수 10110.11101을 소수점을 기준으로 두 자리씩 묶어 변환할 경우 소수점 이하 마지막 자리 1처럼 하나만 남는 경우가 있는데, 이때는 두 자리로 만들어 변환한다.

2진수	00	01	10	11
4진수	0	1	2	3

(a) 2진수와 4진수의 대응 관계

```
 1 0 1 1 0 . 1 1 1 0 1    (2진수)
 └┘  └┘  └┘   └┘  └┘  └┘
 1   1   2  .  3   2   2    (4진수)
```

(b) 변환 예

그림 2-4 **2진수를 4진수로 변환하는 예**

■ 2진수 → 8진수

2진수를 8진수로 변환할 때도 2진수 세 자리가 8진수 한 자리와 대응된다는 점을 이용해 소수점을 기준으로 세 자리씩 묶어 각 묶음을 8진수로 바꾼다.

2진수	000	001	010	011	100	101	110	111
8진수	0	1	2	3	4	5	6	7

(a) 2진수와 8진수의 대응 관계

```
 1 0 1 1 0 . 1 1 1 0 1    (2진수)
 └──┘  └──┘   └──┘  └──┘
  2     6   .   7     2    (8진수)
```

(b) 변환 예

그림 2-5 **2진수를 8진수로 변환하는 예**

■ 2진수 → 16진수

2진수를 16진수로 변환할 때도 2진수 네 자리가 16진수 한 자리와 대응된다는 점을 이용해 소수점을 기준으로 네 자리씩 묶어 각 묶음을 16진수로 바꾼다.

2진수	0000	0001	0010	0011	0100	0101	0110	0111	1000	1001	1010	1011	1100	1101	1110	1111
16진수	0	1	2	3	4	5	6	7	8	9	A	B	C	D	E	F

(a) 2진수와 16진수의 대응 관계

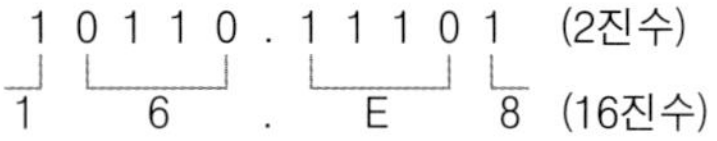

```
 1 0 1 1 0 . 1 1 1 0 1   (2진수)
 1     6  .  E     8    (16진수)
```

(b) 변환 예

그림 2-6 **2진수를 16진수로 변환하는 예**

2.5 2^n진수 → 2진수

2^n진수를 2진수로 변환하는 과정은 2진수를 2^n진수로 변환하는 원리를 그대로 이용한다. 즉, 4진수는 각 자리를 두 자리 2진수로, 8진수는 세 자리 2진수로, 16진수는 네 자리 2진수로 변환한다. 예를 들어, 16진수 A1.6을 2진수로 변환하면 각 자리가 네 비트로 변환되어 결국 2진수 10100001.011이 된다.

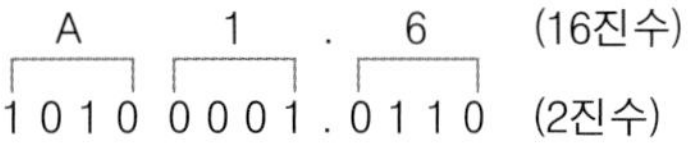

```
    A       1  .  6      (16진수)
 1 0 1 0 0 0 0 1 . 0 1 1 0  (2진수)
```

그림 2-7 **16진수를 2진수로 변환하는 예**

2.6 x진수 → p진수

현재까지 10진수를 제외한 x진수를 p진수로 바로 변환하는(예를 들어, 2진수를 7진수로 변환) 방법은 알려져 있지 않다. 그러므로 x진수를 먼저 10진수로 변환한 후 p진수로 바꾸어야 한다.

```
[ x진수 ] → [ 10진수 ] → [ p진수 ]
```

그림 2-8 **x진수를 p진수로 변환하는 방법**

예를 들어 2진수 1011101을 7진수로 변환할 때는, 먼저 10진수 93으로 변환한 후 이를 다시 7진수 162로 변환한다.

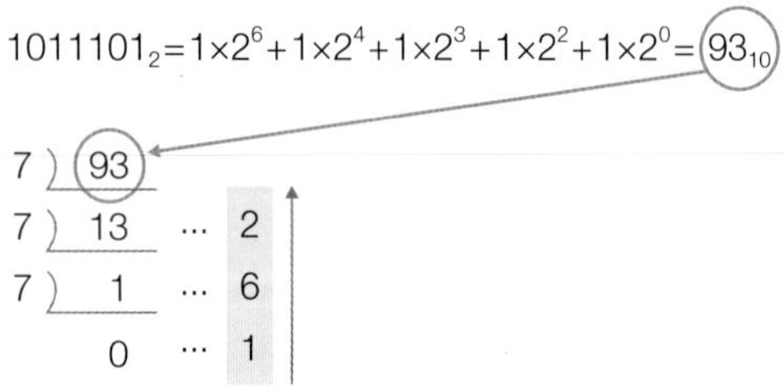

$$1011101_2 = 1\times2^6 + 1\times2^4 + 1\times2^3 + 1\times2^2 + 1\times2^0 = 93_{10}$$

```
7 ) 93
7 ) 13 … 2
7 )  1 … 6
     0 … 1
```

그림 2-9 **2진수를 7진수로 변환하는 예**

1 컴퓨터의 정보 표현 방식

오늘날의 컴퓨터는 문자, 정수, 실수, 그림, 소리, 동영상 등의 모든 정보를 2진수 형식으로 표현한다. 그러나 처음부터 그랬던 것은 아니다. 초기 컴퓨터에서는 10진수를 사용하여 모든 정보를 표현했는데, 그러다 보니 연산 처리 능력의 저하, 비안정성 등의 문제가 발생했다. 이런 문제점을 해결하기 위해 안정성이 뛰어난 2진수 형식으로 정보를 표현하게 되었다. 0 또는 1의 2진수 개념은 모든 전기적인 장치의 온/오프on/off와 딱 맞는 개념이다.

문자 'a'와 정수 20을 컴퓨터 내부에서는 다음과 같이 표현한다.

그림 2-10 **컴퓨터 내부에서의 문자 'a'와 정수 20의 표현**

하나의 0 또는 1을 비트bit, binary digit라 하는데, 이는 컴퓨터에서 정보를 나타내는 최소 단위다. 여덟 개의 비트를 묶으면 1바이트byte가 된다.

그림 2-11 **비트와 바이트**

1비트로 나타낼 수 있는 정보는 0 또는 1의 두 가지고, 2비트로 나타낼 수 있는 정보는 00, 01, 10, 11의 네 가지다. 그리고 3비트로 나타낼 수 있는 정보는 000, 001, 010, 011, 100, 101, 110, 111의 여덟 가지다. 이를 일반화하면 n비트로 2^n가지의 정보를 표현할 수 있다.

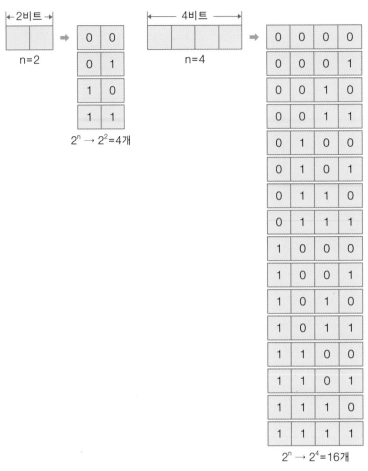

그림 2-12 **n개의 비트로 표현할 수 있는 정보의 수**

2 문자 표현

영문 대소문자, 숫자, 구두점, 특수문자 등의 문자들을 컴퓨터 내부에서 표현할 때는 미리 약속한 코드 체계를 사용하는데, 대표적인 것이 아스키 코드와 유니코드다. 아스키 코드는 각 문자를 7비트로 표현하고, 유니코드는 각 문자를 16비트로 표현한다.

2.1 아스키 코드

컴퓨터를 사용하기 시작한 초창기에는 다양한 방법으로 문자를 표현했는데, 호환 등의 여러 문제가 있었다. 이런 문제를 해결하기 위해 ANSI에서 아스키^ASCII, American Standard Code for Information Interchange라는 표준 코드 체계를 제시했고, 현재 이 코드가 일반적으로 사용되고 있다. 아스키 코드는 각 문자를 7비트로 표현한다. 최대로 표현할 수 있는 문자 수는 $128(2^7)$개다.

1	0 0 0 0 0 0 0
2	0 0 0 0 0 0 1
3	0 0 0 0 0 1 0
4	0 0 0 0 0 1 1
⋮	⋮
127	1 1 1 1 1 1 0
128	1 1 1 1 1 1 1

그림 2-13 **7비트로 표현할 수 있는 정보의 수**

TIP▶ ANSI: 미국 표준 협회(American National Standards Institute)로 미국 내에서 기술 표준을 개발하는 기구다.

아스키 코드는 40쪽의 [표 2-2]와 같다. 해당 문자의 왼쪽에 있는 2진 코드가 아스키 코드다. 예를 들어 문자 'A'의 아스키 코드는 1000001이다.

확장 아스키^extended ASCII 코드는 아스키 코드로 표현할 수 있는 문자 외에 추가 문자를 지원해야 할 필요성이 있어서 정의되었다. 기존 7비트 아스키 코드의 가장 왼쪽에 0을 삽입해 만들며, 총 $256(2^8)$개의 문자를 표현할 수 있다. [그림 2-14]의 (b)는 "We"를 확장 아스키 코드로 나타낸 것이다.

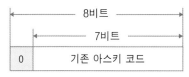

(a) 확상 아스키 코드 형식

(b) 확장 아스키 코드로 표현한 "We"

그림 2-14 **확장 아스키 코드 형식과 표현 예**

표 2-2 아스키 코드 표

아스키 코드	문자	아스키 코드	문자	아스키 코드	문자	아스키 코드	문자
0000000	NUL	0100000	Space	1000000	@	1100000	`
0000001	SOH(Start of Heading)	0100001	!	1000001	A	1100001	a
0000010	STX(Start of Text)	0100010	"	1000010	B	1100010	b
0000011	ETX(End of Text)	0100011	#	1000011	C	1100011	c
0000100	EOT(End of Transmission)	0100100	$	1000100	D	1100100	d
0000101	ENQ(Enquiry)	0100101	%	1000101	E	1100101	e
0000110	ACK(Acknowledge)	0100110	&	1000110	F	1100110	f
0000111	BEL(Bell)	0100111	'	1000111	G	1100111	g
0001000	BS(Backspace)	0101000	(	1001000	H	1101000	h
0001001	HT(Horizontal Tabulation)	0101001	)	1001001	I	1101001	i
0001010	LF(Line Feed)	0101010	*	1001010	J	1101010	j
0001011	VT(Vertical Tabulation)	0101011	+	1001011	K	1101011	k
0001100	FF(Form Feed)	0101100	,	1001100	L	1101100	l
0001101	CR(Carriage Return)	0101101	−	1001101	M	1101101	m
0001110	SO(Shift Out)	0101110	.	1001110	N	1101110	n
0001111	SI(Shift In)	0101111	/	1001111	O	1101111	o
0010000	DLE(Data Link Escape)	0110000	0	1010000	P	1110000	p
0010001	DC1(Device Control 1)	0110001	1	1010001	Q	1110001	q
0010010	DC2(Device Control 2)	0110010	2	1010010	R	1110010	r
0010011	DC3(Device Control 3)	0110011	3	1010011	S	1110011	s
0010100	DC4(Device Control 4)	0110100	4	1010100	T	1110100	t
0010101	NAK(Negative Acknowledge)	0110101	5	1010101	U	1110101	u
0010110	SYN(Synchronous Idle)	0110110	6	1010110	V	1110110	v
0010111	ETB(End of Transmission Block)	0110111	7	1010111	W	1110111	w
0011000	CAN(Cancel)	0111000	8	1011000	X	1111000	x
0011001	EM(End of Medium)	0111001	9	1011001	Y	1111001	y
0011010	SUB(Substitute)	0111010	:	1011010	Z	1111010	z
0011011	ESC(Escape)	0111011	;	1011011	[	1111011	{
0011100	FS(File Separator)	0111100	⟨	1011100	\	1111100	|
0011101	GS(Group Separator)	0111101	=	1011101	]	1111101	}
0011110	RS(Record Separator)	0111110	⟩	1011110	^	1111110	~
0011111	US(Unit Separator)	0111111	?	1011111	_	1111111	DEL

2.2 유니코드

아스키 코드로는 다양한 나라의 언어를 표현할 수 없다. 이런 문제를 해결하고 여러 나라의 언어를 표현하고자 만든 코드 체계가 유니코드^{Unicode}다. 유니코드는 사용 중인 운영체제, 프로그램, 언어에 관계없이 문자마다 고유한 코드값을 제공하는 새로운 개념의 코드다. 언어와 상관없이 모든 문자를 16비트로 표현하므로 최대 2^{16}, 즉 65,536자를 표현할 수 있다.

유니코드 표준은 애플, HP, IBM, MS, 오라클과 같은 업체에서 채택하였으며, XML, 자바, ECMAScript, LDAP, CORBA 등의 표준에서 사용되고 있다. [그림 2-15]는 영문자와 숫자에 대한 유니코드다. http://www.unicode.org/charts/PDF/U0000.pdf에 접속하면 확인할 수 있다. 표의 각 문자 아래에 있는 값이 16진수로 표현된 유니코드다.

	000	001	002	003	004	005	006	007
0	NUL 0000	DLE 0010	SP 0020	0 0030	@ 0040	P 0050	` 0060	p 0070
1	SOH 0001	DC1 0011	! 0021	1 0031	A 0041	Q 0051	a 0061	q 0071
2	STX 0002	DC2 0012	" 0022	2 0032	B 0042	R 0052	b 0062	r 0072
3	ETX 0003	DC3 0013	# 0023	3 0033	C 0043	S 0053	c 0063	s 0073
4	EOT 0004	DC4 0014	$ 0024	4 0034	D 0044	T 0054	d 0064	t 0074
5	ENQ 0005	NAK 0015	% 0025	5 0035	E 0045	U 0055	e 0065	u 0075
6	ACK 0006	SYN 0016	& 0026	6 0036	F 0046	V 0056	f 0066	v 0076
7	BEL 0007	ETB 0017	' 0027	7 0037	G 0047	W 0057	g 0067	w 0077

그림 2-15 유니코드 표

다음 그림은 "We"를 유니코드로 나타낸 것이다. [그림 2-15]에서 'W'의 유니코드는 16진수로 0057이고, 'e'의 유니코드는 16진수로 0065이다. 이를 2진수로 변환하면 다음 그림과 같다. 한 가지 흥미로운 점은 'W'에 대한 아스키 코드는 '1010111'인데, 유니코드와 비교해보면 자릿수만 16비트와 7비트로 차이가 있지 유니코드 값과 아스키 코드 값은 같다는 점이다.

0000000001010111	0000000001100101
W	e

그림 2-16 유니코드로 표현한 "We"

한글에 대한 유니코드는 http://www.unicode.org/charts/PDF/UAC00.pdf에 집속하면 확인할 수 있다. 다음은 그 일부인데, 한글 '가'를 찾아보면 유니코드로 $AC00_{16}$임을 알 수 있다.

	AC0	AC1	AC2	AC3	AC4	AC5	AC6	AC7	AC8	AC9	ACA	ACB	ACC	ACD	ACE	ACF
0	가 AC00	감 AC10	갠 AC20	갰 AC30	걀 AC40	걍 AC50	걠 AC60	거 AC70	검 AC80	겐 AC90	겠 ACA0	결 ACB0	격 ACC0	겱 ACD0	고 ACE0	곰 ACF0
1	각 AC01	갑 AC11	갡 AC21	갱 AC31	갉 AC41	같 AC51	걡 AC61	걱 AC71	겁 AC81	겑 AC91	겡 ACA1	겹 ACB1	겪 ACC1	겲 ACD1	곡 ACE1	곱 ACF1
2	갂 AC02	값 AC12	갢 AC22	갲 AC32	갊 AC42	갗 AC52	걢 AC62	걲 AC72	겂 AC82	겒 AC92	겢 ACA2	겺 ACB2	겫 ACC2	겳 ACD2	곢 ACE2	곲 ACF2
3	갃 AC03	갓 AC13	갣 AC23	갳 AC33	갋 AC43	갘 AC53	걳 AC63	것 AC73	겅 AC83	겓 AC93	겣 ACA3	겻 ACB3	격 ACC3	겴 ACD3	곣 ACE3	곳 ACF3
4	간 AC04	갔 AC14	갤 AC24	갴 AC34	갌 AC44	개 AC54	건 AC64	겄 AC74	겔 AC84	격 AC94	겤 ACA4	겼 ACB4	게 ACC4	겜 ACD4	곤 ACE4	곴 ACF4

그림 2-17 한글 유니코드 표

2.3 텍스트 압축

데이터를 저장하거나 전송할 때는 그 크기를 줄이는 것이 효율적이다. 압축은 데이터의 크기를 줄이는 데 사용하는 기술이다. 텍스트를 압축하는 대표적인 기술인 허프만 코딩에 대해 살펴보자.

허프만 코딩Huffman coding은 대부분의 압축 프로그램에서 쓰는 방법으로, 자주 사용되는 문자는 적은 수의 비트로 표현하고, 자주 사용되지 않는 문자는 많은 수의 비트로 표현함으로써 전체 데이터를 표현하는 데 필요한 비트의 양을 줄이는 방법이다.

허프만 코딩에서는 데이터를 최대한 효율적으로 압축한 코드를 생성한다. 그 원리를 들여다보면, 각 문자에 대한 특정 코드를 생성하는데 이때 필요한 것이 허프만 트리Huffman tree다.

다음 텍스트를 허프만 코딩을 이용해 압축해보자.

> AAAAAAABBCCCDEEEEFFFFFFG

① 데이터에서 사용되는 각 문자에 대한 출현 빈도수를 구한다.

문자	A	B	C	D	E	F	G
출현 빈도	7	2	3	1	4	6	1

② 빈도수를 기준으로 내림차순으로 정렬한다.

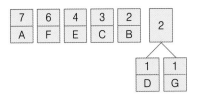

③ 출현 빈도가 가장 낮은 두 개의 문자 D와 G를 가지로 연결하고, 가지 위에 두 문자의 빈도수 합계 2를 적는다. 그리고 빈도수의 합인 2를 기준으로 재배열한다.

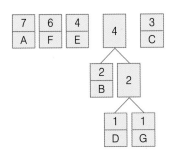

④ 마찬가지로 값이 가장 작은 두 개의 노드를 가지로 연결하고, 두 값의 합계 4를 적는다. 새롭게 생성된 노드는 재배열한다.

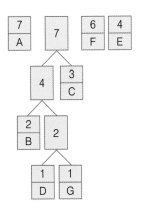

⑤ 노드값이 가장 작은 두 개의 노드를 연결하고, 재배열한다.

⑥ 다시 노드값이 가장 작은 두 개의 노드를 연결하고, 재배열한다.

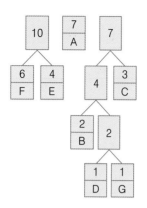

⑦ 마찬가지 작업을 한다. 더 이상 연결할 수 없을 때 동작을 종료하는데, 이렇게 완성된 트리가 허프만 트리다.

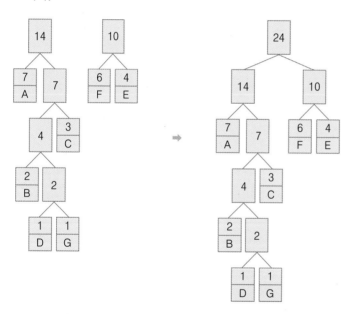

⑧ 각 가지의 왼쪽에는 0, 오른쪽에는 1을 쓴다. 그리고 제일 위부터 시작해서 가지를 따라 숫자를 읽어 내려가며 알파벳에 최종 숫자를 적는다. 이 숫자가 허프만 코드가 된다. 각 문자에 대한 출현 빈도, 허프만 코드, 코드 길이를 정리하면 오른쪽 표와 같다. 출현 빈도가 높은 문자의 코드 길이가 짧은 것을 알 수 있다.

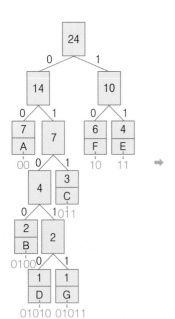

문자	출현 빈도	허프만 코드	코드 길이(비트 수)
A	7	00	2
F	6	10	2
E	4	11	2
C	3	011	3
B	2	0100	4
D	1	01010	5
G	1	01011	5

⑨ 원래 텍스트를 허프만 코드로 나타내보자. 텍스트의 길이가 192비트(24바이트)였는데, 61비트로 줄어드는 것을 알 수 있다.

AAAAAAABBCCCDEEEEFFFFFFG

↓

0000000000000001000100011011011010101111111110101010101001011

3 정수 표현

컴퓨터에서 정수를 어떻게 표현하는지와 정수의 덧셈과 뺄셈은 어떻게 하는지 살펴보자.

3.1 정수 표현 형식

일상에서 정수를 표현할 때는 자릿수에 제한을 두지 않고 수를 표현한다. 그러나 컴퓨터의 기억 공간은 제한적이므로 하나의 정수를 나타낼 기억 공간도 제한적이다. 시스템에 따라 약간의 차이가 있지만 대부분 32비트로 정수를 표현한다.

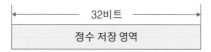

그림 2-18 **정수를 저장하는 기억 공간의 크기**

컴퓨터에서 정수를 표현하는 대표적인 방법은 2의 보수[2's complement] 표기법이다. 정수는 일반적으로는 32비트로 표현하지만 여기에서는 쉽게 이해하기 위해 4비트로 표현한다고 가정한다. 양수와 음수를 표현하는 방식에 차이가 있으므로 구분해서 살펴보자.

- **양수**: 가장 왼쪽에 있는 비트가 0이고, 나머지 세 개의 비트를 이용해서 해당 수를 2진수 형식으로 표현한다. [표 2-3]은 이를 나타낸 것이다.
- **음수**: −5를 예로 들면 우선 5를 4비트로 표현한다. 그리고 0은 1로, 1은 0으로 바꾸고, 1을 더한다. 그러면 1011이 되는데, 이것이 −5를 2의 보수 표현으로 나타낸 것이다. 이러한 방법으로 음수를 표현하면 [표 2-4]와 같다.

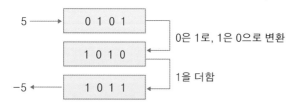

그림 2-19 **−5를 2의 보수로 표현하는 과정**

표 2-3 양수에 대한 2의 보수 표현

표현	값
0111	7
0110	6
0101	5
0100	4
0011	3
0010	2
0001	1
0000	0

표 2-4 음수에 대한 2의 보수 표현

표현	값
1111	−1
1110	−2
1101	−3
1100	−4
1011	−5
1010	−6
1001	−7
1000	−8

2의 보수 표현에서 최상위 비트는 부호 비트를 뜻하는데, 양수인 경우에는 0이고 음수인 경우에는 1이다. [표 2-3]과 [표 2-4]를 보면 최상위 비트가 양수는 0, 음수는 1인 것을 알 수 있다.

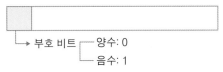

부호 비트 ─┬─ 양수: 0
　　　　　└─ 음수: 1

그림 2-20 2의 보수 표현의 부호 비트

4비트로 살펴본 2의 보수 표현을 8비트로 확장해서 살펴보면 [표 2-5]와 같다. 4비트인 경우에 표현할 수 있는 최댓값은 $7(2^3-1)$이고, 최솟값은 $-8(-2^3)$이다. 그리고 8비트인 경우에 표현할 수 있는 최댓값은 $127(2^7-1)$이고, 최솟값은 $-128(-2^7)$이다. 이것을 n비트로 일반화하면 표현할 수 있는 수의 범위는 $-2^{n-1} \sim 2^{n-1}-1$이다.

표 2-5 8비트의 2의 보수 표현

표현	값
01111111	127
01111110	126
01111101	125
⋮	⋮
00000001	1
00000000	0
11111111	−1
11111110	−2
⋮	⋮
10000001	−127
10000000	−128

2의 보수로 표현된 수의 덧셈과 뺄셈이 어떻게 이루어지는지 알아보자.

3.2 정수 덧셈

16비트로 정수를 표현한다고 가정하고 6+7, 6+(−7), (−6)+7, (−6)+(−7), 30000+30000에 대해 살펴보자.

■ 6+7

6과 7을 16비트 2진수로 나타낸다. 그리고 가장 우측에 있는 0과 1을 더해 합 1은 아래에 쓰고, 자리올림수 0은 두 번째 자리로 올린다. 두 번째 자리에서는 자리올림수 0과 두 비트 1과 1을 더해 합 0은 쓰고, 자리올림수 1은 세 번째 자리로 올린다. 이와 같은 식으로 두 수를 더하면 2진수 0000000000001101을 얻을 수 있다. 이는 10진수 13이다.

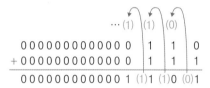

```
                    ··· (1) (1) (0)
    0 0 0 0 0 0 0 0 0 0 0 0 0 | 1 | 1 | 0
  + 0 0 0 0 0 0 0 0 0 0 0 0 0 | 1 | 1 | 1
    0 0 0 0 0 0 0 0 0 0 0 0 1 (1)1 (1)0 (0)1
```

그림 2-21 **6 더하기 7**

■ 6+(−7)

6과 −7을 2의 보수 형태로 표현한 후 두 수를 더하면 원하는 결과인 −1을 얻는다.

```
    0 0 0 0 0 0 0 0 0 0 0 0 0 1 1 0
  + 1 1 1 1 1 1 1 1 1 1 1 1 1 0 0 1
    1 1 1 1 1 1 1 1 1 1 1 1 1 1 1 1
```

그림 2-22 **6 더하기 −7**

■ (−6)+7

−6과 7을 2의 보수 형태로 표현한 후 두 수를 더한다. 결과에서 최상위 비트를 넘어가는 자리올림수 1을 무시하면 원하는 결과인 1을 얻는다.

```
    1 1 1 1 1 1 1 1 1 1 1 1 1 0 1 0
  + 0 0 0 0 0 0 0 0 0 0 0 0 0 1 1 1
  1 0 0 0 0 0 0 0 0 0 0 0 0 0 0 0 1
  └→ 무시
```

그림 2-23 **−6 더하기 7**

■ (−6) + (−7)

−6과 −7을 2의 보수 형태로 표현한 후 두 수를 더한다. 결과에서 최상위 비트를 넘어가는 자리올림수 1을 무시하면 원하는 결과인 −13을 얻는다.

```
  1111111111111010
+ 1111111111111001
1 111111111110011
└→ 무시
```

그림 2-24 −6 더하기 −7

■ 30000 + 30000

30000을 2의 보수 형태로 표현한 후 두 수를 더한다. 결과를 보면 다음과 같이 10진수 −5536인데 이는 원하는 결과인 60000이 아니다. 이와 같이 엉뚱한 결과가 나오는 이유는 16비트로 표현할 수 있는 최댓값인 32767을 넘었기 때문이다. 이처럼 저장할 영역이 부족해 엉뚱한 결과가 나오는 현상을 오버플로overflow라 한다.

```
  0111010100110000
+ 0111010100110000
  1110101001100000
```

그림 2-25 30000 더하기 30000

3.3 정수 뺄셈

컴퓨터 내부에서의 뺄셈은 뺄셈을 하는 하드웨어인 감산기를 이용하는 것이 아니라 다음과 같이 덧셈을 하는 하드웨어인 가산기를 이용한다. 몇 가지 연산 예를 살펴보자.

```
┌─────────┐      ┌──────────────┐
│  A − B  │ ───→ │   A + (−B)   │
└─────────┘      └──────────────┘
```

그림 2-26 컴퓨터 내부에서의 뺄셈

■ 6 − 7

6에서 7을 빼기 위해서는 7을 −7로 변환한 후 두 수를 더한다. 그러면 원하는 결과인 −1을 얻는다.

```
  0000000000000110
+ 1111111111111001
  1111111111111111
```

그림 2-27 6 빼기 7

■ −6 − 7

−6에서 7을 빼는 연산도 마찬가지로 −6에 −7을 더하면 되는데, 최상위 비트를 넘어가는 자리올림수 1
은 무시한다. 연산 결과는 10진수 −13으로 원하는 결과다.

```
  1111111111111010
+ 1111111111111001
 11111111111110011
  └→ 무시
```

그림 2-28 −6 빼기 7

■ −30000 − 30000

−30000에서 30000을 빼는 연산은 다음과 같다. 최상위 비트를 넘어가는 자리올림수 1을 무시하면
5536이 되어 오버플로 발생으로 원치 않은 결과가 나온다.

```
  1000101011010000
+ 1000101011010000
 10001010110100000
  └→ 무시
```

그림 2-29 −30000 빼기 30000

4 실수 표현

컴퓨터에서 실수를 어떻게 표현하는지와 실수의 덧셈과 뺄셈은 어떻게 하는지 살펴보자.

4.1 실수 표현 형식

소수점부를 가지고 있는 수를 실수라 한다. 실수는 다음과 같이 다양한 형태로 표현한다.

> 23.45
> 3.1416
> 0.8×10^{-5}

실수를 0.8×10^{-5}과 같이 표현하는 것을 지수 형식이라고 한다. 지수 형식은 가수^{mantissa}, 밑수^{radix}, 지수
^{exponent}의 세 부분으로 이루어진다. 컴퓨터 내부에서 실수를 표현할 때는 이런 지수 형식을 이용해 4바
이트 또는 8바이트로 표현한다.

$$m \times r^e$$

m: 가수   r: 밑수   e: 지수

IEEE 754 표준에서는 실수 표현 형식을 다음과 같이 두 가지로 정의한다. 두 형식 모두 밑수는 2로 정해져 있기 때문에 표현할 필요가 없으므로 표시하지 않는다.

- **단일 정밀도 형식**: 8비트 지수의 4바이트 형식
- **이중 정밀도 형식**: 11비트 지수의 8바이트 형식

그림 2-30 **IEEE 754 실수 표현 형식**

다음 실수를 컴퓨터 내부에서 어떻게 표현하는지 살펴보자.

$$-0.001101_2 \times 2^2$$

우선 가수가 1.XXX와 같은 형식이 되도록 변환해야 한다. 즉, 가수를 왼쪽으로 세 자리 이동시키고, 지수값을 3 감소시킨다. 이러한 동작을 '정규화한다'고 한다.

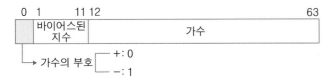

그림 2-31 **정규화**

8비트 지수는 실제 지수에 바이어스bias라 불리는 고정된 값을 더해 '바이어스된 지수'로 구한다.

지수 + 바이어스 → 바이어스된 지수

그림 2-32 **바이어스된 지수의 개념**

이와 같이 지수를 바이어스된 지수로 표현하는 이유는 음의 지수를 나타내기 위해서다. 만약 바이어스 개념이 없다면 8비트로 표현할 수 있는 지수의 범위는 0부터 255까지고, 음의 지수는 표현할 수 없다.

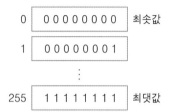

그림 2-33 **바이어스 개념이 없을 경우 지수 표현 범위**

그러나 바이어스 값이 127이라면 바이어스된 지수를 0부터 255까지 표현할 수 있으므로 결국 지수는 −127부터 128까지 나타낼 수 있다.

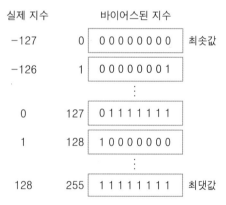

그림 2-34 **바이어스가 127인 경우의 지수 표현 범위**

IEEE 754 표준에서 바이어스는 127이므로 앞의 예에 이어서 적용하면 현재 지수인 −1에 127을 더해 바이어스된 지수 126을 구할 수 있다.

−1 + 127 → 126

그림 2-35 **바이어스된 지수 계산**

가수와 지수의 준비가 끝났다. 이제 4바이트 2진수 형태로 표현하기만 하면 되는데, 표현하기에 앞서 지금까지 살펴본 내용을 정리하면 다음과 같다.

그림 2-36 간략하게 표현한 실수 변환 예

이제 본격적으로 실수 표현을 해보자. 먼저 가수의 부호를 나타내야 하는데, 가수가 음수이므로 첫 번째 비트가 1이 된다. 다음으로 8비트 영역에 바이어스된 지수를 나타내야 한다. 바이어스된 지수 126을 8비트로 나타내면 01111110이 된다. 마지막으로, 가수를 우측 23비트에 표현하면 되는데, 가수 1.101에서 소수점 아래 부분인 101을 나타내면 된다. 물론 나머지 가수 부분은 0으로 채운다.

부호		부호	바이어스된 지수		부호	바이어스된 지수	가수
1	→	1	01111110	→	1	01111110	10100000000000000000000

그림 2-37 실수 변환 결과

4.2 실수 덧셈과 뺄셈

컴퓨터 내부에서 실수의 덧셈과 뺄셈은 다음과 같은 단계로 이루어진다.

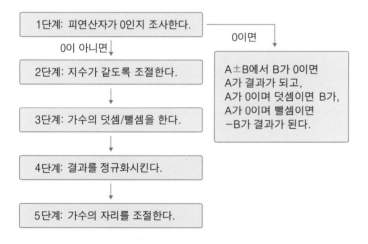

그림 2-38 실수의 덧셈과 뺄셈 절차

2단계에서는 작은 지수를 갖는 피연산사를 큰 시수를 갖는 피언산자의 지수와 같게 조절하고, 3단계에서 연산된 결과가 정규화되어 있지 않으면 4단계에서 정규화한다. 5단계에 대해서는 예를 통해 설명할 것이다. 5단계를 사용하지 않는 예와 5단계를 사용하는 예를 구분해서 살펴보자.

■ $1.101 \times 2^2 + 1.11 \times 2^4$ (5단계를 사용하지 않는 예)

1.101×2^2과 1.11×2^4을 IEEE 754 형식으로 나타내면 다음과 같다. 왜 이렇게 표현되는지는 앞에서 살펴보았다.

```
0 10000001 10100000000000000000000
0 10000011 11000000000000000000000
```

① 피연산자가 0인지 확인한다. 0이 아니므로 2단계로 넘어간다.

② 지수가 같도록 조절하는데, 작은 지수를 갖는 피연산자인 1.101×2^2을 지수가 4가 되도록 조절한다.

$$1.101 \times 2^2 \rightarrow 0.01101 \times 2^4$$

③ 지수가 같으므로 가수를 더한다.

$$0.01101 + 1.11 = 10.00101$$

④ 연산 결과가 다음과 같은데, 정규화되어 있지 않은 상태이므로 정규화시켜야 한다.

$$10.00101 \times 2^4 \rightarrow 1.000101 \times 2^5$$

⑤ 이를 IEEE 754 형식으로 나타내면 다음과 같다.

```
0 10000100 00010100000000000000000
```

■ $1.101011 \times 2^5 + 1.01 \times 2^{10}$ (5단계를 사용하는 예)

[그림 2-38]의 5단계에서 언급한 '가수의 자리를 조절하는 것'의 의미를 아래 예를 통해 살펴보자. 단, 가수는 8비트로 표현된다고 가정한다.

① 지수를 같게 조절하고 가수를 더한다.

> $0.00001101011 \times 2^{10} + 1.01 \times 2^{10}$ ➡ $0.00001101011 + 1.01 = 1.01001101011$

② 다음과 같은 정규화된 결과를 얻는다.

> $1.01001101011 \times 2^{10}$

③ 그런데 가정에서 가수가 8비트로 표현된다고 했으므로 소수점 아래 여덟 자리를 초과하는 부분은 표현할 수 없다. 그러므로 소수점 아래 아홉 자리에서 반올림하여 다음과 같이 조절해야 하는데, 이런 일을 5단계에서 수행한다.

> 1.01001101×2^{10}

이와 같이 가수 부분의 자리가 부족해 가수의 일부분이 절단되는 오류를 라운드 오프 오류[round off error]라 한다.

1 불 대수 연산

불 대수Boolean algebra는 1 또는 0의 값에 대해 논리 동작을 다루는 대수로, 숫자를 다루는 일반 대수학과는 차이가 있다. 불 대수에서 1은 참을, 0은 거짓을 의미한다. 불 대수에서 사용하는 연산자는 두 개의 이항연산자 OR(+)와 AND(·) 그리고 하나의 단항연산자 NOT(')이 있다.

1.1 OR 연산

OR 연산은 + 연산이라고도 한다. 일반 대수학의 덧셈과는 의미상 차이가 있고, 집합에서 합집합 개념과 유사하다. OR 연산 결과 두 개의 값 중 하나라도 1이면 1이 되고, 두 개의 값 모두 0이면 0이 된다.

OR 연산을 집합의 합집합 개념과 비교하면 쉽게 이해할 수 있다. 전체집합을 S라 할 때 ∅∪∅인 경우에는 ∅이지만, ∅∪S, S∪∅, S∪S는 S가 된다. 여기서 공집합 ∅을 0으로, 전체집합 S를 1로, 합집합 ∪를 +로 대체하면 OR 연산과 같게 된다.

```
0 + 0 = 0        ∅∪∅ = ∅
0 + 1 = 1        ∅∪S = S
1 + 0 = 1        S∪∅ = S
1 + 1 = 1        S∪S = S
```
(a) OR 연산   (b) 합집합

그림 2-39 OR 연산과 합집합 비교

1.2 AND 연산

AND 연산은 · 연산이라고도 한다. 일반 대수학의 곱셈과는 의미상 차이가 있고, 집합에서 교집합 개념과 유사하다. AND 연산 결과 두 개의 값 모두 1이면 1이 되고, 하나라도 0이 있으면 0이 된다.

AND 연산은 집합의 교집합과 비교하면 쉽게 이해할 수 있는데, ∅을 0으로, S를 1로, ∩을 · 으로 대체하면 AND 연산과 같게 된다.

0 · 0 = 0	∅∩∅ = ∅
0 · 1 = 0	∅∩S = ∅
1 · 0 = 0	S∩∅ = ∅
1 · 1 = 1	S∩S = S

(a) AND 연산   (b) 교집합

그림 2-40 **AND 연산과 교집합 비교**

· 연산자는 * 로 표현하기도 하고 생략하기도 한다. 따라서 $A \cdot B$, $A * B$, AB는 모두 같은 의미다.

1.3 NOT 연산

NOT 연산은 ' 연산이라고도 한다. NOT 연산 결과로 0은 1이 되고, 1은 0이 된다.

$$0' = 1$$
$$1' = 0$$

' 연산자는 ⁻로 표현하기도 하므로 A', $\overline{A}$는 모두 같은 의미다.

2 불 대수 법칙

A, B, C가 0 또는 1의 값을 갖는 변수라 할 때, 불 대수와 관련된 법칙을 살펴보자. 일반 대수학에서와 마찬가지로 불 대수에서도 교환법칙, 결합법칙, 분배법칙이 성립한다.

표 2-6 **불 대수 법칙**

교환법칙	$A+B = B+A$ $A \cdot B = B \cdot A$
결합법칙	$(A+B)+C = A+(B+C)$ $(A \cdot B) \cdot C = A \cdot (B \cdot C)$
분배법칙	$A \cdot (B+C) = (A \cdot B)+(A \cdot C)$ $A+(B \cdot C) = (A+B) \cdot (A+C)$
드모르간의 법칙	$(A+B)' = A' \cdot B'$ $(A \cdot B)' = A'+B'$

몇 가지 예를 통해 불 대수 법칙이 성립하는지 검증해보자.

① 분배법칙의 두 번째 성질은 일반 대수학에서는 성립하지 않는디. 이 성질이 불 대수에서 성립하는지 검증하려면 A, B, C 각각에 0과 1을 대입해보면 된다. 다음 진리표를 보자. A+(B·C)와 (A+B)·(A+C)의 결과가 모두 같다. 분배법칙의 두 번째 성질이 성립하는 것을 알 수 있다.

A	B	C	A+(B·C)	(A+B)·(A+C)
0	0	0	0	0
0	0	1	0	0
0	1	0	0	0
0	1	1	1	1
1	0	0	1	1
1	0	1	1	1
1	1	0	1	1
1	1	1	1	1

그림 2-41 A+(B·C)=(A+B)·(A+C) 진리표

② 변수 A와 0을 OR 연산하면 A가 되고, 변수 A와 1을 AND 연산하면 A가 된다. A에 0과 1을 대입해보면 이런 성질이 만족하는 것을 알 수 있다.

$$A+0=A$$
$$A \cdot 1=A$$

A	A+0	A·1
0	0	0
1	1	1

그림 2-42 A+0=A, A·1=A 진리표

③ A와 A'를 OR 연산하면 1이 되고, A와 A'를 AND 연산하면 0이 된다. A에 0과 1을 대입해보면 이런 성질이 만족하는 것을 알 수 있다.

$$A+A'=1$$
$$A \cdot A'=0$$

A	A+A'	A·A'
0	1	0
1	1	0

그림 2-43 A+A'=1, A·A'=0 진리표

④ 드모르간의 법칙은 A와 B 각각에 0과 1을 대입해보면 만족하는 것을 알 수 있다.

A	B	(A+B)'	A'·B'	(A·B)'	A'+B'
0	0	1	1	1	1
0	1	0	0	1	1
1	0	0	0	1	1
1	1	0	0	0	0

그림 2-44 (A+B)'=A'·B', (A·B)'=A'+B' 진리표

⑤ A와 A를 OR 연산하거나 A와 A를 AND 연산하면 A가 된다. A에 0과 1을 대입해보면 만족하는 것을 알 수 있다.

A	A+A	A·A
0	0	0
1	1	1

A+A=A
A·A=A

그림 2-45 **A+A=A, A·A=A 진리표**

불 대수는 컴퓨터의 기본 구성 요소인 게이트의 기반이 된다. 게이트에 대해 살펴보자.

3 게이트

디지털 컴퓨터의 기본 구성 요소는 논리회로logic circuit다. 논리회로는 2진 정보를 입력 받아 논리 연산을 수행한 후 처리 결과를 출력한다.

논리회로에서 가장 기본이 되는 회로를 게이트gate라 한다. 게이트는 불 대수의 연산에 해당하는 작업을 수행한다. 게이트의 종류로는 OR, AND, NOT 같은 기본 게이트와 이를 확장한 XOR, NOR, NAND 게이트 등이 있다.

3.1 OR 게이트

OR 게이트는 불 대수의 OR 연산을 하는 게이트다. 두 개의 입력을 받아 둘 중 하나라도 1이면 1을 출력하고, 둘 다 0이면 0을 출력한다. 스위치의 구성에 빗대어 생각해보면 다음 그림의 (b)와 같이 A와 B 둘 중 하나만 연결되어도 전구의 불이 켜진다. 스위치가 연결되는 것을 1, 스위치가 끊어진 것을 0, 전구에 불이 들어온 것을 1, 불이 들어오지 않은 것을 0이라 하면 (a) 진리표와 같은 결과가 나온다.

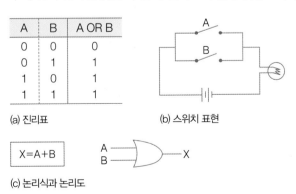

A	B	A OR B
0	0	0
0	1	1
1	0	1
1	1	1

(a) 진리표

(b) 스위치 표현

X=A+B

(c) 논리식과 논리도

그림 2-46 **OR 게이트**

3.2 AND 게이트

AND 게이트는 불 대수의 AND 연산을 하는 게이트다. 두 개의 입력을 받아 둘 다 1인 경우에만 1을 출력하고, 나머지 경우에는 0을 출력한다. 스위치 표현에서도 A와 B가 모두 연결되어야 전구의 불이 켜진다.

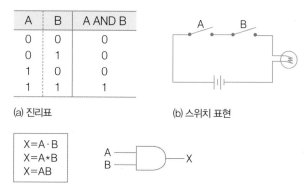

A	B	A AND B
0	0	0
0	1	0
1	0	0
1	1	1

(a) 진리표

(b) 스위치 표현

$$X=A \cdot B$$
$$X=A \star B$$
$$X=AB$$

(c) 논리식과 논리도

그림 2-47 AND 게이트

3.3 NOT 게이트

NOT 게이트는 불 대수의 NOT 연산을 하는 게이트다. 한 개의 입력만 받는데 입력이 1이면 0을, 0이면 1을 출력한다.

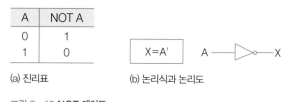

A	NOT A
0	1
1	0

(a) 진리표

$$X=A'$$

(b) 논리식과 논리도

그림 2-48 NOT 게이트

3.4 XOR 게이트

$XOR^{exclusive \ OR}$ 게이트는 두 개의 입력을 받아 입력값이 같으면 0을 출력하고, 다르면 1을 출력한다.

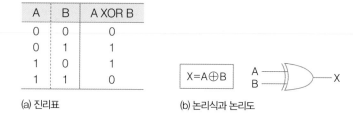

A	B	A XOR B
0	0	0
0	1	1
1	0	1
1	1	0

(a) 진리표

$$X=A \oplus B$$

(b) 논리식과 논리도

그림 2-49 XOR 게이트

3.5 NOR 게이트

NOR 게이트는 OR 게이트 오른쪽에 NOT 게이트를 연결한 것과 같다. 아래 그림에서 A에 0, B에도 0을 입력하면 OR 게이트의 결과는 0이고, 이 값을 다시 NOT 게이트에 입력하면 출력 X는 1이 된다. 이와 같이 OR 게이트와 반대로 동작하는 게이트를 NOR 게이트라 한다.

그림 2-50 NOR 게이트

NOR 게이트의 진리표, 논리식, 논리도는 다음과 같다.

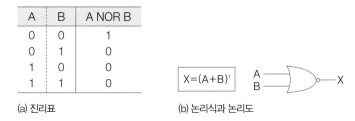

A	B	A NOR B
0	0	1
0	1	0
1	0	0
1	1	0

(a) 진리표

$X=(A+B)'$

(b) 논리식과 논리도

그림 2-51 NOR 게이트의 진리표, 논리식, 논리도

3.6 NAND 게이트

NAND 게이트는 AND 게이트 오른쪽에 NOT 게이트를 연결한 것과 같다. 아래 그림에서 A에 0, B에도 0을 입력하면 AND 게이트의 결과는 0이고, 이 값을 다시 NOT 게이트에 입력하면 출력 X는 1이 된다. 이와 같이 AND 게이트와 반대로 동작하는 게이트를 NAND 게이트라 한다.

그림 2-52 NAND 게이트

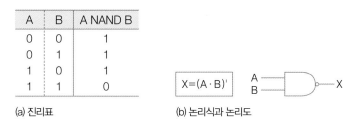

A	B	A NAND B
0	0	1
0	1	1
1	0	1
1	1	0

(a) 진리표

$X=(A \cdot B)'$

(b) 논리식과 논리도

그림 2-53 NAND 게이트의 진리표, 논리식, 논리도

4 논리회로

지금까지 개별적인 게이트에 대해 살펴보았다. 이제 각 게이트가 논리회로로 결합되는 내용에 대해 살펴보자.

4.1 논리회로 예

두 개의 OR 게이트와 한 개의 AND 게이트로 이루어진 [그림 2-54]의 (a) 논리회로를 살펴보자. 입력은 A, B, C 세 개고, 두 개의 OR 게이트 출력이 AND 게이트의 입력으로 사용된다. A에 0, B에 1 그리고 C에 1이 입력되면 첫 번째 OR 게이트와 두 번째 OR 게이트의 결과는 1이 된다. 이 두 값 1과 1이 AND 게이트의 입력이 되면 결국 출력 X는 1이 된다. 이와 같이 A, B, C 각각에 0과 1을 대입하면 (b)와 같은 진리표를 구할 수 있다.

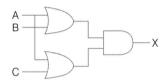

(a) 논리회로

A	B	C	A+B	A+C	X
0	0	0	0	0	0
0	0	1	0	1	0
0	1	0	1	0	0
0	1	1	1	1	1
1	0	0	1	1	1
1	0	1	1	1	1
1	1	0	1	1	1
1	1	1	1	1	1

(b) 진리표

$$X=(A+B) \cdot (A+C)$$

(c) 논리식

그림 2-54 **논리회로 예 1**

또 다른 논리회로를 살펴보자. [그림 2-55]의 (a)는 한 개의 AND 게이트와 한 개의 OR 게이트로 이루어진 논리회로다. 입력은 A, B, C 세 개고, B와 C를 AND 연산한 결과와 A가 OR 게이트의 입력이 된다. A, B, C 각각에 0과 1을 대입해보면 (b)와 같은 진리표를 구할 수 있다.

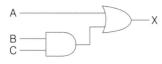

(a) 논리회로

A	B	C	B·C	X
0	0	0	0	0
0	0	1	0	0
0	1	0	0	0
0	1	1	1	1
1	0	0	0	1
1	0	1	0	1
1	1	0	0	1
1	1	1	1	1

(b) 진리표

$$X = A + (B \cdot C)$$

(c) 논리식

그림 2-55 논리회로 예 2

[그림 2-54]의 진리표와 [그림 2-55]의 진리표를 비교해보면 같은 입력에 대해 같은 결과가 나오는 것을 알 수 있다. 즉, [그림 2-54]의 논리회로와 [그림 2-55]의 논리회로가 동일한 동작을 하는 회로라는 것인데, [그림 2-55]의 논리회로가 비용이 적게 든다.

두 회로의 논리식을 다시 나타내면 다음 그림의 ①과 같고 이를 ②와 같이 정리할 수 있다. 이는 불 대수 분배법칙의 두 번째 성질을 나타낸다.

①
$$X = (A+B) \cdot (A+C)$$
$$X = A + (B \cdot C)$$

↓

②
$$(A+B) \cdot (A+C) = A + (B \cdot C)$$

그림 2-56 분배법칙의 두 번째 성질 확인

4.2 가산기 설계

두 개의 비트를 더하는 일을 하는 가산기를 설계해보자.

❶ 블록도 구상

먼저 입력과 출력 변수의 수를 결정해보자. 입력은 두 개라고 제시하고 있다. 출력도 두 개가 되어야 하는데, 입력값이 1, 1이면 결과가 10이 되기 때문에 두 개의 출력이 필요하다. 다음으로 입력 변수와 출력 변수에 이름을 부여해야 한다. 두 개의 입력 변수의 이름은 A와 B라 하고, 출력 변수는 C와 S로 하자. 여기에서 C는 자리올림수를 의미하는 carry의 첫 글자이고, S는 합을 의미하는 sum의 첫 글자다. 이런 회로를 블록도로 나타내면 다음과 같다.

A ⟶ | 가산기 | ⟶ C
B ⟶ | | ⟶ S

그림 2-57 **가산기의 블록도**

❷ 진리표 작성

A가 0, B가 0이면 합은 0이므로 S는 0이 되고, 자리올림수는 발생하지 않으므로 C는 0이 된다. 이런 식으로 A와 B 각각에 0과 1을 대입해보면 다음과 같은 진리표를 구할 수 있다.

A	B	C	S
0	0	0	0
0	1	0	1
1	0	0	1
1	1	1	0

그림 2-58 **가산기의 진리표**

❸ 논리식과 논리도 작성

진리표에서 입력 A와 B, 결과 C, 그리고 입력 A와 B, 결과 S를 보면 머릿속에 떠오르는 게이트가 있을 것이다. 바로 AND 게이트와 XOR 게이트다. AND 게이트를 이용하면 C를 구할 수 있고, XOR 게이트를 이용하면 S를 구할 수 있다.

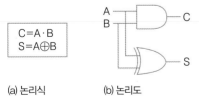

C=A·B
S=A⊕B

(a) 논리식   (b) 논리도

그림 2-59 **가산기의 논리식과 논리도**

소프트웨어 세상을 여는 컴퓨터 과학

이렇게 설계한 가산기는 아랫자리 연산에서 발생한 자리올림수는 처리하지 못한다. 이런 가산기를 반가산기[half adder]라 하고, 자리올림수 비트를 고려하여 입력이 세 개인 가산기를 전가산기[full adder]라 한다. 전가산기에 대한 내용은 이 책의 범주를 넘으므로 설명은 생략한다.

4.3 플립플롭

컴퓨터에서 1비트의 정보를 저장하는 회로를 플립플롭[flip-flop]이라 한다. 플립플롭을 구현하는 방법은 여러 가지가 있는데, 그중 SR 플립플롭에 대해서 살펴보자.

[그림 2-60]은 NAND 게이트로 이루어진 SR 플립플롭이다. 두 개의 입력 S와 R이 있고, 두 개의 출력 Q와 Q'가 있는데, Q와 Q'는 보수 관계다. 이 플립플롭의 출력값은 Q로, 이 값이 다른 값으로 변환되기까지는 그대로 남아 있기 때문에 이 플립플롭의 저장값이 된다.

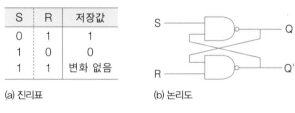

S	R	저장값
0	1	1
1	0	0
1	1	변화 없음

(a) 진리표   (b) 논리도

그림 2-60 SR 플립플롭

TIP▶ 보수 관계에서 Q가 1이면 Q'는 0이고, Q가 0이면 Q'는 1이다.

SR 플립플롭에서는 S와 R 모두 0이 입력되면 Q와 Q' 모두 1이 되어 Q와 Q'가 보수 관계라는 성질을 만족하지 못한다. 또한 이후에 S와 R 모두 1이 입력될 때 다음 값을 예측할 수 없는 문제가 발생한다. 따라서 S와 R에 모두 0을 입력하는 상황은 발생하지 않아야 한다.

그러면 S에 0을, R에 1을 입력하는 경우의 동작을 자세히 살펴보자. S에 0을, R에 1을 입력하면 위쪽 NAND 게이트는 다른 입력값에 상관없이 1을 출력한다. 그러므로 Q는 1이 되고, 아래쪽 NAND 게이트의 R이 아닌 다른 입력값이 1이 되어 Q'는 0이 된다. 결국 SR 플립플롭은 1을 출력하고 저장값도 1이된다.

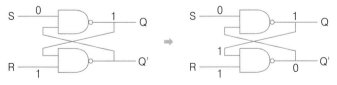

그림 2-61 S가 0, R이 1일 때 SR 플립플롭

또 다른 경우인 S에 1을, R에 1을 입력하는 동작을 살펴보자. 단, 초기 상태의 Q 값은 1이고 Q' 값은 0, 즉 플립플롭의 저장값을 1이라 가정한다. S에 1을, R에 1을 입력하면 위쪽 NAND 게이트는 1을, 아래쪽 NAND 게이트는 0을 출력한다. 결국 Q는 1이 되고 Q'는 0이 되어 원래의 값 1을 유지하게 된다.

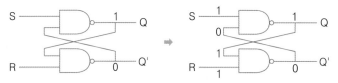

그림 2-62 S가 1, R이 1일 때 SR 플립플롭

1 컴퓨터의 정보 표현 방식

컴퓨터는 문자, 정수, 실수, 그림, 소리, 동영상 등의 모든 정보를 2진수 형식으로 표현한다.

2 텍스트 압축(허프만 코딩)

허프만 코딩$^{Huffman\ coding}$은 대부분의 압축 프로그램에서 쓰는 방법으로, 자주 사용되는 문자는 적은 수의 비트로 표현하고, 자주 사용되지 않는 문자는 많은 수의 비트로 표현함으로써 전체 데이터를 표현하는 데 필요한 비트의 양을 줄이는 방법이다.

3 정수 표현

컴퓨터 내부에서 정수를 표현할 때는 2의 보수$^{2's\ complement}$ 표기법을 이용한다.

- 양수: 가장 왼쪽에 있는 비트(최상위 비트)를 0으로 하고, 나머지 비트를 이용해서 해당 수를 2진수 형식으로 표현한다.
- 음수: 해당 수를 우선 양수로 표현한 후 0은 1로 1은 0으로 바꾸고, 1을 더한다. 이렇게 구한 값이 해당 수의 2의 보수 표기법이다.

4 실수 표현

컴퓨터 내부에서 실수를 표현할 때는 단일 정밀도 형식 또는 이중 정밀도 형식을 이용한다.

5 불 대수

1 또는 0의 값에 대한 논리 동작을 다루는 대수로, 1은 참을, 0은 거짓을 의미한다. 사용하는 연산자로는 두 개의 이항연산자 OR(+)와 AND(·), 그리고 하나의 단항연산자 NOT(')이 있다.

6 게이트

논리회로에서 가장 기본이 되는 회로를 말한다. OR, AND, NOT 같은 기본 게이트와 이를 확장한 XOR, NOR, NAND 게이트 등이 있다.

7 논리회로

여러 게이트를 하나의 회로로 결합한 것이다. 논리회로의 입력과 출력은 불 대수 법칙을 따른다. 논리회로 설계는 '블록도 구상 → 진리표 작성 → 논리식과 논리도 작성' 순으로 진행한다.

1 8진수 32.54와 16진수 1A.4를 10진수로 변환하시오.

2 8진수 32.54를 2진수와 16진수로 변환하시오.

3 "Korea"를 아스키 코드로 나타내시오

4 "Korea"를 유니코드로 나타내시오.

5 텍스트 "ABCAABCAB"를 허프만 코드로 변환하시오.

6 −57을 2의 보수 표기법으로 나타내시오.

7 8+11, 8+(−11), (−8)+11, (−8)+(−11)을 2의 보수 표기법으로 변환하여 연산하시오.

8 110.1×2^7을 IEEE 754 단일 정밀도 형식으로 나타내시오.

9 불 대수를 이용하여 다음 논리식을 간소화하시오.

$$X = A + AB' + AB$$

10 다음 논리식을 논리도로 나타내시오.

$$X = A + (A \cdot B)'$$

11 다음 법칙이 성립함을 검증하시오.

$$A \cdot (B+C) = (A \cdot B) + (A \cdot C)$$

03

컴퓨터 구조

부팅부터 프로그램 실행까지

학습목표

- 하드웨어의 전반적인 구성을 알아본다.
- 중앙처리장치의 구성과 명령어 처리 단계를 알아본다.
- 주기억장치의 역할과 동작 원리를 알아본다.
- 프로그램이 어떻게 실행되는지 간단한 예를 통해 알아본다.
- 컴퓨터 시스템에서 실행하는 프로그램 명령어의 형식과 동작 원리를 알아본다.

컴퓨터 시스템의 구성

1 컴퓨터 시스템의 구성 요소

컴퓨터 시스템은 하드웨어와 소프트웨어로 구성된다. 하드웨어는 컴퓨터 시스템을 구성하는 기계 장치로, 소프트웨어가 명령을 내리면 작업을 수행한다. 소프트웨어는 하드웨어에 동작을 지시하고 제어하는 역할을 하는 프로그램과 프로그램에 필요한 데이터를 말한다.

[그림 3-1]은 하드웨어의 구성을 나타낸 것이다. 하드웨어는 중앙처리장치, 주기억장치, 보조기억장치, 입출력장치로 구성된다.

- **중앙처리장치:** 프로그램을 실행하고 입력된 데이터를 처리한다.
- **주기억장치:** 실행 중인 프로그램과 프로그램 실행에 필요한 데이터를 일시적으로 저장한다.
- **보조기억장치:** 프로그램과 데이터를 영구히 저장한다.
- **입출력장치:** 중앙처리장치나 주기억장치에 데이터를 입력하거나 출력한다. 입력장치에는 키보드, 마우스, 스캐너 등이 있고 출력장치에는 모니터, 프린터 등이 있다.

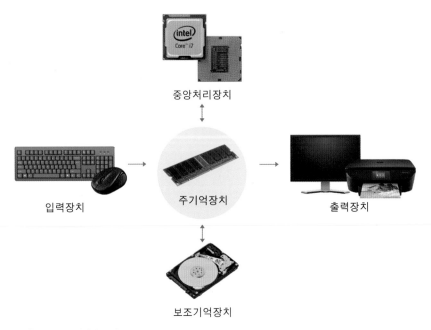

그림 3-1 **하드웨어의 구성**

[그림 3-2]는 프로그램을 실행했을 때 하드웨어의 역할을 나타낸 것이다. 명령어로 구성된 프로그램은 사용하지 않을 때는 보조기억장치에 저장되어 있다가 프로그램이 실행되면 주기억장치로 들어간다. 그리고 중앙처리장치에서 주기억장치의 명령어를 하나씩 읽어 와 실행한다.

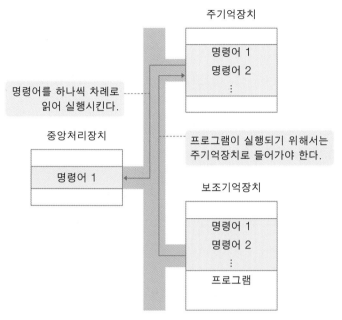

그림 3-2 **프로그램 실행 시 하드웨어의 역할**

2 중앙처리장치

중앙처리장치는 프로그램 명령어를 해독하여 실행하는 일을 한다. 크게 제어장치, 연산장치, 레지스터 집합의 세 부분으로 구성되는데, 주기억장치를 비롯한 다른 장치들과는 버스로 연결된다.

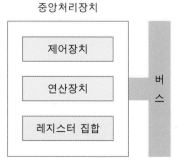

그림 3-3 **중앙처리장치의 구성**

■ 제어장치

프로그램 명령어를 해독하고, 해독된 명령의 의미에 따라 연산장치, 주기억장치, 입출력장치 등에 동작을 지시한다.

■ 연산장치

제어장치의 지시에 따라 연산을 수행한다. 덧셈, 뺄셈, 곱셈, 나눗셈의 산술 연산뿐만 아니라 AND, OR, NOT, XOR 같은 논리 연산을 수행한다.

■ 레지스터

중앙처리장치에서 명령어를 실행하는 동안 필요한 정보를 저장하는 기억 장소로, 다양한 종류의 레지스터가 있다. 레지스터의 개수와 크기는 중앙처리장치의 종류에 따라 차이가 있는데, 이 책에서는 동작을 쉽게 설명하기 위해 [표 3-1]과 같은 최소한의 레지스터가 있다고 가정한다. 각 레지스터에 대한 상세한 설명은 뒤에서 다룰 것이다.

표 3-1 레지스터의 종류

종류	설명
주소 레지스터	다음에 실행될 명령어가 저장된 주기억장치의 주소를 저장한다.
명령어 레지스터	현재 실행 중인 명령어를 저장한다.
스택 포인터	주기억장치 스택의 데이터 삽입과 삭제가 이루어지는 주소를 저장한다.
레지스터 A, 레지스터 B	명령어 실행 중에 연산과 관련된 데이터를 저장한다.

중앙처리장치는 다음과 같은 세 단계로 구성된 일련의 동작을 반복함으로써 명령어를 실행한다. 한 명령어의 실행이 끝나면 다음 명령어에 대한 인출 단계를 시작한다.

① **인출 단계**fetch: 주기억장치에 저장된 명령어 하나를 읽어 온다.
② **해독 단계**decode: 읽어 온 명령어를 제어 정보로 해독한다.
③ **실행 단계**execute: 해독된 명령을 실행한다.

그림 3-4 **중앙처리장치의 명령어 처리 단계**

3 주기억장치

주기억장치는 현재 실행 중인 프로그램과 프로그램 실행에 필요한 데이터를 일시적으로 저장한다. 전체 기억 공간은 바이트 단위로 분할되어 있으며 분할 공간마다 주소[address]가 할당되어 있다. 다음은 바이트 단위로 분할된 256개의 주소를 갖는 주기억장치의 예다. 이 주기억장치에는 256바이트의 정보를 저장할 수 있으며, 주소는 0부터 255까지 할당된다.

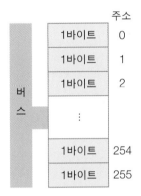

그림 3-5 256개의 주소를 갖는 주기억장치

주기억장치의 동작은 크게 '쓰기'와 '읽기'로 나눌 수 있다. '쓰기'는 중앙처리장치가 주기억장치에 데이터를 저장하는 것이고, '읽기'는 주기억장치에 저장된 데이터를 중앙처리장치가 읽는 것이다. 두 동작에 대해 살펴보기 전에 버스의 종류부터 살펴보자. 다음 표는 버스의 종류와 역할을 설명한 것이다.

표 3-2 버스의 종류

종류	설명
제어 버스	쓰기 또는 읽기 동작을 결정하는 제어 정보가 전송된다.
주소 버스	주기억장치의 주소가 전송된다.
데이터 버스	데이터가 전송된다.

주기억 장치의 쓰기와 읽기 동작이 어떻게 이루어지는지 [그림 3-5]를 보면서 이해해보자.

■ 쓰기

그림에서 주기억장치는 바이트 단위의 256개의 주소를 갖는다. 이 주기억장치의 주소 50에 데이터 20을 쓰려면 중앙처리장치는 주소 버스에 50을, 데이터 버스에 20을 전송하고, 제어 버스에 쓰기 제어 신호를 보낸다. 그러면 주기억장치 주소 50에 20이 저장된다.

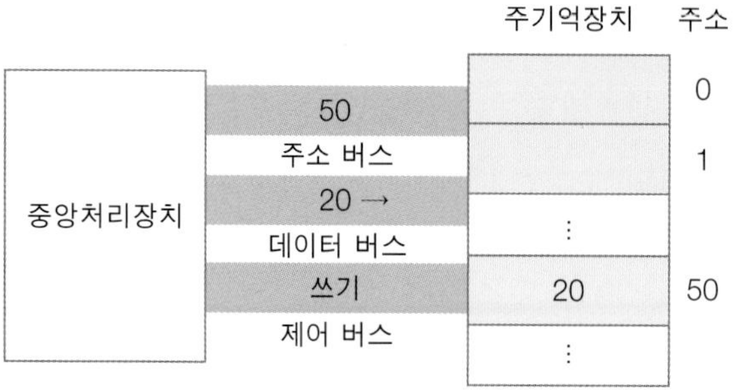

그림 3-6 주기억장치 주소 50에 데이터 쓰기

■ **읽기**

주기억장치 주소 60에 저장된 데이터를 읽으려면 중앙처리장치는 주소 버스에 60을 전송하고, 제어 버스에 읽기 제어 신호를 보낸다. 그러면 주기억장치 주소 60에 저장된 30이 데이터 버스를 통해 중앙처리장치로 전송된다.

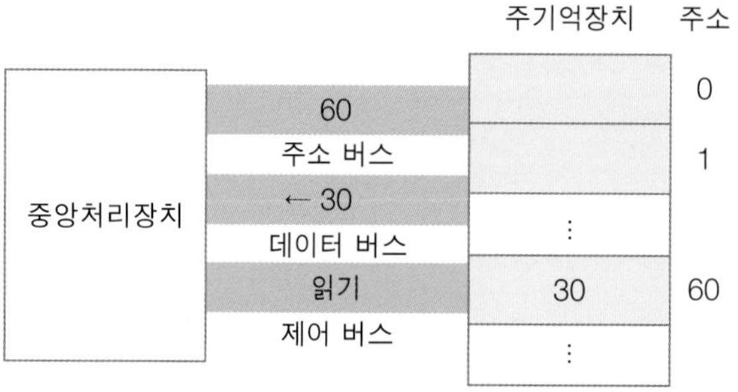

그림 3-7 주기억장치 주소 60에 저장된 데이터 읽기

02 컴퓨터 시스템의 동작

1 컴퓨터 시스템의 동작 과정

컴퓨터를 이용해 어떤 작업을 하려면 제일 먼저 컴퓨터의 전원 버튼을 누른다. 그러면 운영체제가 실행되면서 사용자가 컴퓨터를 이용할 수 있는 환경이 되는데, 이를 부팅이라고 한다. 부팅이 끝나면 바탕화면 또는 [시작] 메뉴에서 프로그램을 실행하고, 프로그램이 실행되면 원하는 작업을 한다.

부팅   프로그램 실행 명령   프로그램 실행

그림 3-8 **컴퓨터를 이용하여 작업하는 과정**

컴퓨터를 켜고 프로그램이 실행될 때 컴퓨터 내부에서는 어떤 일이 일어나는지 '부팅'과 '프로그램 실행'으로 나누어 살펴보자.

2 부팅

부팅booting은 컴퓨터의 전원을 켜서 컴퓨터를 사용할 수 있도록 준비하는 과정이다. 부팅은 바이오스 실행, 부팅 프로그램 실행, 운영체제 실행 순으로 진행된다.

❶ 바이오스 실행

컴퓨터의 전원을 켜면 중앙처리장치가 롬에 저장된 바이오스BIOS 프로그램을 읽어 와서 실행한다. 바이오스는 그래픽 카드를 초기화하고 주기억장치, 디스크 드라이브, 키보드, 마우스 등 하드웨어 장치의 상태를 검사한다. 검사 결과 이상이 있으면 오류 메시지를 출력한 후 동작을 멈추고, 아무 이상이 없으면 보조기억장치의 부트 섹터에 저장된 부팅 프로그램을 주기억장치로 이동시킨다.

❷ 부팅 프로그램 실행

부팅 프로그램이 주기억장치에 올라오면 바이오스는 종료되고 중앙처리장치가 부팅 프로그램을 실행한다. 시스템 제어권을 넘겨받은 부팅 프로그램은 보조기억장치에서 운영체제를 찾아 주기억장치로 이동시킨다.

❸ 운영체제 실행

중앙처리장치가 운영체제의 첫 번째 명령어를 읽어 와 실행한다. 그 이후부터는 운영체제가 컴퓨터 시스템의 동작을 제어한다.

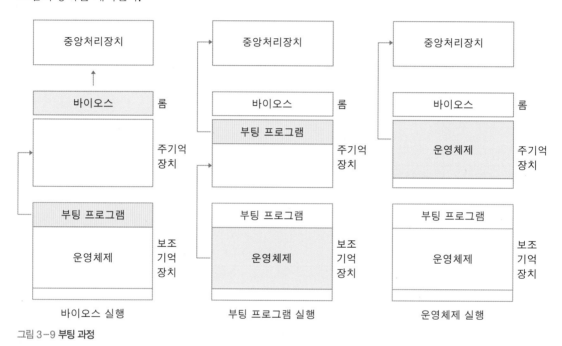

그림 3-9 **부팅 과정**

3 프로그램 실행

컴퓨터 시스템이 어떤 과정으로 프로그램을 실행하는지 이해하기 위해 변수 a에 20을 저장하고 1 증가시키는 프로그램의 동작 과정을 살펴보자. 이 프로그램은 [그림 3-10]과 같은 명령어로 구성되어 있다(컴퓨터가 직접 이해할 수 있는 프로그램은 2진 코드 형식이지만, 여기에서는 이해를 돕기 위해 자연어 형식으로 나타냈다).

```
MOV  변수a  20          // 상수 20을 변수 a에 저장한다.
MOV  레지스터A  변수a     // 변수 a의 값을 레지스터 A에 저장한다.
ADD  레지스터A  1        // 레지스터 A의 값과 1을 더한 결과를 레지스터 A에 저장한다.
MOV  변수a  레지스터A     // 레지스터 A의 값을 변수 a에 저장한다.
```

그림 3-10 **변수 a에 20을 저장하고 1 증가시키는 프로그램**

① [그림 3-10] 프로그램의 실행 명령을 내리면 보조기억장치에 저장되어 있는 프로그램이 주기억장치
의 빈 영역에 저장된다(주기억장치의 주소 101부터 저장된다고 가정한다). 그리고 주기억장치에 변수
a도 생성된다.

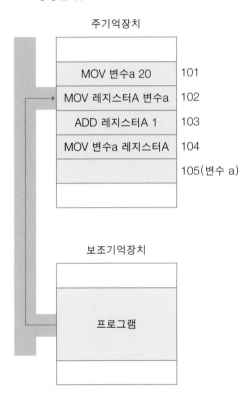

② 프로그램의 첫 번째 명령어가 저장된 주기억장치의 주소인 101이 중앙처리장치의 주소 레지스터에
저장된다.

③ 중앙처리장치는 주소 레지스터에 저장된 101을 주소 버스로, 읽기 제어 신호를 제어 버스로 보낸다.
그러면 주기억장치 주소 101에 저장된 'MOV 변수a 20'이 데이터 버스를 통해 중앙처리장치로 전
송돼 명령어 레지스터에 저장된다.

④ 주소 레지스터 값을 1 증가시킨다(101→102). 그다음에 제어장치가 명령어 레지스터에 저장된 'MOV 변수a 20'을 해독하여 변수 a의 주소 105를 주소 버스로, 이동할 값인 20을 데이터 버스로, 쓰기 제어 신호를 제어 버스로 보낸다. 그러면 주기억장치 주소 105에 20이 저장된다. 'MOV 변수a 20' 명령어의 실행이 끝났다.

⑤ 주소 레지스터에 저장된 102를 주소 버스로, 읽기 제어 신호를 제어 버스로 보낸다. 그러면 주소 102에 저장된 'MOV 레지스터A 변수a'가 데이터 버스를 통해 중앙처리장치로 전송돼 명령어 레지스터에 저장된다.

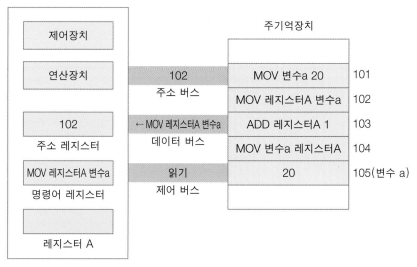

⑥ 주소 레지스터 값을 1 증가시킨다(102→103). 제어장치는 명령이 레지스디에 지장된 명령이를 해독하여 변수 a의 주소인 105를 주소 버스로, 읽기 제어 신호를 제어 버스로 보낸다. 그러면 주기억장치 주소 105에 저장된 20이 데이터 버스를 통해 중앙처리장치의 레지스터 A에 저장된다. 'MOV 레지스터A 변수a' 명령어에 대한 실행이 끝났다.

⑦ 주소 레지스터에 저장된 103을 주소 버스로, 읽기 제어 신호를 제어 버스로 보낸다. 그러면 주기억장치의 주소 103에 저장된 'ADD 레지스터A 1'이 명령어 레지스터에 저장된다.

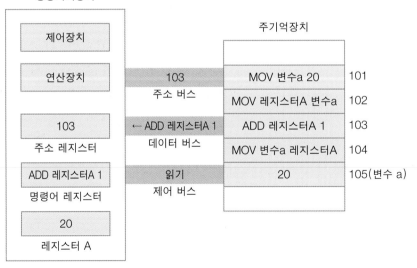

⑧ 주소 레지스터 값을 1 증가시킨다(103→104). 제어장치는 명령어 레지스터에 저장된 명령어를 해독하여 레지스터 A의 20과 1을 연산장치로 전송한다. 제어장치의 지시를 받은 연산장치는 이 두 값을 더한 후 레지스터 A에 저장한다. 'ADD 레지스터A 1' 명령어에 대한 실행이 끝났다.

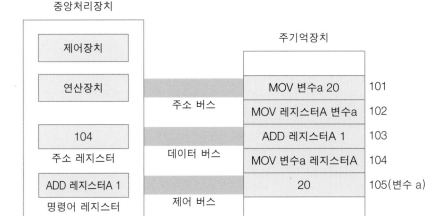

⑨ 주소 레지스터 104에 저장된 'MOV 변수a 레지스터A'를 읽어 와 명령어 레지스터에 저장한다.

⑩ 주소 레지스터 값을 1 증가시킨다(104→105). 제어징치는 명령어 레지스터의 명령어를 해독하여 레지스터 A에 저장된 21을 변수 a의 주소인 105에 저장한다. 프로그램 실행이 완료된다.

프로그램 명령어

1 명령어의 기본 형식과 종류

중앙처리장치는 프로그램을 구성하고 있는 명령어를 하나씩 읽어 와 실행한다. 중앙처리장치가 인식할 수 있는 명령어의 형식과 종류는 중앙처리장치에 따라 차이가 있다. 그러므로 프로그램은 해당 중앙처리장치가 인식할 수 있는 명령어로 작성되어야 한다. 일반적으로 프로그램 명령어는 다음과 같이 연산 코드와 피연산자로 이루어진다.

연산 코드	피연산자

그림 3-11 **명령어의 기본 형식**

- **연산 코드**: 중앙처리장치가 실행해야 할 동작을 나타내는 부분이다. 더하기, 곱하기, AND, OR 등의 내용이 온다.
- **피연산자**: 동작에 필요한 값 또는 저장 공간(레지스터 또는 주기억장치의 주소)을 나타내는 부분이다. 피연산자의 개수는 중앙처리장치에 따라 차이가 있다. 여기에서는 다음과 같이 피연산자가 두 개인 명령어 위주로 살펴본다.

연산 코드	피연산자 1	피연산자 2

피연산자 1과 피연산자 2를 연산 코드에 따라 연산한 후
그 결과를 피연산자 1에 저장한다.

그림 3-12 **피연산자가 두 개인 명령어 형식**

중앙처리장치가 제공하는 명령어는 크게 데이터 전송 명령어, 연산 명령어, 분기 명령어로 분류할 수 있다.

표 3-3 **명령어의 분류**

명령어	설명
데이터 전송 명령어	레지스터 또는 주기억장치의 데이터를 레지스터 또는 주기억장치로 이동한다.
연산 명령어	더하기, 빼기, 곱하기, 나누기 등의 산술 연산과 AND, OR, NOT, XOR 등의 논리 연산, 레지스터에 저장된 비트를 이동시키는 시프트를 수행한다.
분기 명령어	다음에 실행될 명령어를 지정한다.

이제부터 [표 3-3]의 명령어를 하나씩 살펴볼 것이다. 중앙처리장치의 구조는 다음과 같다고 가정한다.

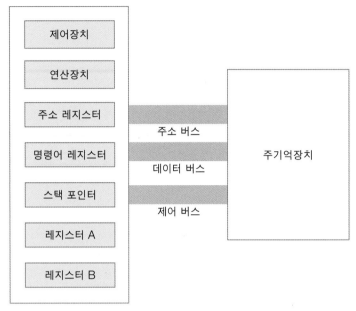

그림 3-13 **중앙처리장치의 구조**

2 데이터 전송 명령어

데이터 전송 명령어는 다음과 같은 기능을 수행한다.

- 레지스터 또는 주기억장치에 저장된 값을 레지스터 또는 주기억장치로 전송한다.
- 상수값을 레지스터 또는 주기억장치로 전송한다.
- 스택에 저장된 값을 레지스터로 전송한다.
- 레지스터에 저장된 값을 스택으로 전송한다.

레지스터, 주기억장치, 상수값을 구분하기 위해 다음과 같이 가정한다.

- 레지스터 A, 레지스터 B는 레지스터를 의미한다.
- 30, 100과 같이 숫자로만 이루어진 값은 상수값이다.
- [10], [50]처럼 대괄호([,])로 감싸고 있는 것은 주기억장치를 의미하는데, [10]은 주기억장치의 주소가 10
  인 부분을 나타낸다.

다음 명령어는 연산 코드가 MOV이고, 피연산자가 A와 B이다. 이는 B의 값을 A로 전송한다는 뜻으로, A에는 주기억장치의 주소나 레지스터가 올 수 있고, B에는 레지스터, 주기억장치 주소, 상수값 등이 올 수 있다.

```
MOV A B
```

다음은 주기억장치 주소 150에 저장된 값을 읽어 와 레지스터 B에 저장한다는 뜻이다.

```
MOV 레지스터B [150]
```

[그림 3-14]는 위 명령어의 실행 과정을 나타낸 것으로, 먼저 제어장치가 이 명령어를 해독한다(❶). 그리고 주소 버스에 150을, 제어 버스에 읽기 제어 신호를 보낸다(❷). 그러면 주기억장치 주소 150에 저장된 500이 데이터 버스를 통해(❸) 레지스터 B에 저장된다(❹).

그림 3-14 'MOV 레지스터B [150]'의 동작 과정

다른 데이터 전송 명령어도 동작 과정은 이와 유사하지만 스택을 이용한 명령어는 약간 다르다. 스택을 이용한 전송 명령어의 동작 과정을 살펴보자.

스택은 데이터의 삽입과 삭제가 한쪽 방향에서만 일어나는 구조로, 주기억장치의 일부를 스택으로 사용한다. 즉, 가장 최근에 삽입된 데이터가 가장 먼저 삭제된다. 삽입과 삭제가 이루어지는 곳은 스택 포인터라는 레지스터가 가리킨다. 스택에 데이터를 삽입할 때는 PUSH를, 삭제할 때는 POP 명령어를 사용한다.

그림 3-15 **스택의 동작**

■ PUSH

PUSH는 스택에 데이터를 삽입하는 명령어다. 다음은 레지스터 A에 저장된 값을 스택에 삽입하라는 뜻이다.

> PUSH 레지스터A

다음 그림을 보면 스택 포인터에는 300, 레지스터 A에는 20이 저장되어 있다. PUSH 명령을 실행하면 제어장치가 명령어를 해독하여(❶) 스택 포인터가 가리키는 주소 300에 레지스터 A에 저장된 값인 20을 저장한다(❷~❸). 스택 포인터 값은 1 증가돼 301이 된다(❹).

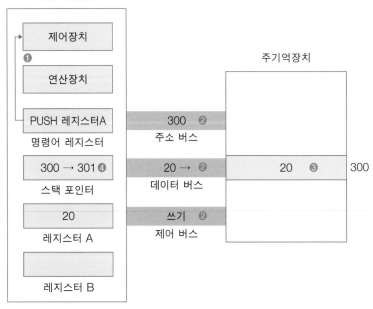

그림 3-16 **'PUSH 레지스터A'의 동작 과정**

■ POP

POP은 스택에서 데이터를 삭제하는 명령어다. 다음은 스택에서 데이터 하나를 삭제해 레지스터 B에 저장하라는 뜻이다.

POP 레지스터B

이 명령어는 스택 포인터 값을 1 감소시키고(❶~❷), 스택 포인터가 가리키는 주소 300의 데이터 20을 레지스터 B에 저장한다(❸~❺). 다음 그림은 동작 과정을 나타낸 것이다.

그림 3-17 'POP 레지스터B'의 동작 과정

3 연산 명령어

연산 명령어는 산술 연산 명령어, 논리 연산 명령어, 시프트 명령어로 구분된다.

3.1 산술 연산 명령어

산술 연산 명령어의 종류로는 ADD, SUB, MUL, DIV가 있는데, 각각 더하기, 빼기, 곱하기, 나누기 연산을 의미한다.

표 3-4 산술 연산 명령어

명령어	설명
ADD A B	A에 B를 더해서 A에 저장한다.
SUB A B	A에서 B를 빼서 A에 저장한다.
MUL A B	A에 B를 곱해서 A에 저장한다.
DIV A B	A를 B로 나누어서 A에 저장한다.

다음은 레지스터 A와 레지스터 B에 저장된 값을 더한 후 그 결과를 다시 레지스터 A에 저장하라는 뜻이다.

ADD 레지스터A 레지스터B

위 명령어를 실행하면 제어장치가 명령어 레지스터에 저장된 명령어를 해독하여(❶) 레지스터 A에 저장된 100과 레지스터 B에 저장된 200을 연산장치로 전송한다(❷). 연산장치는 제어장치의 지시에 따라이 두 값을 더하고, 그 결과값 300을 레지스터 A에 저장한다(❸).

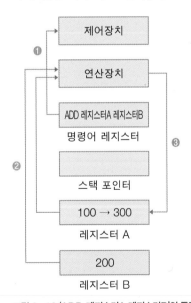

그림 3-18 'ADD 레지스터A 레지스터B'의 동작 과정

3.2 논리 연산 명령어

논리 연산 명령어의 종류로는 AND, OR, NOT, XOR 등이 있다. 이들 연산은 대응되는 비트 간에 이루어진다.

표 3-5 논리 연산 명령어

명령어	설명
AND A B	A와 B를 AND 연산해서 A에 저장한다.
OR A B	A와 B를 OR 연산해서 A에 저장한다.
NOT A	A의 1의 보수를 A에 저장한다.
XOR A B	A와 B를 XOR 연산해서 A에 저장한다.

레지스터 A와 레지스터 B에 다음과 같은 값이 저장되어 있다고 가정하자.

```
1 1 1 0 0 1 1 1   … 레지스터 A
0 1 0 1 0 1 0 1   … 레지스터 B
```

■ AND

AND 명령어는 대응되는 비트가 둘 다 1인 경우에만 1이고 나머지 경우에는 0이다.

```
AND  레지스터A  레지스터B
```

위 명령어의 연산 과정은 다음 그림과 같다. 왼쪽 첫 번째 비트 연산 결과를 보면, 레지스터 A의 첫 번째 비트가 1이고 레지스터 B의 첫 번째 비트가 0이므로 연산 결과 첫 번째 비트는 0이 된다. 나머지 비트들도 대응되는 비트끼리 AND 연산을 한다.

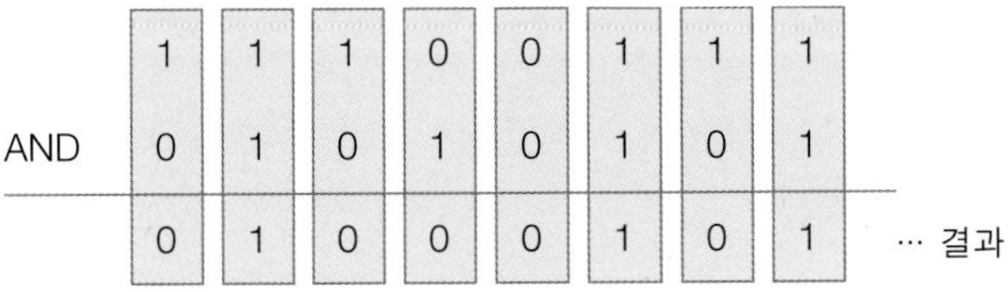

그림 3-19 'AND 레지스터A 레지스터B'의 연산 과정

■ OR

OR 명령어는 대응되는 비트가 둘 다 0인 경우에만 0이고 나머지 경우에는 1이다.

OR 레지스터A 레지스터B

그림 3-20 'OR 레지스터A 레지스터B'의 연산 과정

■ NOT

NOT 명령어는 1의 보수를 구하는 것이므로 1은 0으로, 0은 1로 바꾼다.

NOT 레지스터A

NOT	1	1	1	0	0	1	1	1	
	0	0	0	1	1	0	0	0	… 결과

그림 3-21 'NOT 레지스터A'의 연산 과정

■ XOR

XOR 명령어는 대응되는 비트가 같으면 0이고 다르면 1이다.

XOR 레지스터A 레지스터B

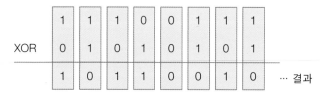

그림 3-22 'XOR 레지스터A 레지스터B'의 연산 과정

3.3 시프트 명령어

시프트 명령어는 레지스터에 저장된 데이터의 비트들을 이동시킨다. 논리 시프트인 SHR, SHL과 순환 시프트인 CIR, CIL이 있는데, 명령어 가장 오른쪽의 R은 Right를, L은 Left를 의미한다.

표 3-6 시프트 명령어

명령어		설명
논리 시프트	SHR 레지스터A B	레지스터 A에 저장된 값을 오른쪽으로 B 비트만큼 이동시키고 왼쪽의 비는 곳에 0을 저장한다.
	SHL 레지스터A B	레지스터 A에 저장된 값을 왼쪽으로 B 비트만큼 이동시키고 오른쪽의 비는 곳에 0을 저장한다.
순환 시프트	CIR 레지스터A B	레지스터 A에 저장된 값을 오른쪽으로 B 비트만큼 이동시키고 벗어나는 비트들을 왼쪽의 비는 곳에 저장한다.
	CIL 레지스터A B	레지스터 A에 저장된 값을 왼쪽으로 B 비트만큼 이동시키고 빗어나는 비트들을 오른쪽의 비는 곳에 저장한다.

레지스터 A에 다음과 같은 값이 저장되어 있다고 가정하자.

```
1 1 0 0 1 0 0 1   … 레지스터 A
```

■ SHR

다음 명령은 레지스터 A의 데이터를 오른쪽으로 1비트씩 이동시키고 왼쪽의 비는 곳에 0을 저장한다.

```
SHR 레지스터A
```

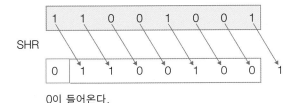

0이 들어온다.

그림 3-23 'SHR 레지스터A'의 동작 과정

결국 레지스터 A의 값은 다음과 같이 된다.

```
0 1 1 0 0 1 0 0
```

■ SHL

다음 명령은 레지스터 A의 데이터를 왼쪽으로 1비트씩 이동시키고 오른쪽의 비는 곳에 0을 저장한다.

SHL 레지스터A

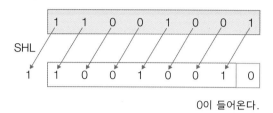

0이 들어온다.

그림 3-24 'SHL 레지스터A'의 동작 과정

■ CIR

순환 시프트는 레지스터에서 벗어나는 비트를 반대 방향으로 들어가게 하는 것으로, CIR은 오른쪽으로 1비트 시프트하고 오른쪽을 벗어나는 비트가 왼쪽으로 들어간다. 그러므로 다음 명령은 [그림 3-25]와 같이 동작한다.

CIR 레지스터A

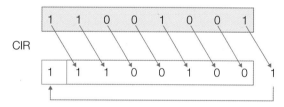

그림 3-25 'CIR 레지스터A'의 동작 과정

■ CIL

다음 명령은 [그림 3-26]과 같이 동작한다.

CIL 레지스터A

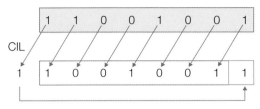

그림 3-26 'CIL 레지스터A'의 동작 과정

4 분기 명령어

프로그램에서 명령어는 위에서부터 아래로 한 문장씩 순차적으로 실행된다. 그러나 JUMP나 CALL 같은 분기 명령어를 이용하면 바로 아래에 위치한 명령어가 아닌 다른 위치의 명령어로 분기할 수 있다. 분기 명령어에 대해 살펴보기 전에 먼저 주소 레지스터에 대해 알아보자.

[표 3-1]에서 주소 레지스터는 다음에 실행될 명령어가 저장된 주기억장치의 주소를 저장한다고 했다. 만약 중앙처리장치가 현재 주기억장치 주소 100에 저장된 명령어인 'ADD 레지스터A 레지스터B'를 실행하고 있다면, 주소 레지스터에는 다음에 실행될 명령어가 저장된 주소인 101이 저장된다.

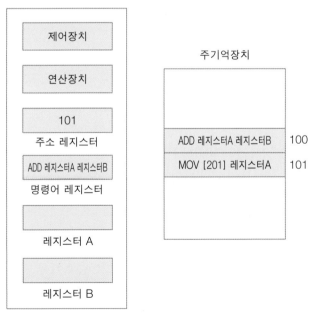

그림 3-27 **주소 레지스터:** 다음에 실행할 명령어의 주소 101이 저장되어 있다.

현재 명령어의 실행이 완료되면 주소 레지스터가 가리키는 주기억장치 주소 101에 저장된 'MOV [201] 레지스터A'를 읽어 와 명령어 레지스터에 저장한다. 주소 레지스터 값은 1 증가돼 다음에 실행될 명령어가 저장된 주소인 102로 변경된다.

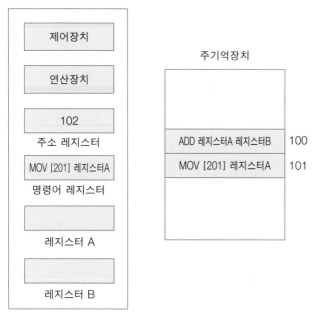

그림 3–28 **주소 레지스터: 다음에 실행할 명령어의 주소 102가 저장된다.**

주소 레지스터에 대해 간단하게 알아보았으므로 이제 분기 명령어를 살펴보자.

■ JUMP

JUMP는 주기억장치의 특정 주소로 분기할 때 사용한다. 다음은 주기억장치 주소 100으로 분기하는 명령어다.

```
JUMP [100]
```

현재 주소 레지스터의 값이 50이라고 가정해보자. 중앙처리장치가 명령을 실행하면 주기억장치 주소 50에 저장된 'JUMP [100]'이 명령어 레지스터에 저장되고 주소 레지스터 값은 1 증가되어 51이 된다. 그리고 제어장치가 명령어 레지스터에 저장된 'JUMP [100]'을 해독하여 실행하면, 주소 레지스터에 100이 저장된다. 주소 레지스터 값이 100이므로 다음에는 자연스럽게 주기억장치 주소 100에 저장된 명령어가 실행된다.

그림 3-29 'JUMP [100]'의 동작 과정

■ CALL

CALL은 다른 위치로 잠시 분기했다가 다시 돌아올 때 사용하는 명령어로 함수 호출 시 사용한다. 다른 위치로 분기했다가 돌아오려면 돌아올 주소를 어딘가에 저장해둬야 하는데, 이때 스택을 사용한다. 다음은 현재 주소 레지스터에 저장되어 있는 주소를 스택에 옮기고 주소 100으로 분기하는 명령어다.

```
CALL [100]
```

[그림 3-30]과 같이 주소 100~110에 함수가 저장되어 있고, 주소 20~29를 스택 영역이라 가정하고 위 명령어의 실행 과정을 살펴보자. 우선 세어장치가 'CALL [100]' 명령어를 해독한다(❶). 해독 결과 주소 레지스터에 저장되어 있는 51은 스택에 삽입되고(❷ 현재 스택 포인터 값이 20이므로 주소 20에 51이 저장된다), 스택 포인터는 1 증가하여 21이 된다(❸). 그리고 주소 레지스터에는 CALL [100]의 100이 저장된다(❹).

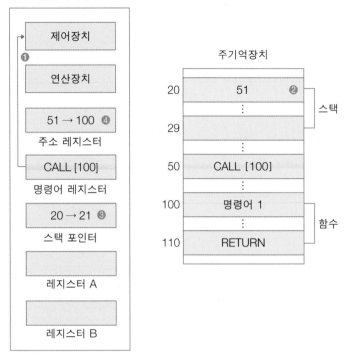

그림 3-30 'CALL [100]'의 동작 과정

주소 레지스터의 값이 100이 되었으므로 다음에는 주소 100의 명령어를 실행하는데 이는 함수가 시작되는 부분이다. 주소 100부터 109까지의 명령어를 실행한 후에는 주소 110의 RETURN 문을 실행한다. RETURN 문은 함수의 끝을 의미하는 것으로, 함수 호출 명령인 'CALL [100]' 다음 주소의 명령어를 실행하라는 뜻이다. RETURN 문 실행 결과 스택 포인터 값이 1 감소되어(❶) 주소 20에 저장된 51이 주소 레지스터에 저장된다(❷). 다음에는 주소 51에 저장된 명령어가 실행된다.

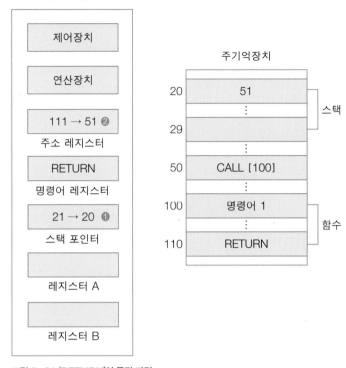

그림 3-31 'RETURN'의 동작 과정

1 하드웨어의 구성

- **중앙처리장치**: 프로그램을 실행하고 입력된 데이터를 처리한다.
- **주기억장치**: 실행 중인 프로그램과 프로그램 실행에 필요한 데이터를 일시적으로 저장한다.
- **보조기억장치**: 프로그램과 데이터를 영구히 저장한다.
- **입출력장치**: 중앙처리장치나 주기억장치에 데이터를 입력하거나 출력한다.

2 시스템 버스의 종류

- **제어 버스**: 쓰기 또는 읽기 동작을 결정하는 제어 정보가 전송된다.
- **주소 버스**: 주기억장치의 주소가 전송된다.
- **데이터 버스**: 데이터가 전송된다.

3 명령어 처리 단계

- **인출 단계**: 주기억장치에 저장된 명령어 하나를 읽어 온다.
- **해독 단계**: 읽어 온 명령어를 제어 정보로 해독한다.
- **실행 단계**: 해독된 명령을 실행한다.

4 명령어의 형식

프로그램 명령어는 연산 코드와 피연산자로 이루어진다. 연산 코드는 중앙처리장치가 실행해야 할 동작을 나타내고 피연산자는 동작에 필요한 값 또는 저장 공간(레지스터 또는 주기억장치의 주소)을 나타낸다.

5 명령어의 분류

- **데이터 전송 명령어**: 레지스터 또는 주기억장치의 데이터를 레지스터 또는 주기억장치로 이동한다.
- **연산 명령어**: 더하기, 빼기, 곱하기, 나누기 등의 산술 연산과 AND, OR, NOT, XOR 등의 논리 연산, 레지스터에 저장된 비트를 이동시키는 시프트를 수행한다.
- **분기 명령어**: 다음에 실행될 명령어를 지정한다.

1 중앙처리장치의 구성을 설명하시오.

2 중앙처리장치의 명령어 처리 단계를 설명하시오.

3 주기억장치의 쓰기 동작과 읽기 동작을 설명하시오.

4 시스템 버스의 종류를 설명하시오.

5 다음 프로그램의 동작 과정을 설명하시오(HALT는 정지 명령을 뜻한다).

```
MOV  레지스터A [11]
MOV  레지스터B [12]
ADD  레지스터A  레지스터B
MOV  [13] 레지스터A
HALT
```

6 프로그램 명령어의 기본 형식을 그림으로 그리고 설명하시오.

7 대부분의 중앙처리장치가 제공하는 세 가지 명령어는 무엇인지 설명하시오.

8 다음 그림을 보고 주기억장치의 50번지에 있는 명령어에 의해 함수가 호출된 후 함수 실행이 종료되기까지 동작 과정을 설명하시오.

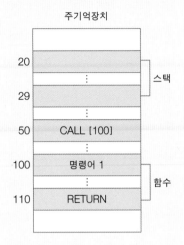

운영체제

하드웨어와 사용자 사이의 중재자 운영체제

학습목표

- 운영체제가 왜 필요하고 어떤 기능을 하는지 알아본다.
- 운영체제의 프로세스 관리 방법을 알아본다.
- 운영체제의 프로세스 스케줄링 기법에 대해 알아본다.
- 운영체제의 주기억장치 관리 방법을 알아본다.
- 운영체제의 파일 관리 방법을 알아본다.

운영체제의 개요

1 운영체제의 개념

운영체제는 하드웨어의 각 장치를 관리하고 사용자가 컴퓨터를 편리하게 사용할 수 있는 환경을 제공하는 시스템 소프트웨어다. 보통 컴퓨터를 켜면 자동으로 실행되는데, 마이크로소프트의 윈도우, 애플의 맥 OS, 오픈 소스인 리눅스가 대표적이다. 컴퓨터 시스템에서 운영체제의 위치를 살펴보면 다음 그림과 같다.

그림 4-1 컴퓨터 시스템에서 운영체제의 위치

TIP▶ 오픈 소스 소프트웨어: 프로그램의 소스코드를 무료로 공개하여 누구나 수정 및 재배포할 수 있도록 만든 소프트웨어.

2 운영체제의 기능

운영체제는 '사용자 인터페이스 제공'과 '컴퓨터 시스템 자원 관리'라는 두 가지 기능을 수행한다.

■ 사용자 인터페이스 제공

컴퓨터를 켜고 잠시 기다리면 바탕화면이 나타난다. 사용자는 바탕화면에서 아이콘을 더블클릭하거나 [시작] 버튼을 눌러 나오는 메뉴를 선택해 원하는 프로그램을 실행한다. 이와 같이 사용자와 컴퓨터 간의 상호작용이 이루어지는 환경을 사용자 인터페이스user interface라 하는데, 운영체제는 이러한 사용자 인터페이스를 제공한다.

그림 4-2 맥 OS와 윈도우의 바탕화면

■ 컴퓨터 시스템 자원 관리

컴퓨터 시스템은 중앙처리장치, 주기억장치, 보조기억장치, 프로그램, 파일 등 다양한 자원으로 이루어지며, 운영체제는 이러한 자원을 관리한다. 예를 들어 보조기억장치에 저장된 프로그램을 실행하려면 먼저 주기억장치의 빈 영역에 프로그램을 저장해야 한다. 중앙처리장치는 주기억장치에 저장된 프로그램과 데이터만 처리할 수 있기 때문이다. 운영체제는 주기억장치의 어느 영역이 비어 있는지 확인한 후 보조기억장치에 저장된 프로그램을 주기억장치의 빈 곳에 저장한다. 즉, 주기억장치라는 자원을 관리한다.

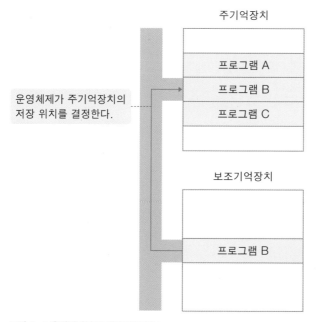

그림 4-3 운영체제의 주기억장치 관리

운영체제는 중앙처리장치도 관리한다. 다음 그림을 보면 실행 준비가 된 세 개의 프로그램이 있다. 그런데 일반적으로 중앙처리장치는 한 순간에 하나의 프로그램만 실행할 수 있으므로 어느 하나를 선택해야 한다. 이때 어떤 프로그램을 먼저 실행할지 결정하는 일을 운영체제가 담당한다.

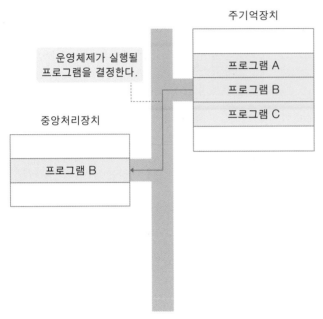

그림 4-4 **운영체제의 프로그램 실행 순서 관리**

운영체제의 기능을 간단히 살펴보았다. 다음 절부터는 프로세스, 주기억장치, 파일 등 컴퓨터 시스템 자원별로 운영체제가 어떤 관리를 하는지 자세히 살펴보자.

02 프로세스 관리

1 프로세스의 개념

대부분의 프로그램은 보조기억장치에 저장되어 있다가 실행 명령을 받으면 주기억장치로 올라가 중앙처리장치에 의해 실행된다. 프로세스^{process}란 실행되기 위해 주기억장치로 올라간 프로그램을 말한다. 즉, 실행 중인 프로그램이라고 정의할 수 있다. 프로그램이 보조기억장치에 저장되어 아무런 일도 못하는 수동적인 존재라면, 프로세스는 주기억장치에 있으면서 하드웨어를 동작시키는 능동적인 존재다. 프로세스에는 프로그램 코드뿐만 아니라 실행에 필요한 다양한 정보가 포함되어 있다.

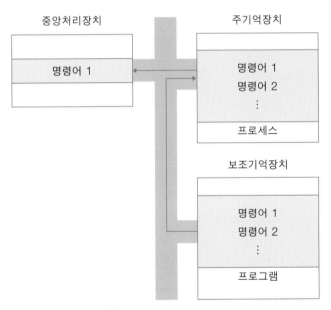

그림 4-5 **프로세스의 개념**

2 프로세스 제어 블록

프로세스 제어 블록$^{PCB, Process Control Block}$은 프로세스에 대한 정보를 저장하는 장소다. 임의의 프로세스가 생성되면 이 프로세스의 정보를 저장하는 새로운 프로세스 제어 블록이 생성되고, 프로세스가 종료될 때 같이 사라진다. 운영체제는 프로세스 제어 블록에 저장된 내용을 통해 프로세스를 관리한다. 프로세스 제어 블록은 [그림 4-6]과 같은 정보를 담고 있다.

- **프로세스 상태:** 프로세스가 실행 상태인지 또는 준비 상태인지 등 프로세스의 현재 상태를 나타낸다.
- **주소 레지스터 값:** 중앙처리장치의 '주소 레지스터'라는 레지스터에 저장된 값으로, 다음에 실행될 명령어의 주기억장치 주소를 저장한다.
- **스케줄링 정보:** 다음에 실행될 프로세스를 결정하는 데 필요한 정보로, 프로세스 스케줄링 정책, 우선순위 등을 저장한다.
- **주기억장치 정보:** 해당 프로세스가 주기억장치의 어느 영역에 위치해 있는지를 나타낸다.

프로세스 상태
주소 레지스터 값
스케줄링 정보
주기억장치 정보
⋮

그림 4-6 **프로세스 제어 블록**

3 프로세스 상태

프로세스는 실행되는 동안 [그림 4-7]과 같은 여러 상태를 거친다. 프로세스 A, B, C가 생성되어 종료되기까지의 예를 통해 각 상태를 이해해보자. '프로세스 제어 블록'은 약자인 'PCB'로 지칭한다.

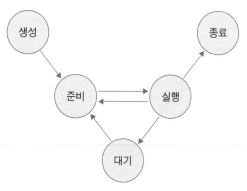

그림 4-7 **프로세스 상태**

① 새로운 〈프로세스 A〉가 생성되면 〈프로세스 A〉의 PCB가 준비 큐에 연결된다. 준비 큐란 준비 상태에서 실행을 대기하는 프로세스들을 모아놓은 저장 장소다. 중앙처리장치의 할당을 받으면 큐에서 빠져나오는데, 삽입한 순서대로 빠져나온다.

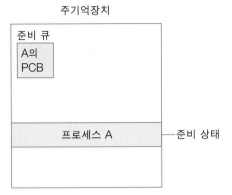

② 운영체제는 준비 큐의 가장 앞에 있는 〈프로세스 A〉를 중앙처리장치에 할당하여 실행되도록 한다. 이때 〈프로세스 A〉의 PCB에 저장된 일부 정보가 중앙처리장치의 레지스터에 저장되는데, 이 상태를 실행 상태라 한다.

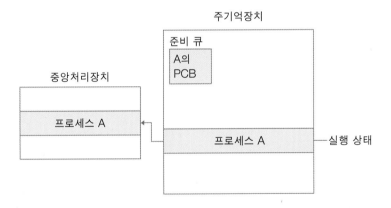

③ 〈프로세스 A〉가 실행 상태일 때 〈프로세스 B〉와 〈프로세스 C〉가 생성되면 두 프로세스의 PCB가 준비 큐에 연결돼 둘 다 준비 상태가 된다. 준비 상태에 있는 〈프로세스 B〉와 〈프로세스 C〉는 세 가지 경우에 실행 상태가 될 수 있는데, 하나씩 살펴보자.

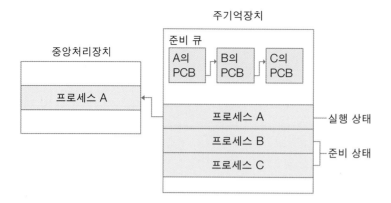

④ 첫째, 〈프로세스 A〉의 실행이 종료된 경우다. 이 경우에 운영체제는 준비 상태에 있는 프로세스 중 하나를 선택해 실행시킨다. 어떤 프로세스가 선택될지는 운영체제의 프로세스 스케줄링 정책에 따라 다르다. 다음 그림의 경우 준비 큐의 가장 앞에 있는 〈프로세스 B〉가 선택돼 실행 상태로 바뀐 것이다.

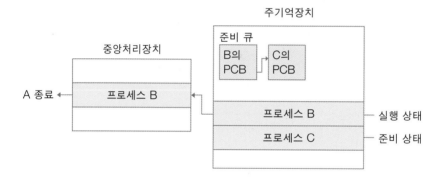

⑤ 둘째, 〈프로세스 A〉가 중앙처리장치를 오래 차지하고 있는 경우다. 이 경우에는 다른 프로세스에 실행 기회를 주기 위해 운영체제가 〈프로세스 A〉의 실행을 멈추고 준비 상태가 되게 한다. 그리고 준비 상태에 있는 프로세스 중 하나를 선택해 실행되도록 한다. 그러기 위해 준비 큐의 가장 앞에 있는 〈프로세스 A〉의 PCB를 끝으로 보내고 〈프로세스 B〉의 PCB를 가장 앞에 위치시킨다.

이때 중앙처리장치의 일부 레지스터에 저장되어 있는 〈프로세스 A〉의 정보를 〈프로세스 A〉의 PCB에 저장하고, 〈프로세스 B〉의 PCB 일부 정보를 중앙처리장치의 레지스터에 저장하는데, 이런 동작을 문맥 전환^{context switch}이라 한다. 문맥이 전환되는 대표적인 정보로는 주소 레지스터 값이 있다. 이 값이 PCB에 제대로 저장되어 있어야 〈프로세스 A〉가 다시 실행될 때 원하는 명령어부터 실행할 수 있다.

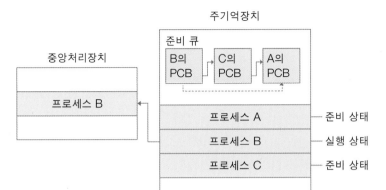

⑥ 셋째, 〈프로세스 A〉에 이벤트 대기 명령이 발생한 경우다. 〈프로세스 A〉에 디스크 입출력 명령이 발생하면 입출력장치에 의해 입출력 동작이 완료될 때까지 중앙처리장치는 아무 일도 하지 못한다. sleep 명령이 발생해도 마찬가지다. 이런 경우에는 운영체제가 〈프로세스 A〉의 PCB를 준비 큐에서 대기 큐로 보내 대기 상태로 만들고, 준비 상태에 있는 〈프로세스 B〉를 선택하여 실행 상태로 만든다. 물론 이 경우에도 문맥 전환이 일어난다.

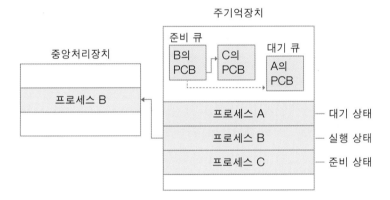

위 상태에서 〈프로세스 A〉가 기다리는 이벤트(예를 들어 입출력 동작)가 종료되면 〈프로세스 A〉의 PCB는 대기 큐에서 제거되고 준비 큐로 연결된다.

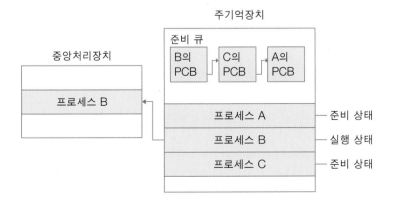

프로세스의 생성, 준비, 실행, 종료, 대기 상태에 대해 살펴보았다. 이를 다시 정리하면 다음 그림과 같다. 중앙처리장치가 실행할 수 있는 프로그램은 한 순간에 하나뿐이므로 하나의 프로세스만이 실행 상태가 된다.

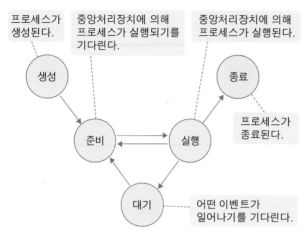

그림 4-8 **프로세스 상태**

4 프로세스 스케줄링

한 번에 여러 개의 프로세스를 실행하여 중앙처리장치의 이용률을 최대화하는 개념을 다중 프로그래밍multiprogramming이라고 한다. 다중 프로그래밍 환경에서는 실행 상태에 있던 프로세스가 종료되거나 다른 이벤트가 발생하기를 기다리기 위해 대기 상태가 될 경우, 다음에 실행할 새로운 프로세스를 선정해 실행 상태로 바꾼다.

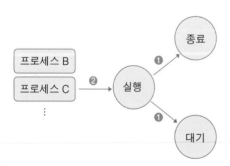

그림 4-9 **다음에 실행할 프로세스 선정**

이와 같이 다중 프로그래밍 환경에서 다음에 어떤 프로세스를 실행할지 결정하는 것을 프로세스 스케줄링process scheduling이라고 한다. 프로세스 스케줄링은 운영체제가 사용하는 기법에 따라 달라진다. 대표적인 기법을 살펴보자.

4.1 FCFS 스케줄링

FCFS First-Come First-Served는 가장 간단한 스케줄링 기법으로, 단어의 뜻에서 알 수 있듯이 먼저 도착한 프로세스를 먼저 서비스(실행)한다. 예를 들어 프로세스가 A, B, C 순으로 준비 큐에 도착하면 운영체제는 가장 먼저 도착한 〈프로세스 A〉에 중앙처리장치를 할당하여 실행되도록 한다. 그리고 〈프로세스 B〉와 〈프로세스 C〉는 〈프로세스 A〉가 종료될 때까지 준비 큐에서 기다린다. 〈프로세스 A〉의 실행이 종료되면 다음 프로세스인 〈프로세스 B〉가 실행된다.

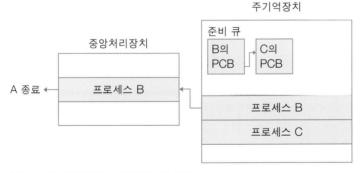

(a) 〈프로세스 A〉는 실행, 〈프로세스 B〉와 〈프로세스 C〉는 대기

(b) 〈프로세스 A〉가 종료되면 〈프로세스 B〉 실행

그림 4-10 FCFS 스케줄링

실행 시간이 [표 4-1]과 같은 세 개의 프로세스가 있다고 가성하고 FCFS 기법을 이용할 경우 평균 대기 시간을 계산해보자.

표 4-1 세 개의 프로세스

프로세스	실행 시간
프로세스 A	20ms
프로세스 B	5ms
프로세스 C	2ms

프로세스가 A, B, C 순으로 연속적으로 생성되면 다음과 같은 순서로 실행된다. 이 경우 〈프로세스 A〉의 대기 시간은 0ms, 〈프로세스 B〉는 20ms, 〈프로세스 C〉는 25ms가 되어 평균 대기 시간을 계산하면 15ms가 된다.

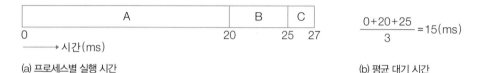

(a) 프로세스별 실행 시간

$$\frac{0+20+25}{3}=15(ms)$$

(b) 평균 대기 시간

그림 4-11 프로세스 A, B, C 순으로 생성된 경우

반대로 프로세스가 C, B, A 순으로 생성된다고 가정해보자. 다음과 같은 순서로 실행되고, 평균 대기 시간은 3ms가 된다. 위의 경우와 비교해보면 프로세스의 실행 순서에 따라 평균 대기 시간의 차이가 크다는 점을 알 수 있다.

(a) 프로세스별 실행 시간

$$\frac{0+2+7}{3}=3(ms)$$

(b) 평균 대기 시간

그림 4-12 프로세스 C, B, A 순으로 생성된 경우

4.2 라운드 로빈 스케줄링

라운드 로빈Round Robin은 임의의 프로세스가 종료될 때까지 중앙처리장치를 차지하는 것이 아니라, 여러 프로세스들이 중앙처리장치를 조금씩 돌아가며 차지하는 방식이다. 리눅스를 포함한 대부분의 시스템이 이 방식을 사용하고 있다.

라운드 로빈에서 프로세스들은 시간 할당량$^{time\ quantum}$ 동안 중앙처리장치를 할당받아 실행된다. 만약 이 시간 동안 실행을 종료하지 못하면 운영체제에 의해 준비 상태로 쫓겨나고, 준비 큐의 다음 프로세스가 중앙처리장치를 할당받아 실행된다.

[그림 4-13]은 〈프로세스 A〉가 중앙처리장치를 할당받아 실행되다가 시간 할당량이 끝나 준비 상태로 쫓겨나고 〈프로세스 B〉가 중앙처리장치를 할당받아 실행되는 것을 나타낸 것이다. 여기에서 중앙처리장치를 할당받은 프로세스가 〈프로세스 A〉에서 〈프로세스 B〉로 바뀔 때 문맥 전환이 이루어지는데, 이런 문맥 전환이 진행되는 동안에는 중앙처리장치가 아무런 일을 하지 못한다. 따라서 잦은 문맥 전환은 중앙처리장치의 이용률을 저하시킨다.

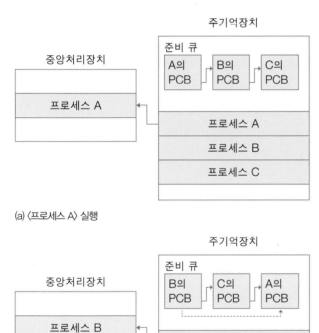

(a) 〈프로세스 A〉 실행

(b) 〈프로세스 A〉가 쫓겨나고 〈프로세스 B〉 실행

그림 4-13 라운드 로빈 스케줄링

라운드 로빈 스케줄링을 이용할 경우의 평균 대기 시간을 계산해보자. [표 4-2]와 같이 실행 시간을 필요로 하는 세 개의 프로세스가 있고 시간 할당량은 4ms라고 가정한다.

표 4-2 세 개의 프로세스

프로세스	실행 시간
프로세스 A	20ms
프로세스 B	5ms
프로세스 C	2ms

① 우선 〈프로세스 A〉가 생성되어 중앙처리장치를 할당받아 실행된다.

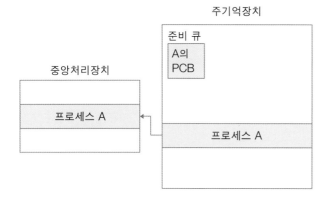

② 바로 〈프로세스 B〉와 〈프로세스 C〉가 생성되면 각 프로세스의 PCB가 준비 큐에 연결된다.

③ 〈프로세스 A〉가 실행을 시작한 지 4ms(시간 할당량)가 지나면 운영체제에 의해 준비 상태로 쫓겨나고 다음 프로세스인 〈프로세스 B〉가 중앙처리장치를 할당받는다.

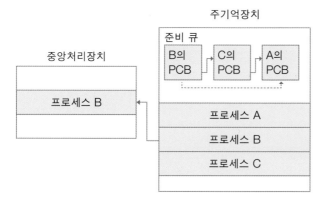

④ 마찬가지로 〈프로세스 B〉가 4ms를 사용한 후 준비 상태로 쫓겨나고 〈프로세스 C〉가 중앙처리장치를 할당받는다.

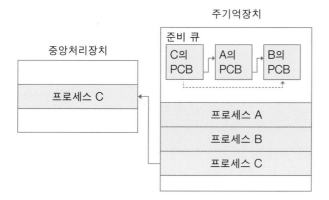

⑤ 〈프로세스 C〉는 2ms만 필요로 하므로 시간 할당량을 사용하기 선에 종료된다. 그리고 다음 프로세스인 〈프로세스 A〉가 중앙처리장치를 할당받는다.

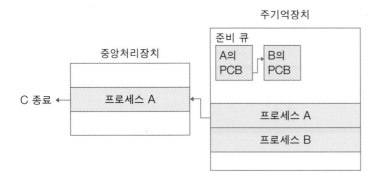

⑥ 〈프로세스 A〉가 시간할당량 4ms를 사용하면 준비 상태로 쫓겨나고 〈프로세스 B〉가 중앙처리장치를 할당받는다.

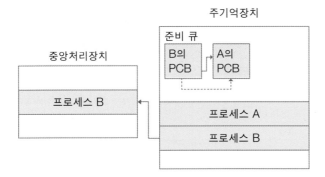

⑦ 〈프로세스 B〉는 남은 1ms를 사용한 후 실행이 종료된다. 다음으로 〈프로세스 A〉가 중앙처리장치를 할당받아 종료될 때까지 실행된다.

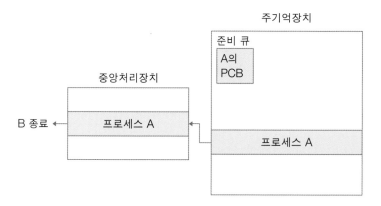

①~⑦의 과정을 시간을 축으로 하는 그림으로 나타내면 다음과 같다.

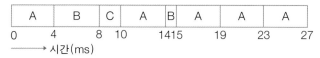

그림 4-14 **라운드 로빈 스케줄링에 의한 실행**

〈프로세스 A〉의 대기 시간은 0+6(10-4)+1(15-14)=7ms, 〈프로세스 B〉는 4+6(14-8)=10ms, 〈프로세스 C〉는 8ms다. 그러므로 평균 대기 시간은 다음과 같이 되는데, 문맥 전환 시간은 고려하지 않았다.

$$\frac{7+10+8}{3} = 8.3(ms)$$

그림 4-15 **평균 대기 시간**

라운드 로빈 기법에서는 시간 할당량의 크기가 성능에 큰 영향을 미친다. 만약 각 프로세스들의 실행이 종료될 수 있을 만큼 시간 할당량이 크면 FCFS 스케줄링과 같게 되어 평균 대기 시간이 길어지게 된다. 반면 시간 할당량이 매우 적으면 문맥 전환이 자주 발생하므로 실행보다는 문맥 전환하는 데 많은 시간을 소모하게 된다. 그러므로 적절한 시간 할당량을 결정해야 하는데, 일반적으로 10~100ms다.

4.3 우선순위 스케줄링

말 그대로 가장 높은 우선순위의 프로세스에 먼저 중앙처리장치를 할당하는 방식이다. 프로세스 간의 우선순위가 같은 경우 FCFS 스케줄링 기법을 적용한다. 프로세스의 우선순위는 프로세스 실행자의 직위 또는 프로세스의 중요성 등에 의해 결정되며 PCB에 저장된다.

프로세스 A, B, C의 실행 시간과 우선순위가 다음과 같을 때 우선순위 스케줄링의 동작 과정을 살펴보고 평균 대기 시간을 계산해보자. 〈프로세스 D〉는 중간에 새로 생성되어 다른 프로세스보다 준비 큐에 늦게 도착한다고 가정한다.

표 4-3 네 개의 프로세스

프로세스	도착 시간	실행 시간	우선순위
프로세스 A	0	20ms	2
프로세스 B	0	5ms	1
프로세스 C	0	2ms	3
프로세스 D	5	5ms	2

① 운영체제는 우선순위가 가장 높은 〈프로세스 B〉에 중앙처리장치를 제일 먼저 할당한다.

② 〈프로세스 B〉의 실행이 종료되면 다음으로 우선순위가 높은 〈프로세스 A〉를 실행한다.

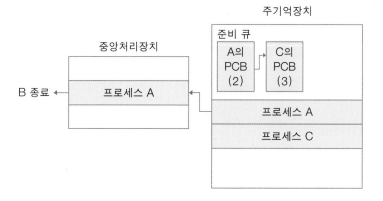

③ 이때 우선순위가 2인 〈프로세스 D〉가 생성되면 〈프로세스 D〉의 PCB가 준비 큐에 연결되는데, 우선순위가 2이므로 〈프로세스 C〉의 PCB 앞에 위치한다.

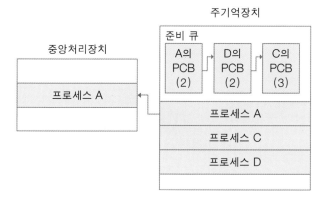

④ 〈프로세스 A〉의 실행이 종료되면 〈프로세스 D〉가 실행된다.

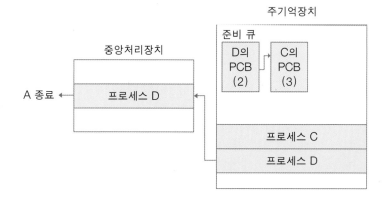

⑤ 〈프로세스 D〉의 실행이 종료되면 〈프로세스 C〉가 실행된다.

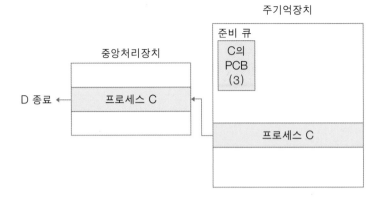

①~⑤의 과정을 시간을 축으로 하는 그림으로 나타내면 다음과 같다.

그림 4-16 **우선순위 스케줄링에 의한 실행**

이 경우 〈프로세스 B〉의 대기 시간은 0ms, 〈프로세스 A〉는 5ms, 〈프로세스 D〉는 20ms, 〈프로세스 C〉는 30ms이므로 평균 대기 시간은 다음과 같다.

$$\frac{0+5+20+30}{4} = 13.75(ms)$$

그림 4-17 **평균 대기 시간**

우선순위 스케줄링은 프로세스의 우선순위가 낮으면 매우 오랜 시간 동안 실행되지 않을 수 있다는 문제점이 있다. 이런 경우에 에이징aging이라는 해결책이 있는데, 이는 일정 시간 동안 실행되지 않으면 우선순위를 한 단계씩 높이는 방법이다. 결국 아무리 낮은 우선순위의 프로세스라도 어느 정도 시간이 지나면 적절한 우선순위를 갖게 되어 실행된다.

주기억장치는 현재 실행 중인 프로그램과 이 프로그램이 필요로 하는 데이터를 일시적으로 저장하는 장치다. 운영체제는 현재 사용되고 있는 주기억장치 영역과 사용되지 않고 있는 영역에 대한 정보를 유지하면서 주기억장치가 필요한 프로세스에 주기억장치를 할당하고, 프로세스가 종료되면 사용했던 주기억장치 영역을 회수하는 방식으로 주기억장치를 관리한다. 이 절에서는 단순한 구조의 주기억장치 관리는 어떻게 하는지, 또 가상 메모리는 어떤 개념인지 살펴본다.

1 단순한 구조의 주기억장치

단순한 구조의 주기억장치 관리 기법으로는 단일 연속 주기억장치 관리 기법과 분할 주기억장치 관리 기법이 있다. 하나씩 살펴보자.

1.1 단일 연속 주기억장치 관리

단일 연속 주기억장치는 주기억장치에 운영체제 외에 하나의 사용자 프로그램만 저장한다. 즉, 주기억장치를 두 영역으로 나누어 한 영역에는 운영체제를 저장하고 다른 영역에는 하나의 사용자 프로그램을 저장한다. 이 구조에서는 한 순간에 오직 하나의 프로그램만 주기억장치에 저장하여 실행할 수 있는데, 이를 '단일 프로그래밍 방식'이라고 한다.

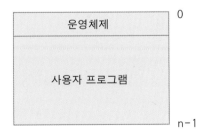

그림 4-18 **단일 연속 주기억장치**

1.2 분할 주기억장치 관리

현재 컴퓨터 시스템은 단일 프로그래밍 방식이 아니라 다중 프로그래밍 방식으로, 여러 개의 프로세스를 주기억장치에 저장한 후 실행시킨다. 이런 다중 프로그래밍을 지원하는 간단한 방법으로는 주기억장치를 n개의 영역으로 분할하여 각 영역에 서로 다른 프로세스를 동시에 저장하는 기법이 있다. 이때 각 영역의 크기는 다르게 하는 것이 바람직하다.

다음 그림을 보자. 주기억장치를 다섯 개의 영역으로 분할하여 한 영역에는 운영체제를 저장했고, 다른 네 개의 영역에는 프로세스를 저장했다.

운영체제	0
	100
영역 2	
	400
영역 3	
	800
영역 4	900
영역 5	
	1099

그림 4-19 **분할 주기억장치**

이런 구조에서 새롭게 생성된 프로세스를 주기억장치에 할당하려면 다음의 세 가지 방식을 사용한다.

표 4-4 **분할 주기억장치에서 프로세스 할당 방식**

할당 방식	설명
최초 적합	프로세스의 크기보다 큰 최초의 영역에 할당한다.
최적 적합	프로세스의 크기보다 큰 영역 중 가장 작은 영역에 할당한다.
최악 적합	프로세스의 크기보다 큰 영역 중 가장 큰 영역에 할당한다.

[그림 4-19]의 구조에서 크기가 150인 프로세스를 할당하는 동작을 각각의 방식에 적용하여 나타내면 [그림 4-20]과 같다.

- **최초 적합**first fit: 〈영역 2〉, 〈영역 3〉, 〈영역 5〉 중에 가장 선두에 있는 영역인 〈영역 2〉에 할당한다.
- **최적 적합**best fit: 〈영역 2〉, 〈영역 3〉, 〈영역 5〉 중에 할당하고 가장 작은 영역이 남는 〈영역 5〉에 할당한다.
- **최악 적합**worst fit: 〈영역 2〉, 〈영역 3〉, 〈영역 5〉 중에 할당하고 가장 큰 영역이 남는 〈영역 3〉에 할당한다.

그림 4-20 **분할 주기억장치에서 프로세스 할당 방식 예**

위의 세 가지 방식은 할당 후에 빈 공간이 발생하거나 분할된 영역보다 큰 프로그램을 실행할 수 없다는 단점이 있다. 최근 이 방식을 지원하는 시스템은 거의 없고, 대부분의 시스템은 다음에 살펴볼 가상 메모리 방식을 지원한다.

2 가상 메모리

2.1 가상 메모리의 개념

프로그램이 실행되기 위해서는 보조기억장치에서 주기억장치로 올라가야 하는데, 실행될 프로그램이 주기억장치보다 크거나 여러 개인 경우에는 주기억장치의 공간이 부족해서 프로그램이 제대로 실행되지 못할 수 있다. 이러한 문제를 해결하고자 당장 실행에 필요한 부분만 주기억장치에 저장하고, 나머지는 보조기억장치에 두고 동작하도록 하는 방법이 있다. 이런 개념을 가상 메모리virtual memory라 하며 운영체제에서 지원한다.

가상 메모리의 개념을 [그림 4-21]을 보며 이해해보자. 프로그램이 실행되려면 우선 주기억장치에 들어가야 하는데, 크기가 5인 프로그램이 실행되기 위해 크기가 10인 주기억장치 영역으로 들어가는 것은 아무런 문제가 되지 않는다.

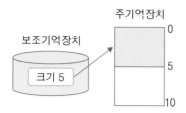

그림 4-21 **크기가 5인 프로그램이 주기억장치로 진입**

하지만 다음의 두 경우에는 문제가 발생한다.

■ **프로그램의 크기가 주기억장치보다 큰 경우**

주기억장치의 크기는 10인데 프로그램의 크기가 20인 경우, 프로그램이 주기억장치에 들어갈 수 없어 실행되지 못한다.

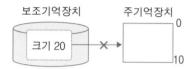

그림 4-22 **프로그램의 크기가 주기억장치보다 큰 경우**

■ **동시에 실행하려는 전체 프로그램의 크기가 주기억장치보다 큰 경우**

크기가 5인 프로그램 세 개가 동시에 실행되고자 하는 경우로, 두 개의 프로그램은 주기억장치에 들어가 실행될 수 있으나 주기억장치에 들어가지 못한 나머지 한 프로그램은 실행되지 못한다.

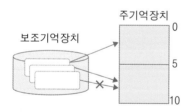

그림 4-23 **동시에 실행하려는 전체 프로그램의 크기가 주기억장치보다 큰 경우**

최근에는 프로그램의 크기가 커지고 동시에 여러 프로그램이 실행되는 경우가 많으므로, 이와 같은 문제는 자주 발생한다. 이런 문제를 해결할 수 있는 방법이 바로 가상 메모리다. 아무리 여러 프로그램이 실행되고자 하더라도 한 순간에 실행되는 프로그램은 하나뿐이고, 아무리 큰 프로그램이라 할지라도 한 순간에 중앙처리장치에 의해 실행되는 부분은 프로그램의 일부일 뿐이다. 따라서 당장 실행에 필요한 부분만 주기억장치에 저장하고 당장 필요하지 않은 나머지 부분은 보조기억장치에 넣어두고 실행하면 되는데, 이런 개념이 가상 메모리다. 결국 가상 메모리를 사용하면 사용자 입장에서는 실제 주기억장치보다 큰 주기억장치를 가지고 있는 것처럼 느끼게 된다.

2.2 페이징

다음은 크기가 10인 주기억장치에서 크기가 20인 〈프로그램 A〉와 〈프로그램 B〉를 가상 메모리 방식으로 실행하는 과정을 나타낸 것이다. 당장 실행하는 데 필요한 〈프로그램 A〉의 일부인 A1을 주기억장치에 올려 실행하고 나머지는 보조기억장치에 둔다. 물론 A2가 실행에 필요하게 되면 주기억장치로 올리면 된다.

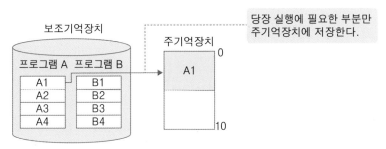

그림 4-24 **당장 실행될 부분만 주기억장치에 저장**

[그림 4-24]에서 프로그램을 일정한 크기로 나누었는데, 이런 단위를 페이지page라 하고, 페이지 단위로 주기억장치에 올리며 동작하는 것을 페이징paging이라 한다. 페이징은 가상 메모리를 구현하는 한 방법으로, 가상 메모리 공간을 일정한 크기의 페이지로 나누어 관리한다. 이때 실제 주기억장치의 페이지에 해당하는 부분을 페이지 프레임page frame이라 한다.

[그림 4-25]는 페이징을 이용한 주기억장치 관리 방법을 나타낸 것이다. 현재 실행 중인 〈프로세스 A〉와 〈프로세스 B〉는 16개의 페이지로 이루어져 있고, 주기억장치는 24개의 페이지 프레임을 갖고 있다. 각 페이지의 크기는 1000이다.

프로세스 A	프로세스 B	주기억장치
페이지 0	페이지 0	프레임 0
페이지 1	페이지 1	프레임 1
⋮	⋮	프레임 2
페이지 15	페이지 15	⋮
		프레임 22
		프레임 23

그림 4-25 **페이징 방식으로 구현된 가상 메모리**

〈프로세스 A〉의 페이지 0과 〈프로세스 B〉의 페이시 0, 페이지 1이 당장 실행되어야 한다고 가정하자. 운영체제는 프로세스마다 각 페이지가 주기억장치의 어느 프레임에 저장되는지 나타내는 테이블을 관리하는데, 이를 페이지 테이블^page table이라 한다.

[그림 4-26]에서 〈프로세스 A〉의 페이지 테이블을 보면 0번 항목에 페이지 프레임 0의 시작 주소인 0이 저장되어 있고(❶), 〈프로세스 B〉의 페이지 테이블 0번 항목에는 페이지 프레임 2의 시작 주소인 2000이, 1번 항목에는 페이지 프레임 3의 시작 주소인 3000이 저장되어 있다(❷~❸). 따라서 〈프로세스 A〉의 페이지 0은 주기억장치의 페이지 프레임 0에(❹), 〈프로세스 B〉의 페이지 0과 페이지 1은 주기억장치의 페이지 프레임 2와 3에 저장된다(❺~❻).

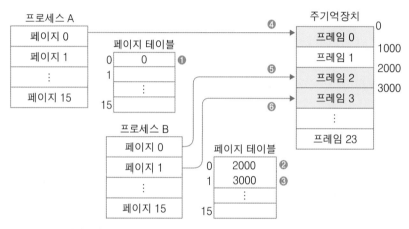

그림 4-26 페이징 동작 예

페이징 방식에서 임의의 페이지가 실행에 필요하면 우선 주기억장치에 해당 페이지가 있는지 확인한 후 있으면 그 페이지에 접근한다. 만약 해당 페이지가 주기억장치에 없다면 보조기억장치로부터 그 페이지를 주기억장치 페이지 프레임에 저장한 후 접근한다.

2.3 페이지 교체 알고리즘

새로운 페이지를 주기억장치에 저장할 때 비어 있는 페이지 프레임이 없으면 새로운 페이지를 저장하기 위해 주기억장치에서 제거할 페이지를 결정해야 한다. 이렇게 제거할 페이지를 결정하는 동작을 페이지 교체page replacement라고 한다. 페이지 교체 과정에서 제거할 페이지의 내용이 주기억장치에서 수정되었다면 보조기억장치에 수정된 사항을 반드시 써줘야 하고, 수정되지 않았다면 단순히 주기억장치에서 제거하면 된다.

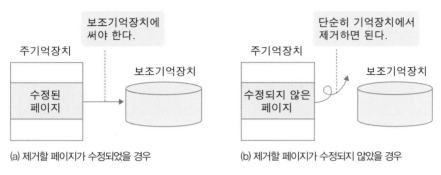

그림 4-27 **페이지 교체 시 동작**

대표적인 페이지 교체 알고리즘에는 FIFO, LRU, LFU 등이 있다. 각 알고리즘이 어떻게 동작하는지 [그림 4-28]의 예를 통해 살펴보자. 그림을 보면 주기억장치의 페이지 프레임이 세 개고, 프로세스를 실행하기 위해 참조할 페이지 번호가 1, 2, 2, 2, 3, 1, 1, 3, 4다.

그림 4-28 **페이지 교체 알고리즘의 동작 예**

■ FIFO

FIFO$^{\text{First-In First-Out}}$는 가장 간단한 알고리즘으로, 페이지를 교체해야 할 때 주기억장치에 가장 먼저 올라온 페이지를 제거한다. [그림 4-29]는 FIFO 알고리즘의 동작 과정을 나타낸 것이다. 먼저, 참조 페이지가 1인데 주기억장치에 없으므로 프레임 0에 저장한다. 다음에 참조하는 페이지 2도 주기억장치에 없으므로 프레임 1에 저장한다. 세 번째 참조 페이지 2는 주기억장치에 있으므로 바로 접근할 수 있다. 이런 식으로 동작하다가 참조 페이지가 4일 때 주기억장치를 보면 페이지 4가 없고 심지어 주기억장치가 꽉 차 있다. 이 경우에 교체해야 할 페이지를 선택해야 한다. FIFO 알고리즘은 가장 먼저 주기억장치에 올라온 페이지를 삭제하므로 페이지 1을 내쫓고 페이지 4를 프레임 0에 저장한다.

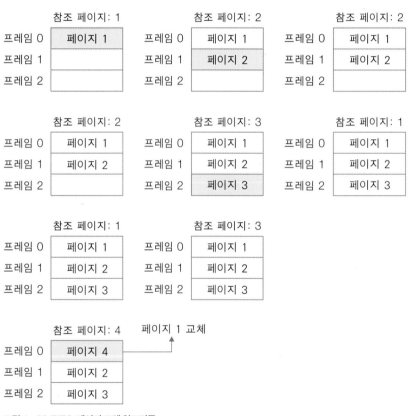

그림 4-29 FIFO 페이지 교체 알고리즘

■ LRU

LRU$^{\text{Least Recently Used}}$ 알고리즘은 페이지를 교체해야 할 때 주기억장치에 올라온 페이지 중에서 가장 오랫동안 사용되지 않았던 페이지를 제거한다. [그림 4-28]의 상황을 LRU 알고리즘에 적용해보면 페이지 1, 2, 3을 주기억장치에 저장하는 동작은 FIFO 알고리즘과 동일하다. 그러다가 참조 페이지가 4일 때 주기억장치를 보면 페이지 4는 없고 더 이상 저장할 자리도 없다. 이때 LRU 알고리즘은 주기억장치에 저장된 페이지 중에서 가장 오랫동안 사용되지 않았던 페이지 2를 제거하고 프레임 1에 페이지 4를 저장한다.

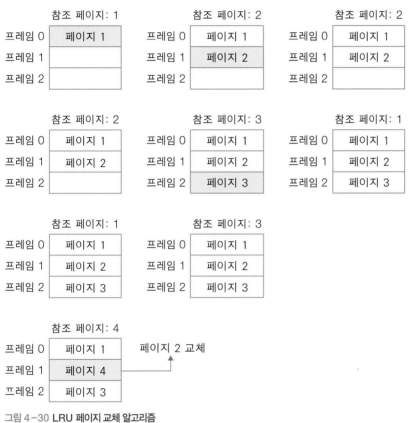

그림 4-30 **LRU 페이지 교체 알고리즘**

■ LFU

LFU[Least Frequently Used] 알고리즘은 페이지를 교체해야 할 때 페이지 중에서 사용 빈도가 가장 낮은 페이지를 제거한다. [그림 4-28]의 상황을 LFU에 적용해보면 페이지 4를 참조해야 할 순간에 주기억장치에서 한 페이지를 삭제해야 한다. 이때 주기억장치에 저장된 페이지의 사용 횟수는 페이지 1은 3, 페이지 2는 3, 페이지 3은 2다. 이 중 사용 빈도가 가장 낮은 페이지는 페이지 3이므로 페이지 3을 내쫓고 페이지 4를 프레임 2에 저장한다.

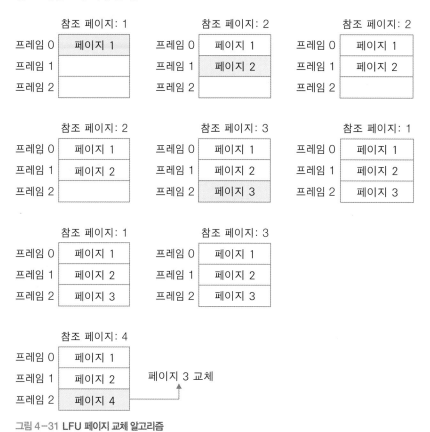

그림 4-31 LFU 페이지 교체 알고리즘

04 파일 관리

우리가 자주 사용하는 한글 프로그램도 파일이고, 한글을 이용해서 작성한 문서도 파일이다. 파일은 보통 보조기억장치에 저장된 연관성 있는 정보의 집합으로 정의할 수 있는데, 프로세스가 파일을 생성할 때 이름을 부여한다. 운영체제에서 파일을 어떻게 관리하는지 살펴보자.

1 파일 시스템의 이해

워드프로세서로 작성한 문서를 하드디스크에 저장하는 과정을 생각해보자. [저장하기] 메뉴를 클릭해 폴더를 지정하고 파일명을 입력한 다음 〈저장〉 버튼을 클릭할 것이다. 이처럼 사용자 입장에서는 파일을 저장할 때 프로그램을 이용해 쉽게 저장하는 것 같다. 하지만 실제 프로그램은 파일을 저장할 능력이 없다. 말하자면 프로그램이 파일을 저장해달라고 운영체제에 부탁하면 운영체제가 보조기억장치에 파일을 저장하는 것이다. 기존에 작성한 파일을 읽는 것도 마찬가지다. 프로그램이 운영체제에 파일을 읽어달라고 부탁하면 운영체제가 보조기억장치에서 파일을 읽어 와 제공한다.

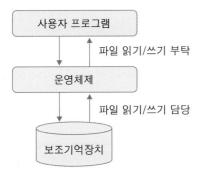

그림 4-32 **파일을 읽고 쓰는 동작은 운영체제에서 담당**

만약 직접 보조기억장치에 파일을 저장하는 사용자 프로그램을 개발해야 한다면 결코 쉬운 일이 아닐 것이다. 보조기억장치의 어느 트랙 어느 섹터가 비어 있는지를 알아야 하고, 저장하더라도 해당 파일이 어느 트랙 어느 섹터에 저장되었는지 등의 정보를 관리해야 하는데, 이를 과연 구현할 수 있을까?

다행이도 파일을 보조기억장치에 서장하고 파일 정보를 관리하는 등의 어려운 일은 운영체제에서 담당하고 있다. 따라서 사용자 프로그램은 운영체제에 부탁만 하면 된다.

파일 저장을 포함해서 파일을 관리하는 운영체제 부분을 파일 시스템이라 한다. 파일 시스템에는 FAT, NTFS, UFS, ext2 등 다양한 종류가 있다. 이런 파일 시스템과 관련해서 파일 접근 방법, 공간 할당 방법, 파일 정보 관리 방법 등 살펴볼 주제가 다양한데, 이들 주제를 개별적으로 살펴보는 것은 이 책의 범위를 넘어서는 것이다. 이 책에서는 운영체제의 파일 시스템이 어떻게 동작하는지 윈도우와 유닉스(리눅스)의 사례를 들어 살펴본다.

2 윈도우의 파일 시스템

윈도우 파일 시스템으로는 FAT[File Allocation Table]와 NTFS[New Technology File System]가 있다. 여기에서는 FAT 방법을 살펴본다.

2.1 FAT의 구조

윈도우에서 디스크를 포맷하면 트랙과 섹터가 생긴다. 디스크에서 트랙은 동심원 부분을 말하고, 섹터는 트랙을 가로질러 자른 각각의 조각을 말한다.

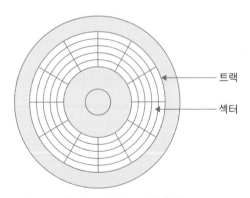

트랙

섹터

그림 4-33 윈도우 시스템 디스크의 물리적인 구조

포맷된 디스크를 논리적인 구조로 나타내면 [그림 4-34]와 같다. 디스크는 시스템 영역과 데이터 영역으로 나누어진다.

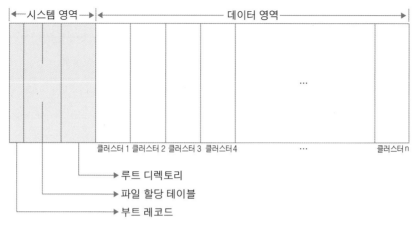

그림 4-34 **윈도우 시스템 디스크의 논리적인 구조**

■ **시스템 영역**

디스크와 데이터 영역에 대한 중요한 정보를 저장하는 영역으로, 부트 레코드, 파일 할당 테이블^{FAT}, 루트 디렉토리로 세분화된다.

• **부트 레코드:** 컴퓨터를 처음 켰을 때 동작하는 프로그램을 저장한다. 이 프로그램은 디스크에 저장되어 있는 운영체제를 주기억장치로 올리는 역할을 한다.
• **파일 할당 테이블:** 데이터 영역의 어느 부분이 사용되고 있는지를 나타낸다. 한 파일 할당 테이블에 오류가 발생했을 때 다른 파일 할당 테이블을 이용하기 위해 테이블이 두 개 있다. 상세한 원리는 다음에 나오는 동작 과정을 통해 살펴볼 것이다.
• **루트 디렉토리:** 디스크에 저장된 파일에 대한 정보를 보관하는 장소다. 여기서 정보란 각 파일의 이름, 파일 확장자, 파일의 크기, 파일이 마지막으로 기록된 시간과 날짜, 파일 시작 클러스터 번호(파일의 첫 부분이 저장되어 있는 클러스터 번호), 파일의 속성 등을 의미한다. 루트 디렉토리는 포맷을 하면 시스템 영역에 자동으로 생성된다.

■ **데이터 영역**

일반적인 파일과 서브 디렉토리를 저장하는 영역으로, 클러스터 단위로 나뉘어 관리된다. 클러스터는 몇 개의 섹터로 이루어지는데 윈도우 버전에 따라 차이가 있다.

2.2 FAT의 동작 과정

FAT 방법으로 디스크에 파일을 저장하는 과정을 살펴보자. 클러스터의 크기는 1,000바이트라고 가정하고, 파일 할당 테이블은 FAT로 지칭한다.

① 먼저 루트 디렉토리 아래에 src 디렉토리를 생성한다. 디렉토리도 파일에 해당되므로 데이터 영역인 클러스터 1에 src 디렉토리를 만들고, src에 대한 정보를 루트 디렉토리에 저장한다. 저장하는 정보 중에는 파일 시작 클러스터 번호인 1도 포함한다. 그리고 FAT 1에는 파일의 끝을 의미하는 값을 기록한다. 아래 그림에서 다른 FAT 하나는 생략했다.

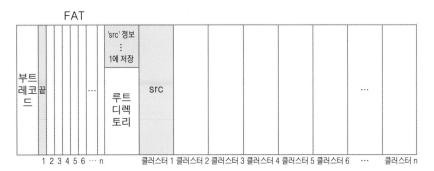

이처럼 디렉토리에는 파일 시작 클러스터 번호를 저장하며 그 번호에 대응되는 FAT에 다음 클러스터 번호를 저장한다. 만약 파일의 끝이면 대응되는 FAT에는 파일의 끝을 의미하는 값을 저장한다.

② 다음으로 src 디렉토리에 1,500바이트 크기의 test.c 파일을 생성한다. test.c는 두 개의 클러스터가 필요하므로 클러스터 2와 3에 저장하며, test.c에 대한 정보를 src 디렉토리에 저장한다. 저장한 정보 중에는 파일 시작 클러스터 번호인 2가 포함된다. 그리고 FAT 2에는 다음 클러스터 번호인 3을 저장하고, FAT 3에는 파일의 끝을 의미하는 값을 기록한다.

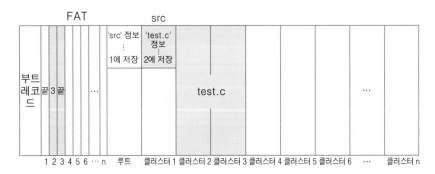

③ 루트 디렉토리에 1,100바이트 크기의 C.hwp 파일을 생성한다. C.hwp를 클러스터 4, 5에 저장한다. 디스크에 저장하는 최소 단위는 클러스터이므로 1,100바이트 크기의 파일이라도 두 개의 클러스터를 차지해서 저장한다. C.hwp에 대한 정보를 루트 디렉토리에 저장하고 FAT 4에는 5가, 5에는 파일의 끝을 의미하는 값을 기록한다.

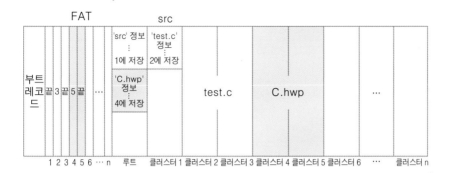

④ test.c 파일을 수정해서 크기가 2,500바이트로 커진다고 가정해보자. 수정된 test.c를 저장하기 위해서는 클러스터 2와 3 외에도 한 개의 클러스터가 더 필요하다. 이미 클러스터 4와 5에는 다른 파일이 저장되어 있으므로 클러스터 6에 나머지 부분을 저장한다. 그리고 FAT 3에 6을 저장하고 FAT 6에 파일의 끝을 의미하는 값을 기록한다.

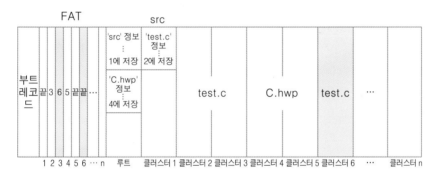

이처럼 FAT 방법에서는 파일이 연속적으로 저장되지 않고 분산되어 저장될 수 있다. 운영체제는 연속된 클러스터에 파일을 저장하려 하지만, 파일을 지우거나 쓰는 작업을 반복하다 보면 하나의 파일이 흩어져 저장되는 경우가 생기는데 이는 디스크의 접근 시간을 저하시키는 요인이 된다.

다음은 바로 위 그림 구조의 src 디렉토리에서 test.c 파일을 읽는 순서다.

① 루트 디렉토리에서 src 디렉토리에 대한 정보를 찾는다.
② 이 정보를 통해 src 디렉토리가 클러스터 1에 저장된 것을 알고 클러스터 1로 간다.
③ 클러스터 1에 위치한 src 디렉토리에서 test.c 파일에 대한 정보를 찾는다.
④ test.c 파일의 첫 부분이 클러스터 2에 저장된 것을 확인한다.
⑤ FAT 2에 3이, FAT 3에 6이 그리고 FAT 6에 끝을 의미하는 값이 저장된 것을 확인한다.
⑥ 이를 통해 test.c 파일이 클러스터 2, 3, 6에 저장된 것을 알고, 이들 클러스터에 저장된 내용을 읽는다.

3 유닉스(리눅스)의 파일 시스템

다음에 소개하는 파일 시스템은 전통적인 유닉스의 파일 시스템으로 리눅스에서도 이 파일 시스템을 선택적으로 사용할 수 있다.

3.1 유닉스(리눅스) 파일 시스템의 구조

유닉스 시스템의 디스크는 논리적으로 부트 블록, 수퍼 블록, inode 리스트 그리고 데이터 블록으로 구성된다.

그림 4-35 **유닉스 시스템 디스크의 논리적인 구조**

- **부트 블록:** 운영체제를 주기억장치에 올리는 역할을 하는 프로그램이 저장된 영역으로, 윈도우의 부트 레코드와 유사하다.
- **수퍼 블록:** 디스크에 대한 다양한 정보를 저장하고 있는 곳으로, 전체 블록의 수, 블록의 크기, 사용 중인 블록의 수, 사용할 수 있는 블록의 번호, inode 리스트의 크기, 사용할 수 있는 inode의 번호 등의 정보를 저장한다.
- **inode 리스트:** inode들을 모아놓은 곳인데, 한 블록에 여러 개의 inode를 저장하고 있다.
- **데이터 블록:** 일반적인 파일과 디렉토리 그리고 간접 블록을 저장하는 영역이다.

inode$^{index node}$는 파일에 대한 다양한 정보를 저장하는 곳으로, 파일마다 하나씩 부여된다. [그림 4-36]은 inode의 구성을 나타낸 것이다. 그림에서 '파일 위치' 부분은 열 개의 직접 블록 포인터와 단일 간접 블록 포인터, 이중 간접 블록 포인터, 삼중 간접 블록 포인터로 구성되는데, 직접 블록 포인터에는 파일이 저장된 블록 번호가 직접 저장된다. 그리고 간접 블록 포인터에는 블록 번호들을 모아놓은 블록의 번호들을 저장한다. 상세한 내용은 동작 과정에서 설명한다.

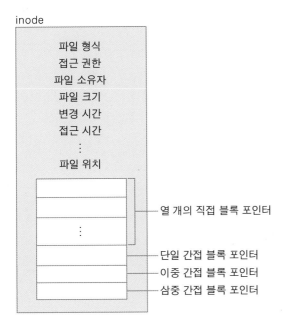

inode

파일 형식
접근 권한
파일 소유자
파일 크기
변경 시간
접근 시간
⋮
파일 위치

— 열 개의 직접 블록 포인터

— 단일 간접 블록 포인터
— 이중 간접 블록 포인터
— 삼중 간접 블록 포인터

그림 4-36 inode의 구성

3.2 유닉스(리눅스) 파일 시스템의 동작 과정

유닉스에서 파일 정보를 디렉토리에 저장하는 과정은 윈도우에서 파일에 대한 정보를 디렉토리에 저장하는 것과는 차이가 있는데, [그림 4-37]의 예를 통해 살펴보자. 편의상 한 블록의 크기는 1,000바이트라 가정한다.

유닉스로 포맷하면 루트 디렉토리는 첫 번째 데이터 블록(블록 100이라 가정)에 생성되는데, 루트 디렉토리에 대한 정보는 inode 2에 저장된다. inode 2의 100은 루트 디렉토리가 저장된 블록 번호를 의미한다.

그리고 블록 100의 내용을 보면 '.'과 '2', '..'과 '2'가 저장된 것을 볼 수 있는데, '.'은 현재 디렉토리를 의미하고, '..'은 부모 디렉토리를 의미한다. 숫자 '2'는 inode 번호를 나타내는데, [그림 4-37]의 하단에 있는 inode들은 이를 확대한 것이다.

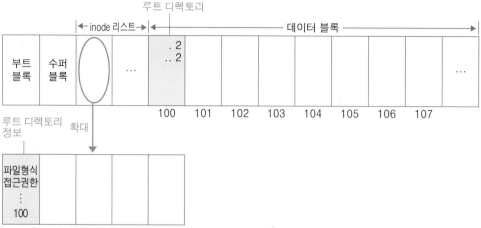

그림 4-37 **유닉스로 포맷한 디스크의 초기 구조**

① 루트 디렉토리 아래에 src 디렉토리를 생성한다. 데이터 블록 101에 src 디렉토리를 생성하고 src에 대한 정보를 inode 3에 저장한다. 그리고 루트 디렉토리에 디렉토리 이름인 src와 inode 번호인 3을 저장하고, src 디렉토리에는 '.'과 '3', '..'과 '2'를 저장한다. 유닉스 시스템의 디렉토리는 해당 디렉토리에 저장된 모든 파일 이름과 각 파일에 대한 inode 번호를 저장한다.

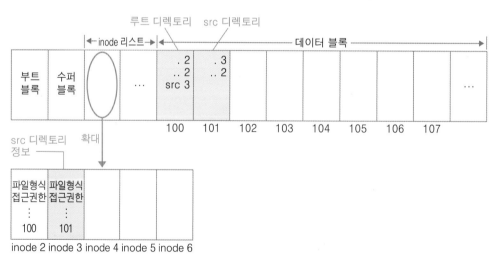

② src 디렉토리에 1,500바이트 크기의 test.c 파일을 생성한다. test.c 파일은 두 개의 블록을 필요로 하므로 블록 102와 103에 생성되고, test.c 파일에 대한 정보는 inode 4에 저장한다. inode 4의 102와 103은 파일이 저장된 블록 번호다. 그리고 src 디렉토리에 파일 이름인 test.c와 inode 번호 4를 저장한다.

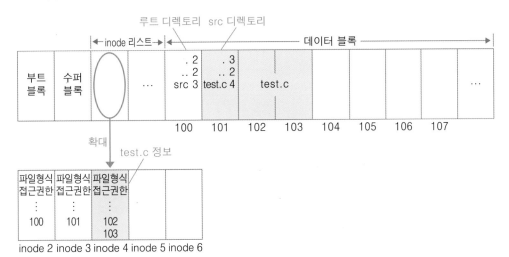

③ 루트 디렉토리에 1,100바이트 크기의 c.txt 파일을 생성한다. 디스크 동작 단위는 블록이므로 두 블록 104와 105 모두를 차지해서 저장하고, c.txt에 대한 정보는 inode 5에 저장한다. 그리고 루트 디렉토리에 파일 이름인 c.txt와 inode 번호인 5를 저장한다.

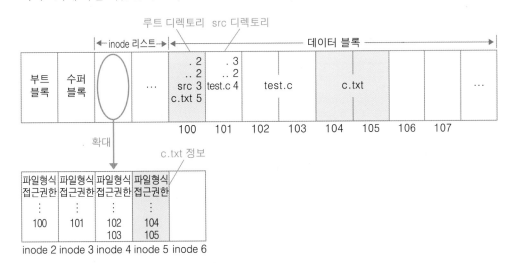

④ test.c 파일을 수정해서 그기기 2,500비이트로 거졌다고 하자. 수정된 파일을 지장하기 위해시는 블록 102, 103 외에도 한 개의 블록이 더 필요하므로 블록 106에 나머지 부분을 저장한다. 그리고 inode 4에 블록 번호 106을 추가로 저장한다.

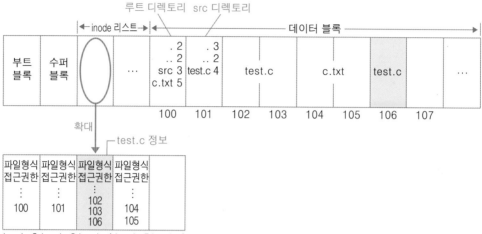

⑤ src 디렉토리에 12,500바이트 크기의 book.c 파일을 생성한다. 블록 107부터 블록 119의 13개 블록에 book.c 파일을 저장하고, book.c 파일에 대한 정보를 inode 6에 저장한다. 그리고 src 디렉토리에 book.c와 inode 번호인 6을 저장한다. 파일 위치인 블록 번호 107부터 119를 inode에 저장해야 하는데, 좀 복잡해진다. [그림 4-36]의 inode를 보면 블록 번호를 직접 넣을 수 있는 직접 블록 포인터는 열 개이기 때문에 117, 118, 119는 다른 형태로 저장해야 한다.

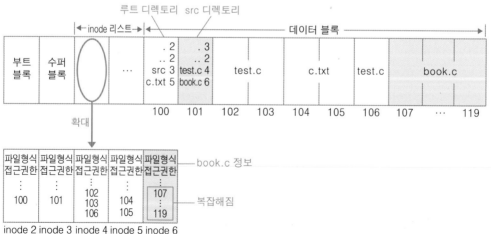

⑥ 이때 간접 블록 포인터를 활용한다. 블록 120에 나머지 블록 번호인 117, 118, 119를 저장하고 inode 6의 단일 간접 블록 포인터에 120을 저장한다. 결국 book.c 파일이 저장된 위치는 직접 블록 포인터에 저장된 '107, 108, …, 116'과 단일 간접 블록 포인터가 가리키는 블록 120에 저장된 '117, 118, 119'이다.

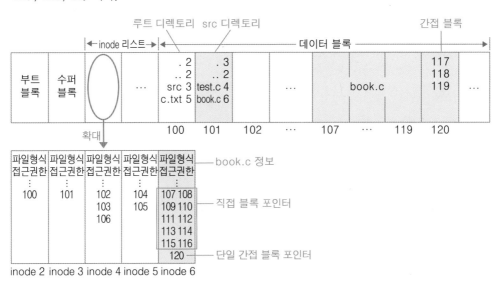

다음은 바로 위 그림 구조의 src 디렉토리에서 test.c 파일을 읽는 순서다.

① 루트 디렉토리에 대한 정보를 저장하고 있는 inode 2에서 루트 디렉토리가 블록 100에 저장된 것을 확인하고 블록 100으로 간다.

② 블록 100에 위치한 루트 디렉토리에서 src의 정보가 inode 3에 저장된 것을 알고 inode 3으로 간다. 만약 루트 디렉토리에 src에 대한 내용이 없으면 더 이상 진행하지 않고 종료한다.

③ inode 3에서 src 디렉토리가 블록 101에 저장된 것을 확인하고 블록 101로 간다.

④ src 디렉토리에서 test.c의 정보가 inode 4에 저장된 것을 알고 inode 4로 간다.

⑤ inode 4에서 test.c가 블록 102, 103, 106에 저장되어 있음을 알고, 이들 블록에 저장된 내용을 읽는다.

1 운영체제의 개념

운영체제는 하드웨어 자원을 관리하며 시스템 및 응용 프로그램의 실행에 도움을 제공한다. 또한 사용자와 하드웨어 사이에서 중재자 역할을 수행한다.

2 운영체제의 기능

- **사용자 인터페이스 제공**: 사용자에게 복잡한 하드웨어가 아닌 쉽게 이용할 수 있는 컴퓨터 환경을 제공한다.
- **컴퓨터 시스템 자원 관리**: 중앙처리장치, 주기억장치, 보조기억장치, 프로그램, 파일 등 다양한 자원을 관리한다.

3 프로세스의 정의

프로세스는 실행 중인 프로그램이라고 정의할 수 있다. 프로세스에는 프로그램 코드뿐만 아니라 실행에 필요한 다양한 정보가 포함되어 있다.

4 프로세스 상태

프로세스는 생성되어 종료되기까지 생성, 준비, 실행, 종료, 대기 상태를 거친다.

5 프로세스 스케줄링 기법

- **FCFS 스케줄링**: 먼저 도착한 프로세스를 먼저 서비스(실행)한다.
- **라운드 로빈 스케줄링**: 여러 프로세스들이 중앙처리장치를 조금씩 돌아가며 할당받아 실행되도록 한다.
- **우선순위 스케줄링**: 가장 높은 우선순위의 프로세스에 먼저 서비스(실행)한다.

6 운영체제의 주기억장치 관리

운영체제는 현재 사용되고 있는 주기억장치 영역과 그렇지 않은 영역에 대한 정보를 유지하면서 주기억장치를 필요로 하는 프로세스에 할당하고, 프로세스가 종료되면 사용했던 주기억장치 영역을 회수하는 방법으로 주기억장치를 관리한다.

7 주기억장치 관리 기법

- **단일 연속 주기억장치 관리:** 주기억장치에 운영체제 외에 하나의 사용자 프로그램만 저장하는 관리 기법이다.
- **분할 주기억장치 관리:** 주기억장치를 n개의 영역으로 분할하여 각 영역에 서로 다른 프로세스를 동시에 저장하는 관리 기법이다.
- **가상 메모리 구현:** 당장 실행에 필요한 부분만 주기억장치에 저장하고, 나머지는 보조기억장치에 두고 동작하도록 하는 개념이다.

8 페이징

가상 메모리를 구현하는 한 방법으로, 가상 메모리 공간을 일정한 크기의 페이지로 나누어 관리한다.

9 페이지 교체

새로운 페이지를 주기억장치에 저장할 때 비어 있는 프레임이 없으면 새로운 페이지를 저장하기 위해 주기억장치에서 제거할 페이지를 결정해야 한다. 이처럼 제거할 페이지를 결정하는 동작을 페이지 교체page replacement라 하는데, FIFO, LRU, LFU 등의 알고리즘이 있다.

10 파일 시스템

파일 저장을 포함해서 파일을 관리하는 운영체제 부분을 파일 시스템이라 한다. 파일 시스템에는 FAT, NTFS, UFS, ext2 등 다양한 종류가 있다.

1 운영체제의 두 가지 기능을 설명하시오.

2 프로세스와 프로그램을 비교하여 설명하시오.

3 프로세스 제어 블록에 대해 설명하시오.

4 다음 그림은 프로세스가 실행되는 동안 거치는 상태를 나타낸 것이다. 각 상태에 대해 설명하시오.

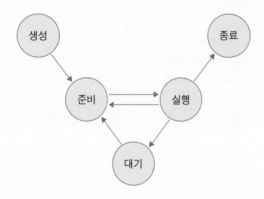

5 대표적인 프로세스 스케줄링 기법 세 가지를 설명하시오.

6 단일 연속 주기억장치 관리와 분할 주기억장치 관리를 비교해서 설명하시오.

7 분할 주기억장치에서 세 가지 할당 방식을 설명하시오.

8 가상 메모리에 대해 설명하시오.

9 페이징에 대해 설명하시오.

10 대표적인 페이지 교체 알고리즘 세 가지를 설명하시오.

11 윈도우 시스템에서 다음과 같이 디렉토리와 파일을 생성할 경우 내부적으로 어떤 동작이 일어나는지 그 과정을 설명하시오(클러스터의 크기는 1,000바이트라 가정한다).

> ① src 디렉토리를 생성한다.
>
> ② src 디렉토리에 test.c 파일을 생성한다. 파일의 크기는 1,500바이트다.

12 리눅스 시스템에서 다음과 같이 디렉토리와 파일을 생성할 경우 내부적으로 어떤 동작이 일어나는지 그 과정을 설명하시오(블록의 크기는 1,000바이트라 가정한다).

> ① src 디렉토리를 생성한다.
>
> ② src 디렉토리에 test.c 파일을 생성한다. 파일의 크기는 1,500바이트다.

모바일 기기에도 운영체제가 있을까?

운영체제는 컴퓨터에만 존재하는 것은 아니다. 스마트폰, 태블릿 PC와 같은 모바일 기기에도 존재하며, 이러한 운영체제를 모바일 운영체제라고 한다. 대표적인 모바일 운영체제에는 구글의 안드로이드와 애플의 iOS가 있다.

■ 안드로이드

구글이 47개의 모바일 관련 업체가 참여하는 개방형 휴대 전화 동맹$^{OHA, Open Handset Alliance}$을 결성하고, 리눅스를 기반으로 하여 만든 모바일 운영체제다. 소스코드가 공개된 오픈 소스형 운영체제며, 개발자가 애플리케이션을 쉽게 개발하여 시험할 수 있도록 소프트웨어 개발 키트$^{SDK, Software Development Kit}$를 제공한다. 이 키트는 가상의 실행 환경을 제공하기 때문에 실제로 단말기가 없어도 애플리케이션을 개발한 후 시험해볼 수 있다.

■ iOS

애플이 자사 제품에 탑재할 목적으로 개발한 모바일 운영체제다. 소스코드를 공개하지 않고 운영체제와 애플리케이션을 연결해 주는 API$^{Application Programming Interface}$를 개발자에게 제공하고 있으며, 이와 같은 폐쇄적인 정책으로 다른 기기와 호환이 되지 않는다. 그러나 안정적이고 반응 속도가 빠르며, 편리한 사용자 인터페이스를 제공하여 많은 사람들에게 인기를 끌고 있다.

▲ 안드로이드　　　▲ iOS

CHAPTER 05

프로그래밍 언어

파이선으로 키우는 컴퓨팅 사고력

학습목표

- 프로그래밍 언어의 개념을 이해하고 종류를 살펴본다.
- 변수의 개념을 이해하고 다양한 자료형을 이용하여 프로그램을 작성해본다.
- 제어 구조의 종류를 살펴보고 제어 구조를 활용한 프로그램을 작성해본다.
- 함수의 개념을 이해하고 함수를 활용한 프로그램을 작성해본다.

프로그래밍 언어의 개요

1 프로그래밍의 이해

컴퓨터를 이용하면 복잡하고 어려운 계산 문제나 반복 작업을 빠르고 정확하게 처리할 수 있다. 하지만 컴퓨터는 스스로 문제를 해결할 수 없다. 오직 사람이 지시하는 처리 순서에 따라 수행할 뿐이다. 따라서 컴퓨터를 이용하여 문제를 해결하려면 컴퓨터에 명령을 내려야 한다.

'프로그램program'이란 컴퓨터로 문제를 해결하기 위해 작성하는 명령어들의 모임이다. 우리가 일상적으로 사용하는 윈도우 및 오피스 프로그램, 웹 브라우저 등은 모두 프로그램의 일종이다. '프로그래밍programming'은 이러한 프로그램을 작성하는 과정을 말한다. 그리고 '프로그래머programmer'는 프로그램을 작성하는 사람 또는 직업을 가리킨다.

TIP 코딩(coding): 작업의 흐름에 따라 프로그래밍 언어의 명령문을 써서 프로그램을 작성하는 일을 말한다. 프로그래밍과 같은 의미로 사용된다.

2 프로그래밍 언어의 종류

프로그램을 작성할 때 사용하는 언어를 '프로그래밍 언어programming language'라고 한다. 세계의 각 나라에 가면 그 나라 언어를 사용해야 되듯이 사람이 컴퓨터와 소통하려면 프로그래밍 언어를 사용해야 한다.

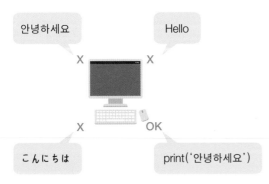

그림 5-1 **프로그래밍 언어의 개념**

프로그래밍 언어는 고급 언어와 저급 언어로 나눌 수 있다. 저급 언어는 하드웨어 지향의 기계 중심 언어로, 0과 1로만 작성하며 컴퓨터가 직접 이해할 수 있는 기계어와 기계어를 간단한 문자로 표현한 어셈블리어가 있다. 그런데 현실적으로 사람이 기계어나 어셈블리어로 프로그램을 작성하기란 쉽지 않다. 이러한 어려움을 극복하고자 고급 언어가 만들어졌다. 고급 언어는 사람이 이해하기 쉬운 일상 언어와 기호를 사용해 프로그램을 작성한다.

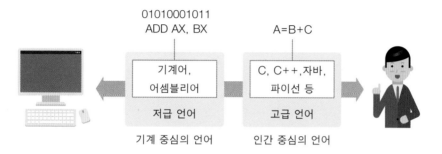

그림 5-2 **고급 언어와 저급 언어**

프로그래밍 언어는 1950년대 어셈블리어가 처음 개발된 후 포트란, 코볼, 베이식, 파스칼, C, C++, 자바 등 다양한 언어가 발표되었으며, 현재는 그 종류가 매우 다양하다. [표 5-1]은 대표적인 프로그래밍 언어를 소개하고 특징을 정리한 것이다.

표 5-1 **대표적인 프로그래밍 언어**

종류	특징	코드 예

C 언어	• 미국의 벨 연구소에서 데니스 리치(Dennis Ritchie)가 개발한 시스템 프로그래밍 언어다.
	• 운영체제 등 대부분의 시스템 소프트웨어를 C 언어로 개발한다.
		`#include ⟨stdio.h⟩`
		`int main( )`
		`{`
		`  printf("안녕하세요!");`
		`  return 0;`
		`}`

자바	• 선마이크로시스템사의 제임스 고슬링(James Gosling)이 이끄는 그룹에서 개발했다.
	• 보안성이 뛰어나며, 인터넷 웹 페이지상에서 실행할 수 있다.
		`public class Hello`
		`{`
		`  public static void main(String[ ] args)`
		`  {`
		`    System.out.println("안녕하세요!");`
		`  }`
		`}`

파이선	• 네덜란드의 프로그래머인 귀도 반 로섬(Guido van Rossum)이 개발했다. • 다양한 플랫폼에서 쓸 수 있고 라이브러리가 풍부하다.	`print('안녕하세요!')`

고급 언어로 작성된 프로그램이 컴퓨터 내부에서 실행될 때는 기계어로 번역 과정을 거친 후 실행된다. 이때 번역을 담당하는 소프트웨어를 언어 번역 프로그램이라고 한다. 언어 번역 프로그램에는 프로그램 전체를 한 번에 기계어로 번역한 후 실행하는 컴파일러와, 프로그램을 한 행씩 읽어 번역과 실행을 하는 인터프리터가 있다.

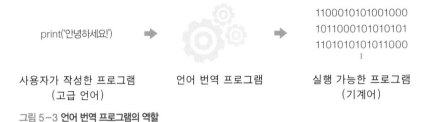

사용자가 작성한 프로그램　　　언어 번역 프로그램　　　실행 가능한 프로그램
(고급 언어)　　　　　　　　　　　　　　　　　　　(기계어)

그림 5-3 **언어 번역 프로그램의 역할**

3 프로그래밍과 컴퓨팅 사고력

컴퓨팅 사고력computational thinking이란 컴퓨터 과학의 이론, 기술, 도구를 활용하여 현실의 복잡하고 어려운 문제를 해결하는 사고 방식이다. 즉, 컴퓨터를 이용해 문제를 해결하는 방식을 말하는데, 프로그래밍을 하면 이러한 컴퓨팅 사고력을 기를 수 있다.

이 장에서는 파이선을 이용해 프로그래밍의 주요 문법과 동작 원리를 살펴본다. 파이선Python은 네덜란드의 귀도 반 로섬이 개발한 프로그래밍 언어로, 초보자도 쉽게 배울 수 있어 교육용 프로그램으로 인기를 끌고 있다. 파이선은 오픈 소스로 공개되어 있어 무료로 사용할 수 있고, 문법이 쉬워 빠르게 배울 수 있다. 파이선의 설치와 실행 방법은 372쪽 〈부록 B〉를 참고하기 바란다.

그림 5-4 **파이선의 공식 로고**

1 변수

변수는 프로그램이 실행되는 동안 값을 저장하는 공간으로, 언제든지 새로운 값을 저장할 수 있다. 하나의 프로그램에 여러 개의 변수를 만들어 사용할 수 있으며, 변수마다 이름을 붙여 관리한다. 다음 그림은 'number'라는 이름의 변수에 20을 저장한 것이다.

변수값 → 20

변수 이름 → number

number=20

그림 5-5 **변수의 사용 예**

파이선에서 임의의 값을 모니터 화면에 출력할 때 print 함수를 이용한다. 예를 들어 print('성적: ')은 '성적: '이라는 문자열을 출력하라는 뜻이고, print(score)는 score 변수에 저장된 값을 출력하라는 뜻이다.

다음은 score 변수에 90을 저장한 후 출력하는 프로그램이다.

```
score=90
print('성적: ', score)
```

```
성적: 90
```

키보드를 통해 임의의 값을 입력받을 때는 input 함수를 이용한다. 예를 들어 name=input('이름: ')은 사용자로부터 이름을 입력받아 name 변수에 저장하라는 뜻이다. 만약 수를 입력받고 싶으면 score=int(input('성적: '))과 같이 int 함수를 이용해서 문자열을 정수로 변환하면 된다.

다음은 자신의 이름을 입력 받아 name 변수에 저장하고, 나이를 입력 받아 age 변수에 저장한 후 출력하는 프로그램이다.

```
name=input('이름: ')
age=input('나이: ')
print('이름: ', name, '나이: ', age)
```

```
- □ ×
이름: 한빛
나이: 20
이름: 한빛  나이: 20
```

2 자료형

프로그램에서 사용하는 모든 데이터에는 형^{type}이 있다. 예를 들어 x=12+3.456이라는 문장에서 12는 정수형이고, 3.456은 실수형이다. 어떤 변수가 정수형이라는 것은 임의의 정수값을 저장할 수 있고, 사칙연산 등의 연산을 할 수 있다는 것을 의미한다. 즉, 자료형이란 저장할 수 있는 값의 집합뿐만 아니라 수행할 수 있는 연산의 집합까지 포함하는 개념이다.

2.1 기본 자료형

자료형은 기본 자료형과 구조적 자료형으로 구분되는데, 기본 자료형에는 정수형, 실수형, 불형, 문자열형이 있다.

■ 정수형

파이선에서 사용되는 정수에는 10진수, 8진수, 16진수가 있다. 8진수는 0o 또는 0O로 시작하고, 16진수는 0x로 시작한다. 다음은 변수 a에 10진수 12를, 변수 b에 8진수 34를, 변수 c에 16진수 A1을 저장한 후 출력하는 프로그램이다.

```
a=12
b=0o34
c=0xA1
print(a, b, c)
```

```
- □ ×
12 28 161
```

다음은 type 함수를 이용해서 변수 a의 자료형을 확인하는 프로그램이다. 변수 a에는 정수 12를 저장했으므로 자료형은 정수형이다. 실행 결과에서 int는 integer의 줄임말로 정수를 의미한다.

```
a=12
print(type(a))
```

```
- □ ×
<class 'int'>
```

■ **실수형**

실수형은 소수점 표현 방식과 지수 표현 방식이 있는데, 3.14는 소수점 표현 방식이고 1.23e5는 지수 표현 방식이다. 다음은 변수 a에 3.14를, 변수 b에 1.23e5를 저장한 후 출력하는 프로그램이다.

```
a=3.14
b=1.23e5
print(a, b)
```

```
- □ ×
3.14 123000.0
```

다음은 실수 자료형을 확인하는 프로그램이다. 실행 결과에서 float는 floating number의 줄임말로 부동소수점수를 의미한다.

```
a=3.14
b=1.23e5
print(type(a), type(b))
```

```
- □ ×
<class 'float'> <class 'float'>
```

■ 불형

불형은 참^{True} 또는 거짓^{False} 값을 나타내는 자료형이다. 보통 주어진 수식이 참인지 거짓인지 파악할 때 사용한다. 다음 프로그램에서 '10>20'는 거짓이므로 변수 a에 False가 저장되어 출력된다.

```
a=10>20
print(a)
```

```
False
```

다음은 불형 자료형을 확인하는 프로그램이다. 실행 결과에서 bool은 boolean의 줄임말이다.

```
a=10>20
print(type(a))
```

```
<class 'bool'>
```

■ 문자열형

문자열은 한 개 이상의 문자를 의미한다. 프로그램에서 작은따옴표(' ') 또는 큰따옴표(" ")로 감싸 표현한다. 다음은 문자열 'Python'을 변수 a에 저장한 후 출력하는 프로그램이다.

```
a='Python'
print(a)
```

```
Python
```

다음은 문자열형의 자료형을 확인하는 프로그램이다. 실행 결과에서 str은 string의 줄임말이다.

```
a='Python'
print(type(a))
```

```
<class 'str'>
```

2.2 구조적 자료형

여러 자료를 묶어서 하나의 단위로 처리하는 자료형을 구조적 자료형이라고 한다. 파이선에서는 튜플, 리스트, 딕셔너리가 있다.

■ 튜플

튜플은 하나 이상의 데이터를 순서대로 저장하는 자료형으로, 한 번 저장된 값은 변경할 수 없다. 튜플도 변수와 마찬가지로 이름을 붙여 관리하는데, 첫 번째 데이터의 상대적 위치로 저장된 데이터를 식별한다. 다음은 info라는 이름의 튜플에 '한빛아카데미', 2018, '02-336-7112'라는 세 개의 데이터를 저장한 예다. 각 데이터는 콤마로 구분하고 소괄호로 감싼다.

```
info=('한빛아카데미', 2018, '02-336-7112')
```

info 튜플의 구조를 그림으로 나타내면 다음과 같다.

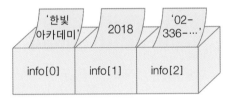

그림 5-6 info 튜플의 구조

튜플에 저장된 각 데이터는 '요소'라고 하며, 요소는 i라는 인덱스(순서 번호)를 붙여 관리한다. 인덱스는 0부터 시작된다.

info[i]
  ↑
인덱스

그림 5-7 튜플에 저장된 각 요소의 표현

다음은 lang 튜플에 저장된 각 요소를 출력하는 프로그램이다.

■ **리스트**

리스트도 튜플과 마찬가지로 하나 이상의 데이터를 순서대로 저장하는 자료형인데, 튜플과는 달리 저장된 값을 변경할 수 있다. 다음은 hobby라는 이름의 리스트에 '독서', '등산', '수영'이라는 세 개의 데이터를 저장한 예로, 콤마로 구분한 데이터들을 대괄호로 감싼다.

```
hobby=['독서', '등산', '수영']
```

hobby 리스트의 구조를 그림으로 나타내면 다음과 같다.

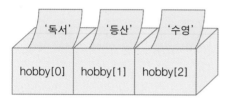

그림 5-8 hobby 리스트의 구조

다음은 [30, 30, 40]인 리스트 a를 [10, 20, 30, 40, 50]으로 수정하는 프로그램이다. 02행의 '리스트.insert(인덱스, 데이터)' 함수는 리스트의 인덱스 위치에 데이터를 삽입하라는 뜻이고, 03행의 '리스트[인덱스]=데이터'는 리스트의 인덱스 번째 값을 데이터 값으로 변경하라는 뜻이다. 그리고 04행의 '리스트.append(데이터)' 함수는 리스트의 마지막에 데이터를 추가하라는 뜻이다.

```
01    a=[30, 30, 40]
02    a.insert(0, 10)     → 리스트 a의 0 번째에 10을 삽입하시오.
03    a[1]=20             → 리스트 a의 1 번째 데이터를 20으로 변경하시오.
04    a.append(50)        → 리스트 a의 마지막에 50을 추가하시오.
05    print(a)
```

```
                                          - �口 ×
[10, 20, 30, 40, 50]
```

다음은 choice 함수를 이용해서 food 리스트에 저장된 음식 중 하나를 무작위로 선택하는 프로그램이다. choice 함수를 이용하기 위해서는 import random에 의해 random 모듈을 불러와야 한다.

```
import random
food=['짜장면', '짬뽕', '볶음밥']
print(random.choice(food))
```

```
- □ ×
볶음밥
```

■ 딕셔너리

딕셔너리도 튜플, 리스트와 마찬가지로 하나 이상의 데이터를 순서대로 저장하는 자료형이다. 튜플과 리스트와 다른 점은 인덱스 대신 '키'를 사용한다는 점이다. 다음은 info라는 이름의 딕셔너리에 '이름' 키 값으로 '홍길동'을, '나이' 키 값으로 20을 저장한 예다. 요소는 콤마로 구분하고 중괄호로 감싼다.

```
info={'이름' : '홍길동', '나이' : 20}
```

info 딕셔너리의 구조를 그림으로 나타내면 다음과 같다. '이름'과 '나이'가 키에 해당된다.

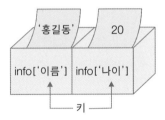

그림 5-9 info 딕셔너리의 구조

다음은 사용자로부터 이름과 나이를 입력받아 student 딕셔너리에 저장한 후 출력하는 프로그램이다.

```
student={}
student['이름']=input('이름: ')
student['나이']=input('나이: ')
print(student['이름'], student['나이'])
```

```
- □ ×
이름: 한빛
나이: 23
한빛 23
```

1 연산자

대부분의 프로그램은 연산 처리를 한다. 연산자에는 산술 연산자, 비교 연산자, 논리 연산자 등이 있다.

1.1 산술 연산자

산술 연산자는 덧셈, 뺄셈, 곱셈, 나눗셈 등 산술 연산을 수행하는 연산자로, 종류는 다음과 같다.

표 5-2 산술 연산자

연산자	설명	예시	예시 결과
+	더하기	6+4	10
−	빼기	6−4	2
*	곱하기	6*4	24
/	나누기	6/4	1.5
//	나눈 몫	6//4	1
%	나눈 나머지	6%4	2
**	제곱	6**4	1296

다음은 사용자로부터 센티미터 단위의 길이를 입력받아 미터와 센티미터로 변환하는 프로그램이다.

```
cm=int(input('센티미터 단위 길이: '))
m=cm//100
cm=cm%100
print(m, '미터', cm, '센티미터')
```

```
- □ ×
센티미터 단위 길이: 1234
12 미터 34 센티미터
```

1.2 비교 연산자

비교 연산자는 크기를 비교할 때 사용하는 연산자로 결과는 True 또는 False이다. 비교 연산자의 종류는 다음과 같다.

표 5-3 비교 연산자

연산자	설명	예시	예시 결과
==	같다	10==20	False
!=	같지 않다	10!=20	True
>	크다	10>20	False
<	작다	10<20	True
>=	크거나 같다	10>=10	True
<=	작거나 같다	10<=9	False

다음은 사용자로부터 수학 성적과 정보 성적을 입력 받아 평균이 80점 이상이면 True를 출력하고 그렇지 않으면 False를 출력하는 프로그램이다.

```
score1=int(input('수학 성적: '))
score2=int(input('정보 성적: '))
print((score1+score2)/2>=80)
```

```
수학 성적: 85
정보 성적: 80
True
```

1.3 논리 연산자

논리 연산자는 참과 거짓에 관한 논리 동작을 다루는 연산자로, 종류는 다음과 같다.

표 5-4 논리 연산자

연산자	설명	예시	예시 결과
and	왼쪽 식과 오른쪽 식 모두 True인 경우에만 True이다.	a=25 a>=8 and a<60	True
or	왼쪽 식과 오른쪽 식 중 하나라도 True이면 True이다.	a=25 a<8 or a>=60	False
not	오른쪽 식이 True이면 False이고, False이면 True이다.	a=20 not a==20	False

다음은 사용자로부터 연도를 입력받아 윤년인지 평년인지 판별해 윤년이면 True를 출력하고, 평년이면 False를 출력하는 프로그램이다. 400의 배수인 해 또는 4의 배수면서 100의 배수가 아닌 해가 윤년에 해당된다.

```
year=int(input('연도: '))
print((year%400==0) or (year%4==0 and year%100!=100))
```

```
- □ ×
연도: 2018
False
```

2 제어 구조

제어 구조란 프로그램의 실행 순서를 제어하기 위해 사용하는 문장의 구조로, 순차 구조, 선택 구조, 반복 구조가 있다.

2.1 순차 구조

순차 구조는 순차적으로 문장을 실행하는 구조로, 지금까지 살펴본 예제가 모두 순차 구조에 해당된다.

그림 5-10 **순차 구조의 순서도**

2.2 선택 구조

선택 구조는 조건식이 참이냐 거짓이냐에 따라 문장을 선택적으로 실행하는 구조로, if 문, if~else 문, if~elif~else 문의 세 가지 유형으로 분류할 수 있다.

■ if 문

if 문은 조건식이 참이면 문장을 실행하고 거짓이면 문장을 실행하지 않는다.

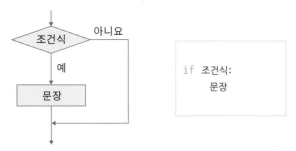

그림 5-11 if 문의 순서도와 작성 형식

입력 받은 두 수의 차를 구하는 프로그램을 만들어보자. 문제를 해결하기 위한 알고리즘은 다음과 같다.

① 두 수를 입력 받아 변수 a와 변수 b에 저장한다.

② 만약 a 값이 b 값보다 작으면 a 값과 b 값을 교환한다.

③ a-b 연산 값을 출력한다.

위 알고리즘을 파이썬으로 구현한 프로그램은 다음과 같다.

```
a=int(input('수: '))
b=int(input('수: '))
if a<b:
    temp=a
    a=b
    b=temp
print('두 수의 차:', a-b)
```

```
수: 5
수: 7
두 수의 차: 2
```

■ if~else 문

if~else 문은 조건에 따라 실행되어야 할 문장이 달라지는 경우에 사용하는 구조다. 조건식이 참이면 문장 1을 실행하고 거짓이면 문장 2를 실행한다.

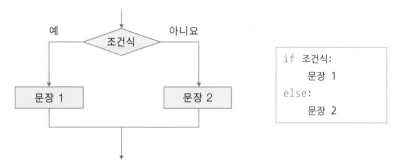

```
if 조건식:
    문장 1
else:
    문장 2
```

그림 5-12 if~else 문의 순서도와 작성 형식

A 동물원의 입장료가 8세 미만은 무료, 8세 이상~60세 미만은 5천 원, 60세 이상은 무료일 때 나이에 따른 입장료를 구하는 프로그램을 만들어보자. 문제를 해결하기 위한 알고리즘은 다음과 같다.

① 나이를 입력 받아 변수 age에 저장한다.
② 만약 age 값이 8 미만이거나 60 이상이면 '무료'를 출력하고, 그렇지 않으면 '5000원'을 출력한다.

위 알고리즘을 파이썬으로 구현한 프로그램은 다음과 같다.

```
age=int(input('나이: '))
if age<8 or age>=60:
    print('무료')
else:
    print('5000원')
```

```
                              - □ ×

나이: 7
무료
```

■ if~elif~else 문

if~elif~else 문은 조건식이 거짓인 경우에 또 다른 선택 구조를 연결하는 구조로, 조건식 1이 참이면 문장 1을 실행하고, 거짓이면서 조건식 2가 참이면 문장 2를 실행하고, 둘 다 거짓이면 문장 3을 실행한다.

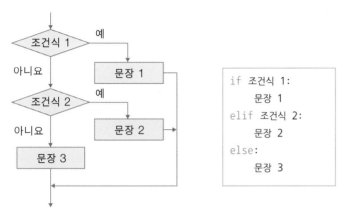

```
if 조건식 1:
    문장 1
elif 조건식 2:
    문장 2
else:
    문장 3
```

그림 5-13 if~elif~else 문의 순서도와 작성 형식

신장과 체중을 이용해서 구한 체질량지수$^{BMI, Body Mass Index}$를 보고 비만도를 판정하는 프로그램을 만들어보자. 체질량지수를 구하는 수식은 다음 그림의 (a)와 같고, 체질량지수에 따른 비만도 판정 근거는 (b)와 같다. 수식에 사용된 신장 단위는 m이고 체중 단위는 kg이다.

$$체질량지수 = \frac{체중}{신장 \times 신장}$$

체질량지수	판정
18.5 미만	저체중
18.5 이상~23 미만	정상
23 이상~25 미만	과체중
25 이상~30 미만	비만
30 이상~35 미만	고도비만
35 이상	초고도비만

(a) 체질량지수 수식   (b) 비만도 판정 근거

그림 5-14 비만도 판정 프로그램

문제를 해결하기 위한 알고리즘은 다음과 같다.

① 신장을 입력 받아 변수 height에 저장하고, 체중을 입력 받아 변수 weight에 저장한다.

② height 값과 weight 값을 이용해서 체질량지수를 구한 후 bmi 변수에 저장한다.

③ bmi 값에 따른 비만도를 출력한다.

앞의 알고리즘을 파이선으로 구현한 프로그램은 다음과 같다.

```python
height=int(input('신장(cm): '))
weight=int(input('체중(kg): '))
bmi=weight/((height/100)*(height/100))
if bmi<18.5:
    print('저체중')
elif bmi<23:
    print('정상')
elif bmi<25:
    print('과체중')
elif bmi<30:
    print('비만')
elif bmi<35:
    print('고도비만')
else:
    print('초고도비만')
```

```
신장(cm): 170
체중(kg): 65
정상
```

2.3 반복 구조

반복 구조는 특정 부분을 반복하여 실행하는 구조로, while 문과 for 문이 있다.

■ while 문

while 문은 조건식이 참인 동안 문장을 반복하여 실행하고, 거짓이면 while 문을 종료한다.

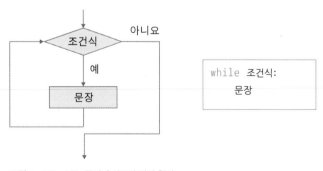

그림 5-15 while 문의 순서도와 작성 형식

while 문을 이용해서 1부터 100까지의 합을 구하는 프로그램을 만들어보자. 문제를 해결하기 위한 알고리즘은 다음과 같다.

① 합을 저장할 변수 s를 0으로 초기화한다.
② 1부터 100까지 반복하는 데 사용할 변수 a에 1을 저장한다.
③ a 값이 100보다 작거나 같을 동안 다음 과정을 반복한다.
  • s에 a 값을 더한다.
  • a 값을 1 증가시킨다.
④ s 값을 출력한다.

위 알고리즘을 파이선으로 구현한 프로그램은 다음과 같다.

```
s=0
a=1
while a<=100:
    s=s+a
    a=a+1
print(s)
```

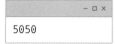

```
5050
```

첫째 날은 100원, 둘째 날은 200원, 셋째 날은 300원, …과 같은 식으로 저금할 경우 5만 원을 저금하기까지 며칠이 걸리는지 구하는 프로그램을 만들어보자. 문제를 해결하기 위한 알고리즘은 다음과 같다.

① 저금한 전체 금액을 저장할 변수 s를 0으로 초기화한다.
② 현재 저금 금액을 저장할 변수 money에 100을 저장한다.
③ 일수를 저장할 변수 day를 0으로 초기화한다.
④ s 값이 50000보다 작을 동안 다음 과정을 반복한다.
  • s에 money 값을 더한다.
  • day 값을 1 증가시킨다.
  • money 값을 100 증가시킨다.
⑤ day 값을 출력한다.

앞의 알고리즘을 파이선으로 구현한 프로그램은 다음과 같다.

```
s=0
money=100
day=0
while s<50000:
    s=s+money
    day=day+1
    money=money+100
print(day)
```

32

■ for 문

for 문은 시작값부터 시작해서 증감값만큼 증가하며 종료값-1이 될 때까지 문장을 반복하며 실행한다.

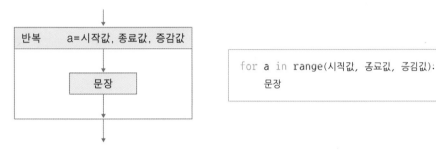

그림 5-16 for 문의 순서도와 작성 형식

for 문과 함께 사용되는 range 함수는 세 가지 형식이 있다. 각 형식의 동작 과정은 다음 표와 같다.

표 5-5 range 함수의 형식

형식	설명
for 변수 in range(시작값, 종료값, 증감값): 문장	'시작값'으로 시작해서 '증감값'만큼 증가하며 '종료값-1'이 될 때까지 문장을 반복하며 실행한다.
for 변수 in range(시작값, 종료값): 문장	'시작값'으로 시작해서 1만큼 증가하며 '종료값-1'이 될 때까지 문장을 반복하며 실행한다.
for 변수 in range(종료값): 문장	0으로 시작해서 1만큼 증가하며 '종료값-1'이 될 때까지 문장을 반복하며 실행한다.

for 문을 이용해서 1부터 100까지의 합을 구하는 프로그램을 만들어보자. 문제를 해결하기 위한 알고리즘은 다음과 같다.

① 합을 저장할 변수 s를 0으로 초기화한다.
② 변수 a 값을 1부터 1씩 증가하며 100이 될 때까지 다음 과정을 반복한다.
   • s에 a 값을 더한다.
③ s 값을 출력한다.

위 알고리즘을 파이선으로 구현한 프로그램은 다음과 같다. 증감값이 1이므로 생략해도 된다.

```
s=0
for a in range(1, 101, 1):
    s=s+a
print(s)
```

```
5050
```

−1, 2, −3, 4, …, −99, 100의 합을 구하는 프로그램을 만들어보자. 문제를 해결하기 위한 알고리즘은 다음과 같다.

① 합을 저장할 변수 s를 0으로 초기화한다.
② 변수 a 값을 1부터 1씩 증가하며 100이 될 때까지 다음 과정을 반복한다.
   • a 값이 짝수면 s에 a 값을 더하고, 그렇지 않으면 s에서 a 값을 뺀다.
③ s 값을 출력한다.

앞의 알고리즘을 파이선으로 구현한 프로그램은 다음과 같다.

```
s=0
for a in range(1, 101):
    if a%2==0:
        s=s+a
    else:
        s=s-a
print(s)
```

```
50
```

어떤 수에 대한 약수란 어떤 수를 나누어떨어지게 하는 수다. 입력 받은 수에 대한 약수를 구하는 프로그램을 만들어보자. 문제를 해결하기 위한 알고리즘은 다음과 같다.

① 약수를 구할 수를 입력 받아 변수 n에 저장한다.
② 변수 a 값을 1부터 1씩 증가하며 n 값이 될 때까지 다음 과정을 반복한다.
 • n 값이 a 값으로 나누어떨어지면 a 값을 출력한다.

위 알고리즘을 파이선으로 구현한 프로그램은 다음과 같다. print 함수는 값을 출력하고 다음 줄로 넘어가는데, end=' ' 문구를 추가하면 다음 줄로 넘어가지 않고 빈 공백(' ')이 출력된다.

```
n=int(input('정수: '))
for a in range(1, n+1):
    if n%a==0:
        print(a, end=' ')
```

```
정수: 10
1 2 5 10
```

■ 중첩 반복문

반복문 안에 또 다른 반복문을 포함한 구조를 중첩 반복문이라 한다. 중첩 반복문을 이용해서 구구단 프로그램을 만들어보자. 문제를 해결하기 위한 알고리즘은 다음과 같다.

① 변수 a 값을 2부터 1씩 증가하며 9가 될 때까지 ② 과정을 반복한다.

② 변수 b 값을 1부터 1씩 증가하며 9가 될 때까지 다음 과정을 반복한다.

• a 값, '*', b 값, '=', a와 b 값을 곱한 결과를 출력한다.

위 알고리즘을 파이선으로 구현한 프로그램은 다음과 같다.

```
for a in range(2, 10):
    for b in range(1, 10):
        print(a, '*', b, '=', a*b, end=' ')
    print()
```

```
- □ ×
2*1=2  2*2=4  2*3=6  2*4=8  2*5=10  2*6=12  2*7=14  2*8=16  2*9=18
3*1=3  3*2=6  3*3=9  3*4=12  3*5=15  3*6=18  3*7=21  3*8=24  3*9=27
4*1=4  4*2=8  4*3=12  4*4=16  4*5=20  4*6=24  4*7=28  4*8=32  4*9=36
5*1=5  5*2=10  5*3=15  5*4=20  5*5=25  5*6=30  5*7=35  5*8=40  5*9=45
6*1=6  6*2=12  6*3=18  6*4=24  6*5=30  6*6=36  6*7=42  6*8=48  6*9=54
7*1=7  7*2=14  7*3=21  7*4=28  7*5=35  7*6=42  7*7=49  7*8=56  7*9=63
8*1=8  8*2=16  8*3=24  8*4=32  8*5=40  8*6=48  8*7=56  8*8=64  8*9=72
9*1=9  9*2=18  9*3=27  9*4=36  9*5=45  9*6=54  9*7=63  9*8=72  9*9=81
```

1 함수의 개념

함수는 한 프로그램 안에서 반복적으로 실행되거나 공통적으로 실행되는 기능을 하나의 단위로 만들어 놓은 것으로, 필요할 때마다 호출하여 사용한다. 다음 그림의 (a)는 한 프로그램의 기능 A가 세 곳에서 실행되는 구조고, (b)는 기능 A를 하나의 단위로 만들어 필요할 때마다 호출하여 사용하는 구조다. 이와 같이 공통 기능을 하나의 단위로 만들면 프로그램이 간결해지고 이해하기도 쉬워진다.

(a) 기능 A를 여러 번 실행   (b) 기능 A를 함수로 구현

그림 5-17 **함수의 이해**

함수가 있는 프로그램의 실행 과정은 다음 그림과 같다. 프로그램은 순차적으로 실행되다가 함수 호출 부분을 만나면 함수 정의 부분으로 가서 함수가 실행되고, 함수 실행이 끝나면 호출한 프로그램으로 되돌아와 다음 행부터 실행된다.

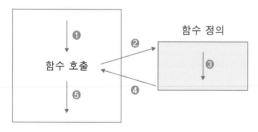

그림 5-18 **함수를 이용한 프로그램의 실행 순서**

함수의 장점은 다음과 같다.

- 여러 번 호출해서 다시 사용할 수 있으므로 프로그램이 간결해진다.
- 기능별로 함수를 만들기 때문에 이해하기 쉽다.
- 다른 프로그램에서 작성한 함수도 사용할 수 있다.

함수는 라이브러리 함수와 사용자 정의 함수로 구분할 수 있다. 라이브러리 함수는 자주 사용하는 기능을 시스템에서 미리 작성해놓은 것으로 앞에서 살펴본 print, input 등이 속한다. 사용자 정의 함수는 사용자들이 직접 작성하여 사용하는 함수를 말한다.

그림 5-19 **함수의 종류**

2 함수의 정의와 호출

프로그램에서 함수를 사용하려면 해당 함수가 미리 정의되어 있어야 하고 이 함수를 호출하는 부분이 있어야 한다. 함수 정의는 함수가 실행할 내용을 기술한 일련의 코드고, 함수 호출은 호출되는 함수를 실행하라는 명령이다. 다음 그림은 함수 정의 부분의 작성 형식을 나타낸 것이다.

```
def 함수이름():
    문장
```

그림 5-20 **함수의 정의 형식**

정의된 함수는 호출 명령에 의해 실행된다. 다음은 func 함수를 호출하는 문장이다.

```
func()
```

다음은 '힘수입니다'를 출력하는 간단한 함수를 정의한 후 호출하는 프로그램이다.

```
def func():
    print('함수입니다')              ──────→ 함수 정의

print('함수 호출 전입니다')
func()                              ──────→ 함수 호출
print('함수 호출 후입니다')
```

```
                              – □ ×

함수 호출 전입니다
함수입니다
함수 호출 후입니다
```

3 매개변수

함수 호출 시 함수에 어떤 정보를 전달할 수 있는데, 이때 매개변수를 이용한다. 매개변수가 있는 함수의 정의 형식은 다음과 같다.

```
def 함수이름(매개변수 리스트):
    문장
```

그림 5-21 **매개변수가 있는 함수의 정의 형식**

매개변수가 있는 함수를 호출할 때는 호출하는 문장에도 매개변수를 써주어야 한다. 다음은 func 함수를 호출하는 문장으로, 함수 호출 부분에서 20을 전달하면 func 함수의 age 변수가 20을 받아 저장한다. 함수 호출 부분의 20과 함수 정의 부분의 age는 모두 매개변수인데, 특히 함수 호출 부분의 매개변수를 실매개변수라 하고, 함수 정의 부분의 매개변수를 형식매개변수라 한다.

그림 5-22 **매개변수의 전달과 저장**

다음은 매개변수 name이 있는 outputName 함수를 이용하는 프로그램이다.

```
def outputName(name):
    print('이름은', name, '입니다')

name=input('이름: ')
outputName(name)
```

```
– □ ×
이름: 홍길동
이름은 홍길동 입니다
```

매개변수는 두 개 이상 사용할 수도 있다. 이런 경우에는 콤마로 각 매개변수를 구분한다. 호출하는 문장에도 당연히 같은 수의 매개변수가 있어야 한다. 다음은 add 함수 호출 시 두 개의 매개변수를 전달하는 예다. add 함수의 변수 a에는 4가 저장되고 b에는 7이 저장되어 함수가 동작하게 된다.

그림 5-23 두 개 이상의 매개변수 전달과 저장

다음은 위 그림의 소스코드를 완성한 프로그램이다.

```
def add(a, b):
    print('더한 결과:', a+b)

add(4, 7)
```

```
– □ ×
더한 결과: 11
```

4 함수값 반환

함수가 실행을 종료하면 처리한 값을 반환할 수 있는데, 이때는 return 문을 이용한다. 다음은 반환값이 있는 함수의 정의 형식이다.

```
def 함수이름(매개변수 리스트):
        ⋮
    return 반환값
```

그림 5-24 **함수값 반환 형식**

다음은 add 함수에서 처리한 결과를 반환하는 프로그램으로, a+b 값을 반환한다.

```
def add(a, b):
    return a+b

result=add(4, 7)
print('더한 결과:', result)
```

더한 결과: 11

위 프로그램에서 return에 의해 반환된 11은 호출 문장에 전달되어 add(4, 7)의 값이 된 후 최종적으로 변수 result 변수에 저장된다.

그림 5-25 **함수값 반환 과정**

리스트의 최댓값을 구하는 maxList 함수를 정의하고 호출하는 프로그램을 만들어보자. 문제를 해결하기 위한 알고리즘은 다음과 같다.

[maxList 함수]

① 전달 받은 리스트를 listA에 저장한다.

② 최댓값을 저장할 변수 m에 listA[0] 값을 저장한다.

③ 변수 a 값을 1부터 1씩 증가하며 'listA 리스트의 길이-1'이 될 때까지 다음 과정을 반복한다.

　• listA[a] 값이 m보다 크면 m에 listA[a] 값을 저장한다.

④ m 값을 반환한다.

[주 프로그램]

① 리스트 listB에 일곱 개의 정수를 저장한다.

② 함수 maxList를 호출하여 반환받은 값을 출력한다.

위 알고리즘을 파이선으로 구현한 프로그램은 다음과 같다.

```
def maxList(listA):
    m=listA[0]
    for a in range(1, len(listA)):
        if listA[a]>m:
            m=listA[a]
    return m

listB=[30, 70, 50, 20, 10, 80, 40]
print('최댓값:', maxList(listB))
```

```
─ □ ×

최댓값: 80
```

라이브러리 함수인 max를 이용해도 최댓값을 구할 수 있다. 다음은 max 함수를 이용해서 listA에서 최댓값을 구하는 프로그램이다. randint(a, b) 함수는 a부터 b까지의 정수 중 한 개를 무작위로 선택하는 함수로 random 모듈을 불러와야 사용할 수 있다.

```
import random
listA=[]
for a in range(10):
    listA.append(random.randint(1, 100))
print(listA, '최댓값:', max(listA))
```

```
─ □ ×

[2, 76, 6, 85, 72, 95, 48, 53, 33, 55] 최댓값: 95
```

프로그래밍 응용

실생활에서 부딪히는 문제를 해결하기 위해 프로그램을 개발할 때는 주제 선정, 문제 이해와 분석, 알고리즘 설계, 프로그래밍, 공유의 다섯 단계를 거친다. 이 절차에 유의하면서 응용 프로그램을 만들어보자.

1 영어 단어 공부방 게임 만들기

1.1 주제 선정

제시된 한글 단어에 해당하는 영어 단어를 맞히는 게임을 만들어보자.

```
호랑이 → tiger
맞습니다
토끼 → dog
틀렸습니다
  ⋮
```

그림 5-26 **영어 단어 공부방 게임**

1.2 문제 이해와 분석

한글 단어가 나오면 영어 단어를 맞히는 게임이다. 한글 단어가 나오는 순서는 무작위며, 답한 내용이 맞는지 여부를 출력한다. 프로그램을 만들기 위해 해결해야 할 문제와 해결 방법은 다음과 같다.

표 5-6 **문제와 해결 방법**

문제	해결 방법
한글 단어와 영어 단어를 관리해야 한다.	문항 수가 여러 개이므로 한글 단어는 문제 리스트에 저장하고, 영어 단어는 정답 리스트에 저장한다.
문제가 무작위로 제시되어야 한다.	randint 함수를 이용해서 무작위로 위치를 정해, 문제 리스트의 위치 번째 문제를 제시한다.
사용자가 답한 내용의 정답 유무를 판단해야 한다.	대답한 내용과 정답 리스트의 위치 번째 요소가 같으면 맞게 처리하고, 다르면 틀린 것으로 처리한다.

1.3 알고리즘 설계

문제를 해결하기 위한 알고리즘은 다음과 같다.

① 한글 단어를 problems 리스트에 저장한다.

② 영어 단어를 answers 리스트에 저장한다. 이때 한글 단어와 영어 단어의 순서는 같아야 한다.

③ problems 리스트에 저장된 문항 수만큼 다음 과정을 반복한다.

- '0부터 문항 수-1'까지의 정수 중 무작위 수를 변수 index에 저장한다.
- problems 리스트의 index 번째에 저장된 한글 단어에 대한 영어 단어를 묻는다.
- 사용자가 답한 내용을 변수 ans에 저장한다.
- ans와 answers 리스트의 index 번째 요소가 같으면 '맞습니다'를 출력하고, 그렇지 않으면 '틀렸습니다'를 출력한다.
- problems 리스트와 answers 리스트의 index 번째 요소를 삭제한다.

1.4 프로그래밍

위에서 설계한 알고리즘을 참고하여 프로그래밍한다.

```
import random

problems=['사자', '개', '호랑이', '토끼', '고양이']
answers=['lion', 'dog', 'tiger', 'rabbit', 'cat']

for a in range(len(problems)):
    index=random.randint(0, len(problems)-1)
    print(problems[index], end=' ')
    ans=input('--> ')
    if ans==answers[index]:
        print('맞습니다')
    else:
        print('틀렸습니다')
    del(problems[index])
    del(answers[index])
```

```
- □ ×
사자 --> lion
맞습니다
고양이 --> cat
맞습니다
토끼 --> rab
틀렸습니다
호랑이 --> tiger
맞습니다
개 --> dog
맞습니다
```

1.5 공유

제작한 프로그램을 주변 사람과 공유하여 피드백을 받는다. 공유와 피드백을 통해 개선하거나 추가할 내용을 정리한 후 프로그램을 개선한다.

1 프로그램

컴퓨터로 문제를 해결하기 위해 작성하는 명령어들의 모임이다.

2 프로그래밍 언어

프로그램을 작성할 때 사용하는 언어다. 기계 중심적인 저급 언어와, 사람이 이해하기 쉬운 일상 언어 및 기호를 사용하는 고급 언어가 있다.

3 컴퓨팅 사고력

컴퓨터 과학의 이론, 기술, 도구를 활용하여 현실의 복잡하고 어려운 문제를 해결하는 사고방식이다. 프로그래밍을 하면 컴퓨팅 사고력을 기를 수 있다.

4 변수

프로그램이 실행되는 동안 값을 저장하는 공간으로, 언제든지 새로운 값을 저장할 수 있다. 하나의 프로그램에 여러 개의 변수를 만들어 사용할 수 있으며, 변수마다 이름을 붙여 관리한다.

5 자료형

변수에 저장할 수 있는 값의 집합을 말한다. 기본 자료형인 정수형, 실수형, 불형, 문자열형과 구조적 자료형인 튜플, 리스트, 딕셔너리가 있다.

6 연산자

일정한 규칙에 따라 계산을 할 때 사용하는 기호다. 산술 연산자, 비교 연산자, 논리 연산자가 있다.

7 제어 구조

프로그램의 실행 순서를 제어하기 위해 사용하는 문장의 구조로, 순차 구조, 선택 구조, 반복 구조가 있다.

8 함수

한 프로그램 안에서 반복적으로 실행되거나 공통적으로 실행되는 기능을 하나의 단위로 만들어놓은 것으로, 필요할 때마다 호출하여 사용한다.

1 저급 언어와 고급 언어에 대해 설명하시오.

2 인터프리터와 컴파일러에 대해 설명하시오.

3 자료형의 종류를 기술하고 설명하시오.

4 제어 구조의 종류를 기술하고 설명하시오.

5 함수의 종류를 기술하고 설명하시오.

6 정수를 입력 받아 짝수인지 홀수인지 판단하는 파이선 프로그램을 작성하시오.

파이선 라이브러리 함수에는 어떤 것들이 있을까?

파이선은 다양한 라이브러리 함수를 제공하는데 몇 가지를 살펴보면 다음과 같다.

▼ 파이선 라이브러리 함수의 종류

함수	설명	모듈
max(x)	x의 최댓값을 반환한다.	없음
min(x)	x의 최솟값을 반환한다.	
abs(x)	x의 절댓값을 반환한다.	
eval(x)	x를 실행하고 결과값을 반환한다.	
reverse(x)	x 요소를 거꾸로 뒤집는다.	
sort(x)	x 요소들을 정렬한다.	
randint(x, y)	x 이상 y 이하의 난수(정수)를 생성한다.	random
random()	0 이상 1 미만의 난수를 생성한다.	
choice(x)	x 요소들 중 하나를 무작위로 선택한다.	
shuffle(x)	x 요소들을 무작위로 섞는다.	
sin(x)	x의 사인 값을 반환한다.	math
cos(x)	x의 코사인 값을 반환한다.	
tan(x)	x의 탄젠트 값을 반환한다.	
sqrt(x)	x의 제곱근을 반환한다.	
ceil(x)	x를 올림한다.	
floor(x)	x를 내림한다.	

모듈이 있는 함수는 다음과 같이 모듈을 불러와야 사용할 수 있다.

```
import random
print(random.random())
```

자료구조

데이터를 효율적으로 이용하기 위한 저장 방법

학습목표

■ 자료구조의 의미를 이해하고 종류를 알아본다.

■ 배열과 연결 리스트의 구조를 이해하고 데이터의 삽입과 삭제 과정을 알아본다.

■ 스택과 큐의 구조를 이해하고 데이터의 삽입과 삭제 과정을 알아본다.

■ 그래프의 구조를 이해하고 깊이 우선 방법과 너비 우선 방법으로 탐색해본다.

■ 트리의 구조를 이해하고 이진 탐색 트리에서 데이터의 삽입과 삭제 과정을 알아본다.

자료구조의 개요

1 자료구조의 개념

대부분의 프로그램은 데이터^{data}를 처리하여 유용한 정보^{information}를 출력한다. 프로그램에서 다루는 데이터는 어떤 구조로 표현하느냐에 따라 프로그램의 성능이 좋아질 수도 있고 나빠질 수도 있다. 다음 그림을 보자. (a)에서는 우리나라의 주요 도시를 선형으로 나열했고, (b)에서는 지도상의 위치에 맞추어 나열했다. 이 경우 도시 간의 경로를 나타내는 데는 (b)가 적절하다.

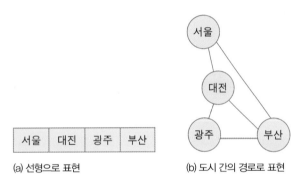

서울	대진	광주	부산

(a) 선형으로 표현

(b) 도시 간의 경로로 표현

그림 6-1 **우리나라 주요 도시 간의 경로 표현**

자료구조$^{data\ structure}$란 프로그램에서 쉽게 이용할 수 있도록 구성된 데이터 간의 논리적인 관계를 말한다. 대표적인 자료구조에는 다음과 같은 것이 있다.

- 배열
- 연결 리스트
- 스택
- 큐
- 그래프
- 트리

좋은 프로그램을 작성하기 위해서는 데이터의 삽입, 삭제, 검색이 용이하고 표현이 간결한 자료구조를 사용해야 한다. 이러한 관점에서 각 자료구조의 특징 및 데이터의 삽입과 삭제 과정을 살펴보자.

02 배열과 연결 리스트

선형 리스트$^{\text{linear list}}$란 어떤 순서에 의해 나열된 데이터가 여러 개인 구조를 말한다. 예를 들면 다음과 같다.

- 일요일, 월요일, 화요일, 수요일, 목요일, 금요일, 토요일(한 주의 요일들)
- 빨강, 주황, 노랑, 초록, 파랑, 남색, 보라(무지개 색깔)
- 현경, 동건, 동환, 철수, 영희(같은 반 친구)

선형 리스트를 구현하는 방법에는 배열과 연결 리스트가 있다. 하나씩 살펴보자.

1 배열

배열^{array}은 같은 자료형의 데이터를 순서대로 나열한 구조로, 첫 번째 데이터로부터 떨어진 상대적인 위치로 나머지 데이터를 참조한다. 배열에 저장된 각 데이터는 다음 그림과 같이 배열 이름과 인덱스로 지칭하는데 인덱스는 첫 번째로부터 떨어진 상대적인 위치, 즉 몇 번째에 있는가를 나타낸다.

그림 6-2 **배열 이름과 인덱스**

배열에서 인덱스의 시작 숫자는 0 또는 1이 올 수 있는데, 파이선에서는 0을 사용한다. 다음 그림은 이름이 arr이고 크기가 n인 배열을 나타낸 것이다. 배열에서 첫 번째 요소는 arr[0], 두 번째 요소는 arr[1], …, 마지막 n번째 요소는 arr[n-1]로 표현한다.

arr[0]	arr[1]	arr[2]	arr[3]	…	arr[n-1]

그림 6-3 **크기가 n인 배열**

배열은 인덱스 수에 따라 하나면 1차원 배열, 두 개면 2차원 배열, 세 개면 3차원 배열로 구분한다. 2차원 배열과 3차원 배열은 합쳐서 다차원 배열이라고도 부른다.

1.1 1차원 배열

1차원 배열은 인덱스를 하나만 사용하는 배열이다. 예를 들어 일곱 개의 데이터를 갖는 1차원 배열은 다음과 같다.

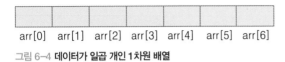

arr[0] arr[1] arr[2] arr[3] arr[4] arr[5] arr[6]

그림 6-4 **데이터가 일곱 개인 1차원 배열**

1차원 배열의 크기는 다음 공식을 이용하여 구한다. a는 인덱스의 시작 번호이고 n은 마지막 번호다. 예를 들어 인덱스가 0부터 시작하는 1차원 배열 arr[6]의 크기를 구하면 6-0+1로 7이 된다.

> n−a+1

배열은 기억장치의 일부를 배열의 크기만큼 차지한다. 배열에서 임의의 요소 i가 기억장치의 어느 위치에 저장되어 있는지는 주소로 표현하는데, 주소를 구하는 공식은 다음과 같다. base는 배열의 시작 주소(첫 번째 요소의 주소), i는 주소를 구하려는 요소의 인덱스 번호, a는 인덱스의 시작 번호, size는 각 요소의 크기다.

> arr[i]의 주소 = base+(i−a)×size

예를 들어 다음 그림의 배열에서 arr[5]의 주소를 계산해보자. 시작 주소가 200이므로 base는 200, i는 5, 인덱스 시작 번호 a는 0이다. 그리고 각 요소의 크기가 4바이트이므로 size는 4다. 이 값들을 공식에 대입하면 200+(5−0)×4로 220이 된다.

4바이트

| arr[0] | arr[1] | arr[2] | arr[3] | arr[4] | arr[5] | arr[6] |

200   204   208   212   216   220   224   228

그림 6-5 **1차원 배열 요소의 주소**

1.2 2차원 배열

2차원 배열은 두 개의 인덱스를 사용하는 배열로, 첫 번째 인덱스는 행을 나타내고 두 번째 인덱스는 열을 나타낸다. 예를 들어 3행 2열의 요소를 갖는 배열은 다음 그림과 같다.

그림 6-6 **2차원 배열의 표현**

2차원 배열의 크기를 구하는 공식은 다음과 같다. a와 b는 행과 열 인덱스의 시작 번호고, n과 m은 행과 열 인덱스의 마지막 번호다. 예를 들어 a와 b가 0, n이 2, m이 1인 배열 arr의 크기를 구하면 (2−0+1)×(1−0+1)로 6이 된다.

$$(n-a+1)\times(m-b+1)$$

2차원 배열은 '행 중심 저장 방식'과 '열 중심 저장 방식'으로 저장할 수 있다. 행 중심 저장 방식은 먼저 첫째 행, 다음에 둘째 행, … 식으로 저장하고, 열 중심 저장 방식은 먼저 첫째 열, 다음에 둘째 열, … 식으로 저장한다. 다음 그림은 3행 2열의 배열을 행 중심 저장 방식과 열 중심 저장 방식으로 저장한 구조를 나타낸 것이다.

(a) 행 중심 저장 방식

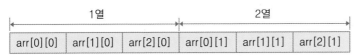

(b) 열 중심 저장 방식

그림 6-7 **2차원 배열의 두 가지 저장 방식**

크기가 p행 q열인 2차원 배열 arr에서 행과 열 인덱스의 시작 번호가 a, 시작 주소가 base, 요소의 크기가 size라 할 때 arr[i][j]의 주소를 구하는 공식은 다음과 같다.

행 중심 저장 방식 → arr[i][j]의 주소 = base+(q×(i-a)+(j-a))×size
열 중심 저장 방식 → arr[i][j]의 주소 = base+(p×(j-a)+(i-a))×size

다음 그림을 보고 2차원 배열 arr[2][0]의 주소를 구해보자. 이 배열은 3행 2열이므로 p는 3이고 q는 2이다. 그리고 행과 열 인덱스의 시작 번호 a는 0, 시작 주소 base는 200, 각 요소의 크기 size는 4다.

(a) 행 중심 저장 방식

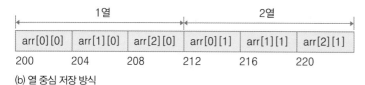

(b) 열 중심 저장 방식

그림 6-8 **2차원 배열 요소의 주소**

행 중심 저장 방식에서 arr[2][0]의 주소를 공식에 대입하여 구하면 216이 된다.

arr[i][j]의 주소 = base+(q×(i-a)+(j-a))×size
arr[2][0] = 200+(2×(2-0)+(0-0))×4 = 216

열 중심 저장 방식에서 arr[2][0]의 주소를 공식에 대입하여 구하면 208이 된다.

arr[i][j]의 주소 = base+(p×(j-a)+(i-a))×size
arr[2][0] = 200+(3×(0-0)+(2-0))×4 = 208

두 경우의 결과와 [그림 6-8]을 비교해보면 원하는 결과가 나온 것을 알 수 있다.

1.3 데이터의 삽입과 삭제

다음 그림은 오름차순으로 정렬된 다섯 개의 데이터를 배열로 표현한 것이다.

1	3	5	7	9
arr[0]	arr[1]	arr[2]	arr[3]	arr[4]

그림 6-9 **배열의 예**

위 상태에서 데이터 6을 삽입하려면 먼저 7과 9를 한 칸씩 뒤로 옮기고 arr[3]에 6을 삽입해야 한다.

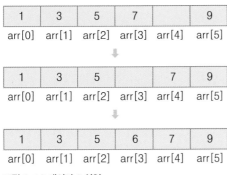

그림 6-10 **데이터 6 삽입**

그리고 이 상태에서 5를 삭제하려면 5만 삭제하면 되는 것이 아니라, 뒤에 위치한 6, 7, 9를 앞으로 한 칸씩 옮겨야 한다.

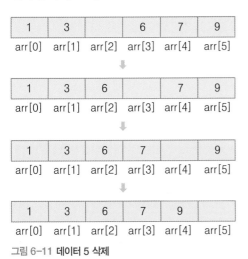

그림 6-11 **데이터 5 삭제**

이처럼 배열의 삽입과 삭제 동작에는 데이터를 옮기는 시간이 필요하다. 따라서 삽입과 삭제를 자주 할 경우, 배열로 구현하는 것보다 다음에 설명할 연결 리스트를 사용하는 것이 바람직하다.

2 연결 리스트

연결 리스트^{linked list}는 각 데이터들을 포인터로 연결하여 관리하는 구조다. 연결 리스트에서는 노드라는 새로운 개념이 나오는데, 각 노드는 데이터를 저장하는 데이터 영역과 다음 데이터가 저장된 노드를 가리키는 포인터 영역으로 구성된다.

그림 6-12 **노드의 구조**

각 노드들은 주기억장치의 어느 위치에 저장되든 상관없고, 단지 각 노드들이 포인터에 의해 연결되어 있기만 하면 된다. 다음 그림은 연결 리스트의 예로 제일 왼쪽의 헤드 포인터^{head pointer}가 첫 번째 노드를 가리키고, 첫 번째 노드의 포인터 영역이 두 번째 노드를, 두 번째 노드의 포인터 영역이 세 번째 노드를 가리킨다. 그리고 세 번째 노드의 포인터 영역에는 NULL(널)이 저장되어 있는데, 이는 더 이상 연결된 노드가 없다는 뜻이다.

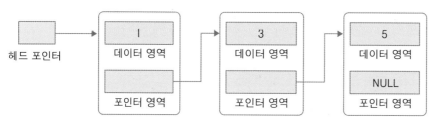

그림 6-13 **연결 리스트의 예**

데이터 영역에는 [그림 6-13]처럼 한 개의 데이터가 저장될 수도 있지만, 필요에 따라 여러 개의 데이터가 저장될 수도 있다. 다음은 데이터 영역에 이름과 나이를 저장한 모습이다.

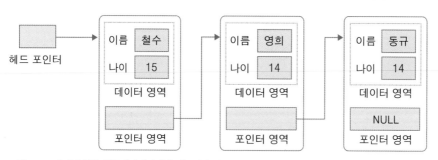

그림 6-14 **데이터 영역에 두 개의 데이터가 있는 연결 리스트**

연결 리스트는 단순 연결 리스트와 이중 연결 리스트로 구분된다. 하나씩 살펴보자.

2.1 단순 연결 리스트

단순 연결 리스트$^{singly\ linked\ list}$는 노드에 포인터 영역이 하나인 연결 리스트로, 단순하여 가장 많이 사용된다. 단순 연결 리스트에 데이터를 삽입 및 삭제하는 과정과 단순 연결 리스트를 원형으로 연결시킨 원형 연결 리스트에 대해 살펴보자. 참고로 연결 리스트의 삽입과 삭제 동작은 배열과 달리 데이터가 이동하지 않는다.

■ 데이터 삽입

다음과 같은 구조에서 데이터 1과 3 사이에 2를 삽입하는 과정을 살펴보자. 편의상 데이터가 1인 노드를 A, 3인 노드를 B, 5인 노드를 C라 하고 새롭게 추가될 노드는 'NEW'의 앞 글자를 따서 N이라고 한다.

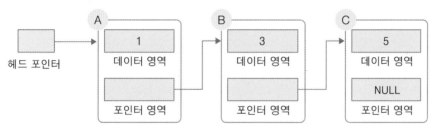

그림 6-15 **단순 연결 리스트에 데이터 삽입**

① N 노드를 생성하고 데이터 영역에 2를 저장한다.

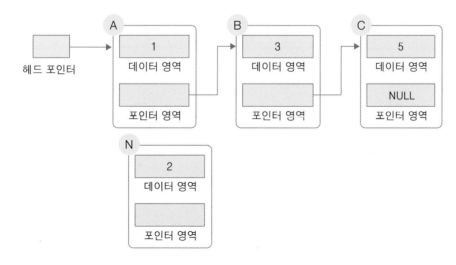

② 노드 A의 포인터 영역이 가리키는 곳인 노드 B를 노드 N의 포인터 영역이 가리키게 한다. 그러면 노드 N이 노드 B를 가리키게 된다.

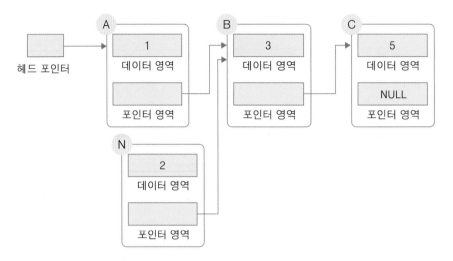

③ 노드 A의 포인터 영역이 노드 N을 가리키게 한다. 이로써 데이터 2의 삽입 동작이 완료된다.

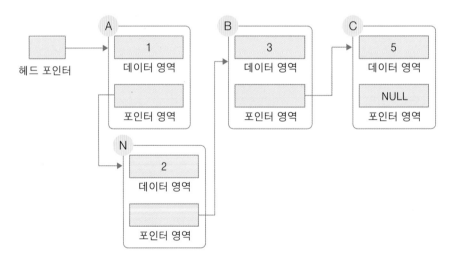

■ 데이터 삭제

다음과 같은 구조에서 데이터가 3인 노드 B를 삭제하는 과정을 살펴보자.

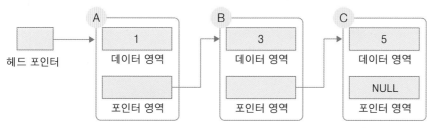

그림 6-16 **단순 연결 리스트에서 데이터 삭제**

① 노드 B의 포인터 영역이 가리키는 곳인 노드 C를 노드 A의 포인터 영역이 가리키게 한다. 그러면 노드 A의 다음 노드는 노드 C가 되어 노드 B는 연결 리스트에서 제거된다.

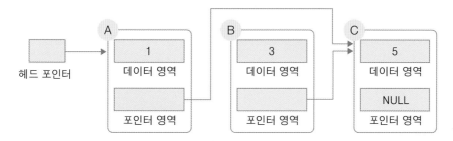

② 노드 B는 연결 리스트에서 제외되었을 뿐, 주기억장치에서 삭제된 상태는 아니다. 노드 B를 그냥 두어도 큰 문제는 없지만, 사용하지 않는 노드는 주기억장치에서 지우는 것이 바람직하다.

■ 원형 연결 리스트

단순 연결 리스트는 임의의 노드에서부터 이전에 위치한 노드에 접근할 수 없고, 다시 헤드 포인터부터 시작해야 한다. 원형 연결 리스트circular linked list는 이런 문제를 해결하기 위한 구조로, 마지막 노드의 포인터 영역이 첫 번째 노드를 가리킨다.

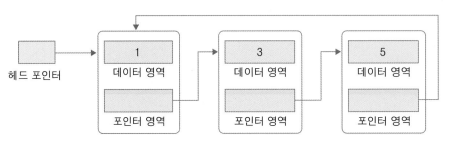

그림 6-17 **원형 연결 리스트의 구조**

2.2 이중 연결 리스트

단순 연결 리스트에서는 각 노드가 다음 노드를 가리키고 있고 이전 노드를 가리키지 않아 이전 노드로 접근할 수가 없다. 이런 제약을 해결한 구조가 이중 연결 리스트doubly linked list다. 이 리스트는 각 노드에 다음 노드를 가리키는 포인터 영역뿐만 아니라 이전 노드를 가리키는 포인터 영역도 포함되어 있다.

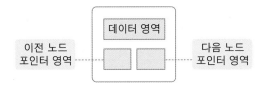

그림 6-18 **이중 연결 리스트의 구조**

데이터가 1, 3, 5인 세 개의 노드를 이중 연결 리스트로 구성하면 다음과 같다.

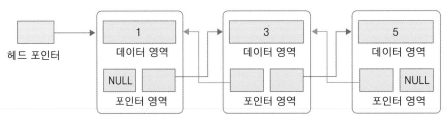

그림 6-19 **세 개의 노드를 이중 연결 리스트로 구성한 예**

이중 연결 리스트에 데이터를 삽입 및 삭제하는 과정과, 이중 연결 리스트를 원형으로 연결시킨 이중 원형 연결 리스트에 대해 살펴보자.

■ 데이터 삽입

다음과 같은 구조에서 노드 A와 B 사이에 데이터 2를 삽입하는 과정을 살펴보자.

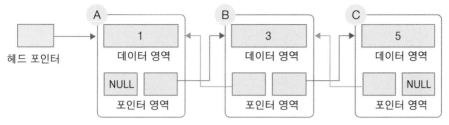

그림 6-20 **이중 연결 리스트에 데이터 삽입**

① 새 노드 N을 생성하고 데이터 영역에 2를 저장한다.

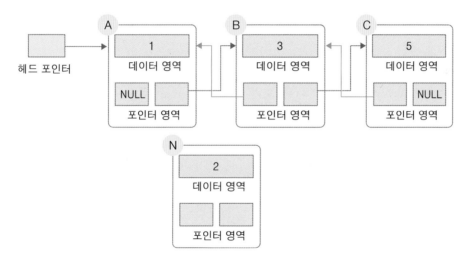

② 노드 N의 이전 노드 포인터 영역이 노드 A를 가리키게 한다.

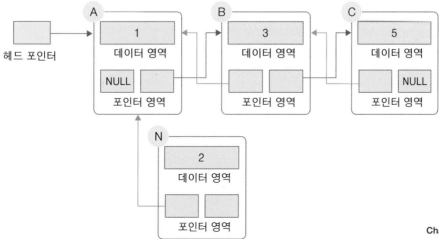

③ 노드 A의 다음 노드 포인터 영역이 가리키는 곳인 노드 B를, 노드 N의 다음 노드 포인터 영역이 가리키게 한다.

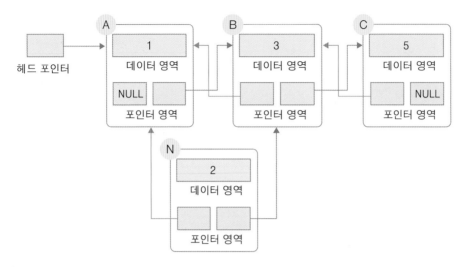

④ 노드 B의 이전 노드 포인터 영역이 노드 N을 가리키게 한다.

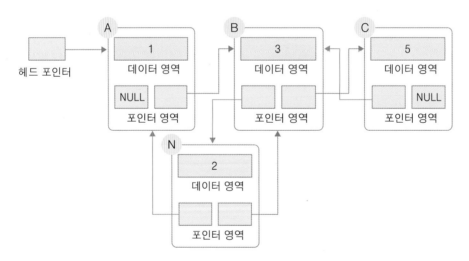

⑤ 노드 A의 다음 노드 포인터 영역이 노드 N을 가리키게 하면 삽입 동작이 완료된다.

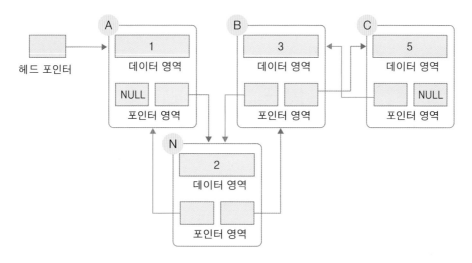

■ 데이터 삭제

다음과 같은 구조에서 노드 B를 삭제하는 과정을 살펴보자.

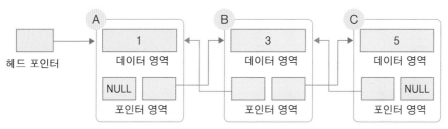

그림 6-21 **이중 연결 리스트에서 데이터 삭제**

① 노드 B의 다음 노드 포인터 영역이 가리키는 곳인 노드 C를, 노드 A의 다음 노드 포인터 영역이 가리키게 한다.

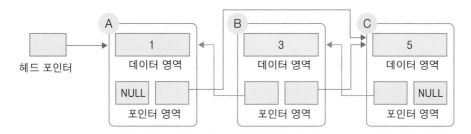

② 노드 B의 이전 노드 포인터 영역이 가리키는 곳인 노드 A를, 노드 C의 이전 노드 포인터 영역이 가리키게 한다. 그러면 노드 A의 다음 노드는 노드 C가 되어 노드 B는 연결 리스트에서 제거된다.

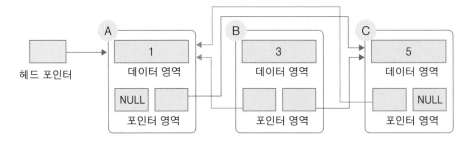

③ 노드 B를 주기억장치에서 제거하면 삭제 동작이 완료된다.

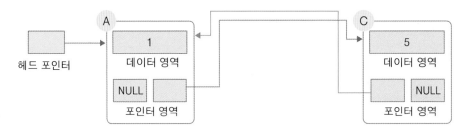

■ 이중 원형 연결 리스트

이중 연결 리스트의 첫 번째 노드의 이전 노드 포인터 영역이 마지막 노드를 가리키게 하고, 마지막 노드의 다음 노드 포인터 영역이 첫 번째 노드를 가리키도록 구성한 것을 이중 원형 연결 리스트doubly circular linked list라 한다.

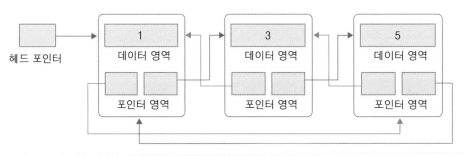

그림 6-22 **이중 원형 연결 리스트의 구조**

1 스택

동전케이스는 동전을 넣는 곳과 빼는 곳의 방향이 같으므로 가장 최근에 들어간 동전이 가장 먼저 나온다. 이와 같이 데이터의 삽입과 삭제가 한쪽 방향에서만 일어나는 구조를 스택^{stack}이라고 한다. 스택은 가장 나중에 삽입된 데이터가 가장 먼저 삭제되는 후입선출$^{LIFO, Last-In First-Out}$ 구조다.

(a) 스택의 예(동전케이스)

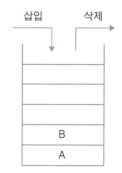

(b) 스택의 구조(후입선출)

그림 6-23 **스택의 이해**

스택은 배열을 이용하거나 연결 리스트를 이용해서 구현할 수 있다.

1.1 배열로 구현한 스택

배열로 구현한 스택의 구조는 다음과 같다. 그림에서 top은 데이터의 삽입과 삭제가 이루어지는 배열의 인덱스를 나타낸다. 스택이 비어 있는 초기 상태에 top의 값은 0이다.

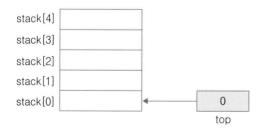

그림 6-24 **배열로 구현한 스택의 구조**

배열로 구현한 스택에 데이터를 삽입하고 삭제하는 과정을 살펴보자.

■ 데이터 삽입

다음과 같은 구조의 스택에 데이터 10을 삽입하는 과정을 살펴보자.

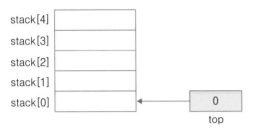

그림 6-25 배열로 구현한 스택에 데이터 삽입

① stack 배열에서 현재 top이 가리키는 0번 방, 즉 stack[0]에 10을 저장한 후 top을 1 증가시킨다.

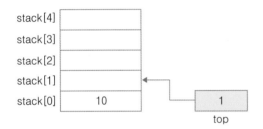

② 같은 방식으로 네 개의 데이터(20, 30, 40, 50)를 추가로 삽입하면 다음과 같이 스택이 가득 차고, top은 5가 된다.

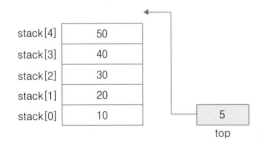

③ 스택이 가득 찼을 때 top은 스택의 크기와 같다. 이때는 스택에 더 이상 데이터를 삽입할 수 없다. 그러므로 스택에 데이터를 삽입하기 전에는 항상 스택이 가득 찼는지 확인하는 과정을 거쳐야 한다. 스택에 데이터를 삽입하는 과정을 의사 코드로 나타내면 다음과 같다.

TIP▶ 의사 코드란 알고리즘을 특정 프로그래밍 언어의 문법에 따라 쓰지 않고 일반적인 언어로 코드를 흉내 내어 쓴 것을 말한다.

■ 데이터 삭제

다음과 같은 구조의 스택에서 데이터를 삭제하는 과정을 살펴보자.

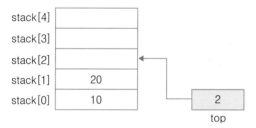

그림 6-26 배열로 구현한 스택에서 데이터 삭제

① 스택에서 데이터를 삭제할 때는 top을 1 감소시키기만 하면 된다. [그림 6-26]에서 top의 값을 1 감소시키면 1이 된다. 이때 사실 stack[1]에 저장된 데이터 20은 지워지지 않았지만, 이 상태에서 새로운 데이터를 삽입하면 stack[1]에 저장되어 결과적으로 20이 지워진다.

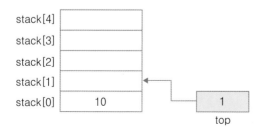

② 이 상태에서 또 다시 데이터를 삭제하면 다음과 같이 top이 0이 된다.

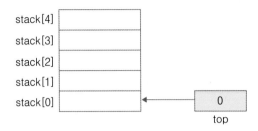

③ 위 그림과 같이 top이 0일 때 스택은 비어 있는 상태다. 이때는 더 이상 데이터를 삭제할 수 없다. 그러므로 스택에서 데이터를 삭제하기 전에는 항상 스택이 비었는지 확인하는 과정을 거쳐야 한다. 스택에서 데이터를 삭제하는 과정을 의사 코드로 나타내면 다음과 같다.

```
if(top이 0인가) then
    스택이 비어서 데이터를 삭제하지 못함
else
    top을 1 감소
```

1.2 연결 리스트로 구현한 스택

연결 리스트로 구현한 스택의 구조는 다음과 같다. 그림에서 top은 첫 번째 노드를 가리킨다.

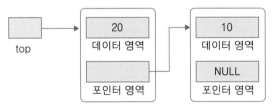

그림 6-27 **연결 리스트로 구현한 스택의 구조**

연결 리스트로 구현한 스택에 데이터를 삽입하고 삭제하는 과정을 살펴보자.

■ 데이터 삽입

다음과 같은 구조의 스택에 데이터 30을 삽입하는 과정을 살펴보자.

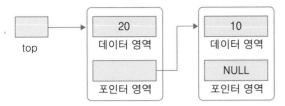

그림 6-28 **연결 리스트로 구현한 스택에 데이터 삽입**

① 새 노드를 생성하고 데이터 영역에 30을 저장한다.

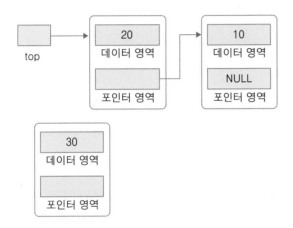

② 데이터가 30인 노드의 포인터 영역이 top이 가리키는 곳(데이터가 20인 노드)을 가리키게 한다.

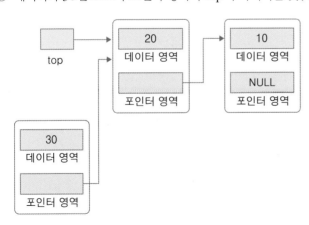

③ top이 데이터가 30인 노드를 가리키게 하면 삽입 동작이 완료된다. 이상의 과정에서 살펴본 것처럼 연결 리스트로 구현한 스택은 배열로 구현한 스택과는 달리 주기억장치의 용량이 허용하는 한 데이터를 삽입할 수 있다는 장점이 있다.

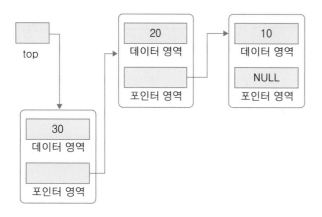

■ 데이터 삭제

다음과 같은 구조의 스택에서 데이터를 삭제하는 과정을 살펴보자.

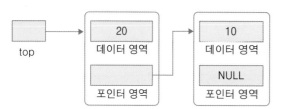

그림 6-29 연결 리스트로 구현한 스택에서 데이터 삭제

① top이 가리키는 노드의 포인터 영역이 가리키는 곳을 top이 가리키게 한다. 그러면 top은 데이터가 10인 노드를 가리키게 된다.

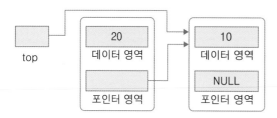

② 데이터가 20인 노드를 주기억장치에서 제거하면 삭제 동작이 완료된다.

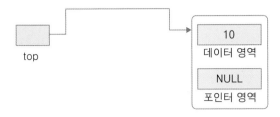

top

10
데이터 영역

NULL
포인터 영역

1.3 파이선으로 구현한 스택

배열과 연결 리스트를 이용해서 스택을 구현하는 방법을 살펴보았는데, 여기에서는 파이선으로 스택을 구현하는 프로그래밍을 해본다. 파이선에서 스택에 데이터를 삽입할 때는 append 함수를 이용하고, 스택에서 데이터를 삭제할 때는 pop 함수를 이용한다.

표 6-1 append 함수와 pop 함수

함수	설명	예시
append	리스트에 데이터를 삽입한다.	stack.append(data)
pop	리스트에서 데이터를 삭제한다. pop() 함수는 마지막에 저장된 데이터를 삭제하고, pop(2) 함수는 2번 데이터를 삭제한다.	stack.pop()

스택에 데이터를 삽입하고 삭제하는 문제를 해결하기 위한 알고리즘은 다음과 같다.

① 빈 stack 리스트를 생성한다.
② 다음과 같은 과정을 반복한다.
  • 동작의 종류(1:삽입, 2:삭제, 3:종료)를 입력받아 select 변수에 저장한다.
  • select 값이 1이면 삽입할 데이터를 입력 받아 data 변수에 저장한 후 stack 리스트에 삽입한다.
  • select 값이 2면 stack 리스트에서 가장 최근에 삽입된 데이터를 삭제하여 data 변수에 저장하여 출력한다.
  • select 값이 3이면 반복을 종료한다.

위 알고리즘을 파이선으로 구현한 프로그램은 204쪽의 소스코드와 같다.

```
stack=[]
while True:
    select=int(input('1:삽입, 2:삭제, 3:종료   '))
    if select==1:
        data=int(input('삽입할 데이터: '))
        stack.append(data)
        print(stack)
    elif select==2:
        if len(stack)==0:
            print('스택이 비었습니다.')
        else:
            data=stack.pop()
            print('삭제된 데이터:', data)
            print(stack)
    else:
        break
```

```
─ □ ×
1:삽입, 2:삭제, 3:종료 2
스택이  비었습니다.
1:삽입, 2:삭제, 3:종료 1
삽입할  데이터: 10
[10]
1:삽입, 2:삭제, 3:종료 1
삽입할  데이터: 20
[10, 20]
1:삽입, 2:삭제, 3:종료 1
삽입할  데이터: 30
[10, 20, 30]
1:삽입, 2:삭제, 3:종료 2
삭제된  데이터: 30
[10, 20]
1:삽입, 2:삭제, 3:종료 3
```

2 큐

마트에서 물건을 고르고 계산할 때에는 계산대에 먼저 도착한 고객이 먼저 계산하고 나간다. 이와 같이 데이터가 한쪽 방향으로 삽입되고 반대 방향으로 삭제되는 구조를 큐queue라고 한다. 큐는 가장 먼저 삽입된 데이터가 가장 먼저 삭제되는 선입선출FIFO, First-In First-Out 구조다.

(a) 큐의 예(마트의 계산대)

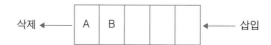

(b) 큐의 구조(선입선출)

그림 6-30 **큐의 이해**

큐도 배열을 이용하거나 연결 리스트를 이용해서 구현할 수 있다.

2.1 배열로 구현한 큐

배열로 구현한 큐의 구조는 다음과 같다. front는 첫 번째 데이터가 저장된 배열의 인덱스고, rear는 새로운 데이터가 삽입될 배열의 인덱스다. 아래 그림의 큐는 초기 상태이므로 front와 rear 모두 0이다.

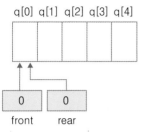

그림 6-31 배열로 구현한 큐의 구조

배열로 구현한 큐에 데이터를 삽입하고 삭제하는 과정을 살펴보자.

■ 데이터 삽입

다음과 같은 구조의 큐에 데이터 10을 삽입하는 과정을 살펴보자.

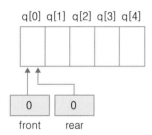

그림 6-32 배열로 구현한 큐에 데이터 삽입

① q 배열에서 현재 rear가 가리키는 0번 방, 즉 q[0]에 10을 저장한 후 rear를 1 증가시킨다.

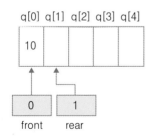

② 같은 방식으로 네 개의 데이터(20, 30, 40, 50)를 더 삽입하면 다음과 같이 큐가 가득 차고, rear는 5가 된다.

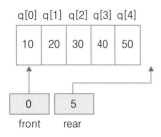

③ 위 그림에서 rear 값은 큐의 크기와 같은 5가 되는데, 이는 큐가 가득 찬 것을 의미하므로 더 이상 데이터를 삽입할 수 없다. 그러므로 큐에 데이터를 삽입할 때는 항상 큐가 가득 찼는지 확인하는 과정을 거쳐야 한다. 큐에 데이터를 삽입하는 과정을 의사 코드로 나타내면 다음과 같다.

```
if(rear가 큐 크기와 같은가) then
        큐가 가득 차서 데이터를 삽입하지 못함
else
        데이터를 큐의 rear 위치에 삽입
        rear를 1 증가
```

■ 데이터 삭제

다음과 같은 구조의 큐에서 데이터를 삭제하는 과정을 살펴보자.

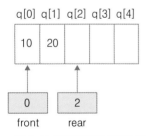

그림 6-33 배열로 구현한 큐에서 데이터 삭제

① 큐에서 데이터를 삭제할 때는 front를 1 증가시키기만 하면 된다. 앞의 그림에서 첫 번째 데이터가 저장된 배열의 인덱스를 나타내는 front를 1 증가시킨다. front 값은 0에서 1로 바뀐다.

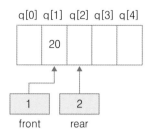

② 이 상태에서 또 다시 데이터를 삭제하면 다음과 같이 큐가 비게 된다.

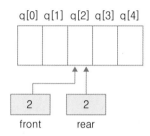

③ 위 그림에서 front와 rear의 값은 같다. 이는 큐가 비어 있음을 의미하므로 더 이상 데이터를 삭제할 수 없다. 그러므로 큐에서 데이터를 삭제할 때는 항상 큐가 비었는지 확인하는 과정을 거쳐야 한다. 큐에서 데이터를 삭제하는 과정을 의사 코드로 나타내면 다음과 같다.

```
if(front와 rear가 같은가) then
        큐가 비어서 데이터를 삭제하지 못함
else
        front를 1 증가
```

■ **원형 큐**

배열로 구현한 큐의 경우, 다음 그림의 (a)와 같이 큐의 앞부분이 비어 있어도 rear가 큐의 크기와 같아 데이터를 삽입할 수 없는 경우가 생긴다. 물론 큐를 주기적으로 점검해 (b)와 같이 뒷부분에 있는 데이터를 앞으로 옮기면 문제는 해결된다. 하지만 시간이 많이 걸리므로 비효율적이다.

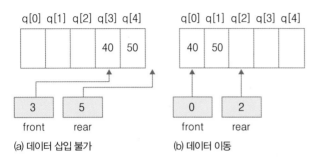

(a) 데이터 삽입 불가   (b) 데이터 이동

그림 6-34 **배열로 구현한 큐의 문제점**

이런 문제점을 해결하는 방법 중 하나가 원형 큐circular queue를 이용하는 것이다. 원형 큐는 큐의 처음과 끝을 연결한 구조로, 마지막 공간이 다음 큐의 시작점이 된다. 다음은 여덟 개의 데이터를 저장할 수 있는 원형 큐의 모습이다.

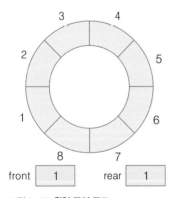

그림 6-35 **원형 큐의 구조**

[그림 6-35]의 원형 큐에 A, B, C, D, E, F, G를 삽입하고, 세 개의 데이터를 삭제하면 [그림 6-36]의 (a)와 같이 된다. 이와 같은 상태에서 데이터 H를 삽입하면 큐 8에 H가 삽입되고 rear가 1로 바뀌어 (b)와 같이 된다. 이 상태에서 또 다른 데이터인 I를 삽입하면 큐 1에 데이터가 삽입되어 일반적인 큐에서 발생하던 문제가 (c)와 같이 해결된다.

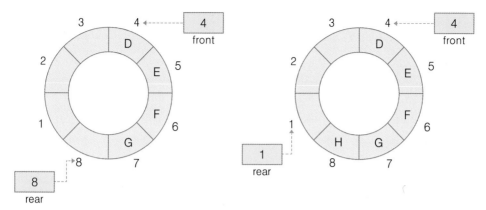

(a) 일곱 개의 데이터 삽입 후 세 개의 데이터 삭제   (b) 새 데이터 H 삽입

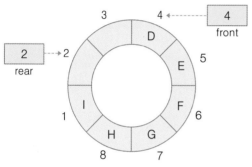

(c) 새 데이터 I 삽입

그림 6-36 **원형 큐에서 데이터의 삽입과 삭제**

2.2 연결 리스트로 구현한 큐

연결 리스트로 구현한 큐의 구조는 다음과 같다. 그림에서 front는 가장 먼저 삽입된 노드를 가리킨다.

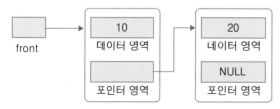

그림 6-37 **연결 리스트로 구현한 큐의 구조**

연결 리스트로 구현한 큐에 데이터를 삽입하고 삭제하는 과정을 살펴보자.

■ 데이터 삽입

다음과 같은 구조의 큐에 데이터 30을 삽입하는 과정을 살펴보자.

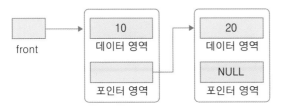

그림 6-38 **연결 리스트로 구현한 큐에 데이터 삽입**

① 새로운 노드를 생성하여 데이터 영역에 30을 저장하고 포인터 영역에 NULL을 저장한다.

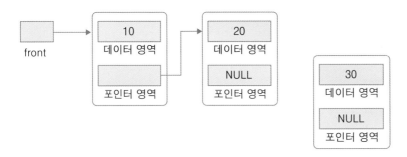

② 연결 리스트의 마지막 노드(데이터가 20인 노드)의 포인터 영역이 새롭게 생성된 데이터가 30인 노드를 가리키게 하면 삽입 동작이 완료된다. 연결 리스트로 구현한 큐는 배열로 구현한 큐와 달리 주기억장치의 용량이 허용하는 한 데이터를 삽입할 수 있다.

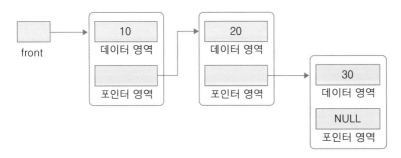

■ 데이터 삭제

다음과 같은 구조의 큐에서 데이터를 삭제하는 과정을 살펴보자.

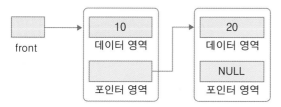

그림 6-39 **연결 리스트로 구현한 큐에서 데이터 삭제**

① front가 가리키는 노드의 포인터 영역이 가리키는 곳을 front가 가리키게 한다. 그러면 front는 데이터가 20인 노드를 가리키게 된다.

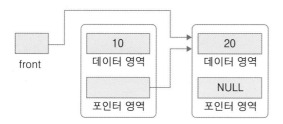

② 데이터가 10인 노드를 주기억장치에서 제거한다. 그러면 큐에 가장 먼저 삽입된, 데이터가 10인 노드가 삭제된다.

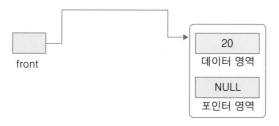

2.3 파이선으로 구현한 큐

파이선을 이용해서 큐를 구현해보자. 큐에서 가장 먼저 삽입된 데이터를 삭제하려면 pop(0) 함수를 이용한다. 이 문제를 해결하기 위한 알고리즘은 다음과 같다.

① 빈 queue 리스트를 생성한다.

② 다음과 같은 과정을 반복한다.

- 동작 종류(1:삽입, 2:삭제, 3:종료)를 입력 받아 select 변수에 저장한다.
- select 값이 1이면 삽입할 데이터를 입력 받아 data 변수에 저장한 후 queue 리스트에 삽입한다.
- select 값이 2면 queue 리스트에서 가장 먼저 삽입된 데이터를 삭제하여 data 변수에 저장하여 출력한다.
- select 값이 3이면 반복을 종료한다.

위 알고리즘을 파이선으로 구현한 프로그램은 다음과 같다.

```
queue=[]
while True:
    select=int(input('1:삽입, 2:삭제, 3:종료   '))
    if select==1:
        data=int(input('삽입할 데이터: '))
        queue.append(data)
        print(queue)
    elif select==2:
        if len(queue)==0:
            print('큐가 비었습니다.')
        else:
            data=queue.pop(0)
            print('삭제된 데이터:', data)
            print(queue)
    else:
        break
```

```
─ □ ×
1:삽입, 2:삭제, 3:종료   1
삽입할 데이터: 10
[10]
1:삽입, 2:삭제, 3:종료   1
삽입할 데이터: 20
[10, 20]
1:삽입, 2:삭제, 3:종료   1
삽입할 데이터: 30
[10, 20, 30]
1:삽입, 2:삭제, 3:종료   2
삭제된 데이터: 10
[20, 30]
1:삽입, 2:삭제, 3:종료   3
```

1 오일러의 증명

그래프는 데이터 간의 관계를 점과 선으로 나타낸 구조로, 점은 데이터를 나타내고 선은 데이터 간의 관계를 나타낸다. 주로 도시 간의 관계, 통신망, 전기회로 등의 복잡한 구조를 표현하는 데 사용된다.

[그림 6-40]은 '쾨니히스베르크^{Königsberg}의 다리'라는 유명한 문제다. 이 문제는 어떤 지점에서 출발하든지 모든 다리를 한 번씩만 건너서 출발지로 돌아올 수 있는가에 관한 것이다. 수학자 오일러^{Euler}는 이 문제를 해결하기 위해서 쾨니히스베르크의 다리를 오른쪽 그림과 같이 표현했는데, 바로 이 그림이 그래프의 시초다. 오일러는 여기서는 출발지로 돌아올 수 없다는 결론을 내리고 다리가 홀수 개인 위치의 개수가 0일 때만 출발지로 돌아올 수 있음을 증명해 보였다.

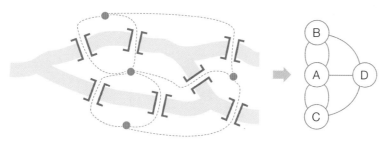

그림 6-40 **쾨니히스베르크의 다리와 오일러의 그래프**

2 그래프의 주요 용어

[그림 6-40]의 그래프에서 A, B, C, D를 '정점'이라 하고, 정점과 정점을 연결하는 선을 '간선'이라 하며, 정점 A와 B의 간선을 (A, B)로 표현한다. 그리고 정점에 접한 간선의 수를 '차수'라 하는데, 정점 A의 경우 차수는 5가 된다. [그래프 G]는 (정점의 집합, 간선의 집합)으로 표현할 수 있다. 이를 좀 더 수학적으로 표현하면 다음과 같다. V는 정점의 집합을, E는 간선의 집합을 나타낸다.

G = (V, E)

그래프는 무방향 그래프와 방향 그래프로 분류할 수 있다.

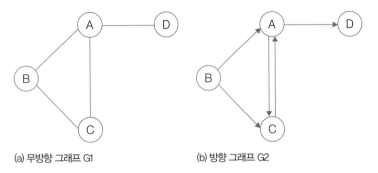

(a) 무방향 그래프 G1   (b) 방향 그래프 G2

그림 6-41 **무방향 그래프와 방향 그래프**

무방향 그래프는 방향성이 없는 간선으로 이루어진 그래프다. 그러므로 무방향 그래프에서 간선 (v0, v1)과 (v1, v0)은 동일하다. 그리고 (v0, v1)이 한 간선이라면 v0과 v1은 '인접하다'고 한다. 예를 들어 [그림 6-41]의 그래프 G1에서는 정점 B, C, D가 정점 A에 인접하고 있다. 그래프 G1을 집합으로 표현하면 다음과 같다.

> V(G1) = {A, B, C, D}
> E(G1) = {(A, B), (A, C), (A, D), (B, C)}

반면, 방향 그래프는 방향성이 있는 간선으로 이루어진 그래프이므로 간선 (v0, v1)과 (v1, v0)은 서로 다르다. [그림 6-41]의 그래프 G2를 보면 (A, C)와 (C, A)는 서로 다른 간선이다. 그래프 G2를 집합으로 표현하면 다음과 같다.

> V(G2) = {A, B, C, D}
> E(G2) = {(A, C), (A, D), (B, A), (B, C), (C, A)}

방향 그래프에는 '진입 차수'와 '진출 차수'가 있다. 진입 차수는 정점으로 들어오는 간선의 수이고, 진출 차수는 정점에서 나가는 간선의 수다. [그림 6-41]의 그래프 G2에서 정점 C의 진입 차수는 2고, 진출 차수는 1이다. 물론 차수는 3이 된다.

특정 정점에서 다른 정점까지 갈 수 있는 간선들이 있을 때, 이들 간선을 연결하는 정점들을 나열한 것을 '경로'라 한다. [그림 6-42]의 그래프 G3에서 〈A, B, C, E〉는 정점 A와 E의 경로 중 하나다. '경로의 길이'란 경로에 있는 간선의 수를 의미한다. 따라서 경로 〈A, B, C, E〉에서 경로의 길이는 3이다. 경로 중에서 처음과 마지막 정점이 같은 경로를 '사이클'이라 한다. 경로 〈C, D, E, C〉가 사이클에 해당된다.

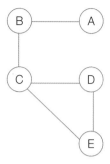

그림 6-42 **그래프 G3**

무방향 그래프에서 모든 정점 사이에 간선이 있는 그래프를 '완전 그래프'라 하는데, 최대 수의 간선을 가지는 무방향 그래프를 말한다. 또한 무방향 그래프에서 간선마다 가중치를 부여한 그래프를 '가중 그래프'라 한다.

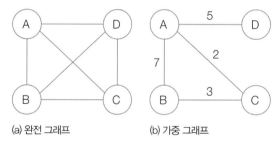

(a) 완전 그래프   (b) 가중 그래프

그림 6-43 **무방향 그래프의 일종**

3 그래프의 탐색

그래프에서 모든 정점을 방문하는 것을 그래프의 탐색이라 하는데, 깊이 우선 탐색DFS, Depth First Search과 너비 우선 탐색BFS, Breadth First Search에 대해 살펴보자.

3.1 깊이 우선 탐색

깊이 우선 탐색은 시작 정점에서 시작하여 그 정점과 연결된 방문하지 않은 한 정점을 방문하고, 다음에는 방문한 정점에서 다시 연결된 방문하지 않은 한 정점 순으로 방문한다. 진행하다가 더 이상 진행할 수 없으면 왔던 길을 되돌아가면서 아직 방문하지 않은 정점을 방문한다. [그림 6-44]의 그래프를 깊이 우선으로 탐색해보자. 정점 A에서부터 시작한다고 가정한다.

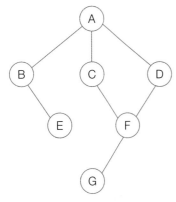

그림 6-44 **깊이 우선 탐색 예제**

① 제일 먼저 정점 A를 방문한다. 그림에서 파란색은 방문한 정점을 의미한다(A).

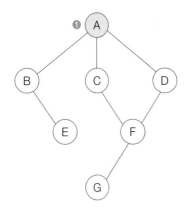

② 정점 A와 연결된 정점인 B, C, D 중 한 정점인 B를 방문한다(A→B).

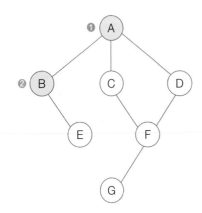

③ 정점 B와 연결된 정점 중 방문하지 않은 정점인 E를 방문한다(A→B→E).

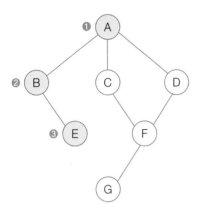

④ 정점 E와 연결된 정점 중 방문하지 않은 정점은 없다. 이런 경우 왔던 길로 되돌아가는데 우선 정점 B에 도착한다. B와 연결된 정점 중 방문하지 않은 정점은 없으므로 정점 A로 되돌아간다. A와 연결된 정점 중 방문하지 않은 정점이 있으므로 이 중 하나의 정점인 C를 방문한다(A→B→E→C).

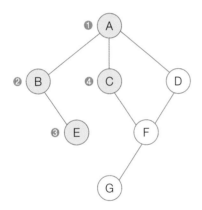

⑤ 정점 C와 연결된 정점 중 방문하지 않은 정점인 F를 방문한다(A→B→E→C→F).

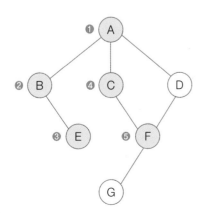

⑥ 정점 F와 연결된 정점 중 방문하지 않은 징점인 D와 G 중 한 정점인 G를 방분한다(A→B→E→C
→F→G).

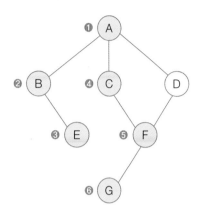

⑦ 정점 G와 연결된 정점 중 방문하지 않은 정점은 없다. 그러므로 정점 F로 되돌아간다. F와 연결된
정점 중 방문하지 않은 정점인 D를 방문한다. 이로써 모든 정점에 대한 방문이 완료된다(A→B→E
→C→F→G→D).

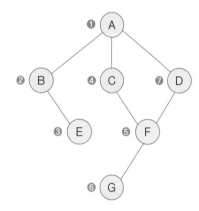

3.2 너비 우선 탐색

너비 우선 탐색은 시작 정점을 먼저 방문하고, 시작 정점과 연결된 모든 정점을 방문한다. 그런 다음 새롭게 방문한 정점들에 연결된 아직 방문하지 않은 정점들을 방문한다. 다음 그래프를 너비 우선으로 탐색해보자. 정점 A에서부터 시작한다고 가정한다.

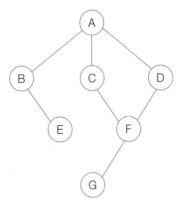

그림 6-45 너비 우선 탐색 예제

① 정점 A를 방문한다. 그리고 정점 A와 연결된 정점 B, C, D를 큐에 삽입한다. 너비 우선 탐색에서는 큐를 이용해서 동작한다(A).

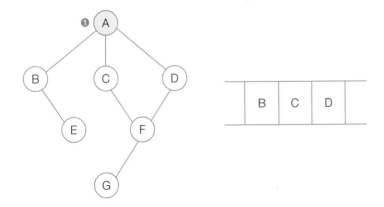

② 다음으로 방문하게 되는 정점은 큐에서 식제되는 정점인데, 큐에서 삭세되는 성섬은 B이므로 정점 B를 방문한다. 그리고 방문한 정점 B와 연결된 정점 E를 큐에 삽입한다. 정점 A도 정점 B와 연결되어 있으나 이미 방문했으므로 큐에 삽입하지 않는다(A→B).

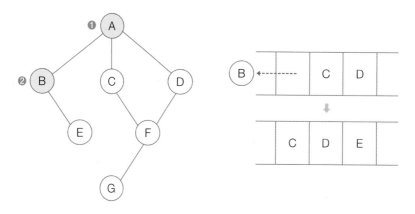

③ 다음으로 큐에서 삭제되는 정점은 C이므로 정점 C를 방문한다. 그리고 방문한 정점 C와 연결된 정점 F를 큐에 삽입한다(A→B→C).

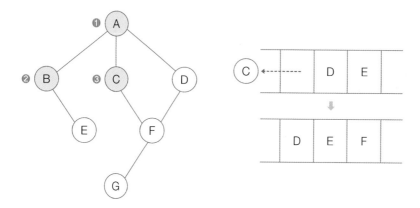

④ 다음으로 큐에서 삭제되는 정점은 D이므로 정점 D를 방문한다. 방문한 정점 D와 연결된 정점으로 A와 F가 있으나 A는 이미 방문했고 F는 이미 큐에 있으므로 큐에 삽입하지 않는다(A→B→C→D).

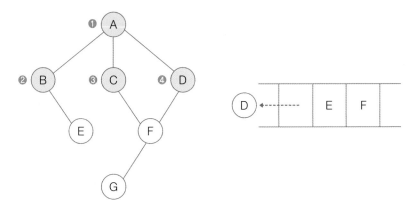

⑤ 다음으로 큐에서 삭제되는 정점은 E이므로 정점 E를 방문한다. 방문한 정점 E와 연결된 정점으로 정점 B가 있으나 이미 방문했으므로 큐에 삽입하지 않는다(A→B→C→D→E).

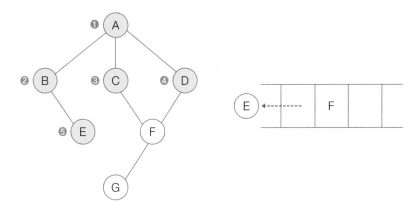

⑥ 다음으로 큐에서 삭제되는 정점은 F이므로 정점 F를 방문한다. 그리고 방문한 정점 F와 연결된 정점 G를 큐에 삽입한다(A→B→C→D→E→F).

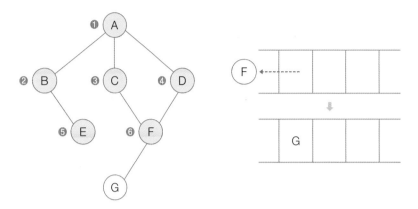

⑦ 다음으로 큐에서 삭제되는 정점은 G이므로 정점 G를 방문한다. 이로써 모든 정점에 대한 방문이 완료된다(A→B→C→D→E→F→G).

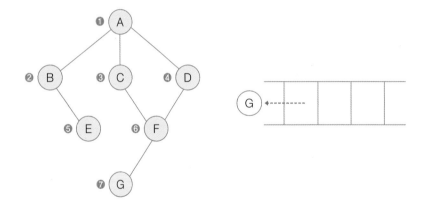

05 트리

1 트리의 구조와 주요 용어

트리tree 구조는 나무를 뒤집은 모습으로 계층 구조를 표현하기에 적합하다. 계층 구조의 대표적인 예로는 회사 또는 대학의 조직도를 들 수 있다. 다음 그림은 한 대학의 조직도를 트리 구조로 나타낸 것이다.

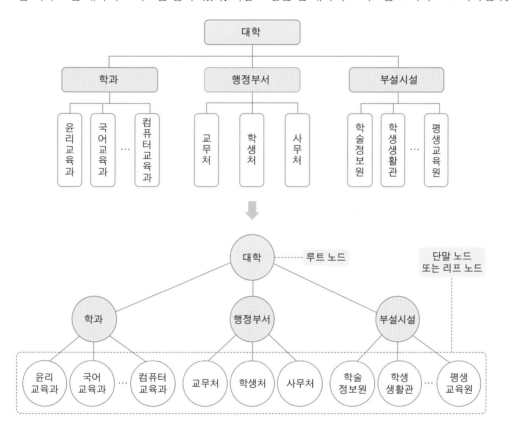

그림 6-46 **대학 조직도에 대한 트리 구조**

트리에서 원을 노드node라 하고, 노드와 노드를 연결하는 선을 링크link라 한다. 특히 가장 위에 위치한 노드를 루트 노드root node라 하는데, 이는 한 개만 있어야 한다. 그리고 트리의 맨 아래에 위치한 노드를 단말 노드terminal node 또는 리프 노드leaf node라 한다.

다음 그림을 보면서 트리와 관련된 용어를 몇 가지 더 살펴보자.

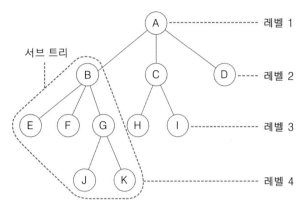

그림 6-47 **트리의 구조**

- **서브 트리**subtree: 트리에서 임의의 노드를 선택하면 이 노드와 이 노드 아래에 있는 노드들은 다시 트리 구조가 된다. 이런 구조를 서브 트리라 한다.
- **부모 노드**parent node: 임의의 노드 바로 위에 있는 노드를 부모 노드라 한다. 위 그림에서 노드 B의 부모 노드는 노드 A이다.
- **자식 노드**child node: 임의의 노드 바로 아래에 있는 노드를 자식 노드라 한다. 위 그림에서 노드 B의 자식 노드는 노드 E, F, G다.
- **형제 노드**sibling node: 같은 부모 노드를 가지는 노드들을 형제 노드라 한다. 노드 B의 형제 노드는 노드 C, D다.
- **레벨**level: 루트 노드에서 임의의 노드까지 방문한 노드의 수를 레벨이라 한다. 위 그림에서 노드 E의 레벨은 3이다.
- **깊이**depth: 트리의 최대 레벨을 깊이라 한다. 위 트리의 깊이는 4다.

2 이진 트리

이진 트리binary tree는 모든 노드들의 자식 노드가 두 개 이하인 트리를 말한다. 이진 트리는 서브 트리가 두 개 이하기 때문에 왼쪽 서브 트리와 오른쪽 서브 트리로 구분할 수 있다.

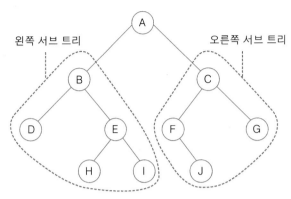

그림 6-48 **이진 트리**

이진 트리 중에서 단말 노드를 제외한 나머지 노드가 모두 두 개의 자식 노드를 가지고 있는 트리를 완전 이진 트리complete binary tree라 한다. 다음 그림을 보면 A, B, C, D 노드가 모두 두 개의 자식 노드를 가지고 있음을 알 수 있다.

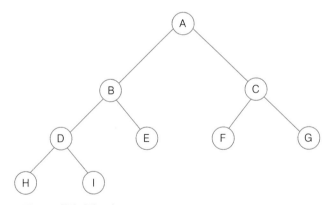

그림 6-49 **완전 이진 트리**

완전 이진 트리 중에서 다음과 같이 모든 노드가 채워진 이진 트리를 포화 이진 트리[full binary tree]라 한다.

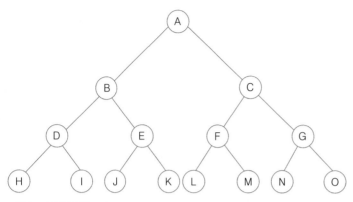

그림 6-50 **포화 이진 트리**

2.1 이진 트리의 표현

이진 트리는 배열이나 연결 리스트를 이용해서 구현할 수 있는데, 일반적으로 연결 리스트를 많이 사용한다. 연결 리스트로 구현한 이진 트리의 각 노드는 다음 그림과 같이 데이터 영역, 왼쪽 자식 포인터 영역, 오른쪽 자식 포인터 영역으로 구성된다.

그림 6-51 **연결 리스트로 구현한 이진 트리의 구성**

[그림 6-52]의 (a) 이진 트리를 연결 리스트로 나타내면 (b)와 같다. 루트 포인터[root pointer]가 루트 노드를 가리키고, 각 노드의 왼쪽 자식 포인터 영역은 왼쪽 자식 노드를 가리키며, 오른쪽 자식 포인터 영역은 오른쪽 자식 노드를 가리킨다. 그리고 가리킬 자식 노드가 없을 경우에는 포인터 영역에 NULL을 저장한다.

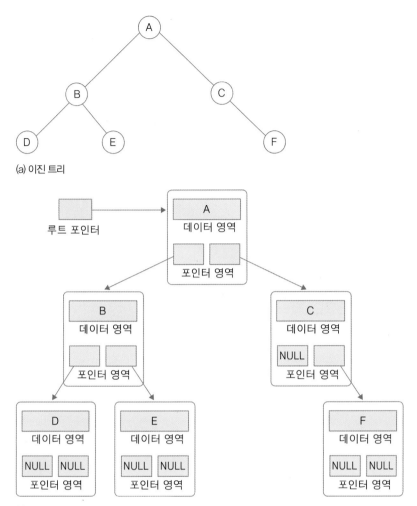

(a) 이진 트리

(b) 연결 리스트로 나타낸 이진 트리

그림 6-52 **이진 트리의 표현**

2.2 이진 트리의 순회

이진 트리의 순회traversal란 이진 트리의 모든 노드를 특정한 순서대로 한 번씩 방문하는 것이다. 순회하는 방법에는 전위preorder, 중위inorder, 후위postorder 순회가 있다.

■ 전위 순회

전위 순회는 루트 노드를 먼저 방문하고 왼쪽 서브 트리, 오른쪽 서브 트리 순으로 방문하는 방법이다. 동작 과정을 예를 통해 살펴보자.

① 순회는 루트 노드부터 시작하므로 루트 노드 A를 가장 먼저 방문한다.

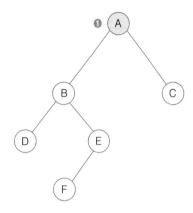

② 루트 노드 A의 왼쪽 서브 트리인 노드 B를 방문한다.

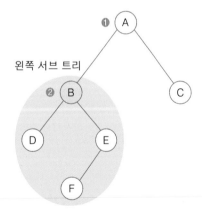

③ 노드 B의 왼쪽 서브 트리인 노드 D를 방문한다.

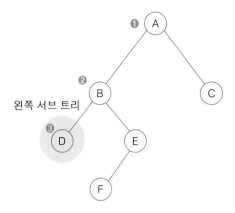

④ 노드 B의 왼쪽 서브 트리에 대한 방문이 끝났으므로 노드 B의 오른쪽 서브 트리를 방문해야 한다.
그러므로 노드 B의 오른쪽 서브 트리인 노드 E를 방문한다.

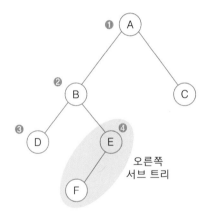

⑤ 노드 E의 왼쪽 서브 트리인 노드 F를 방문한다.

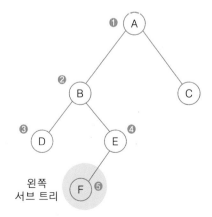

⑥ 루트 노드 A의 왼쪽 서브 트리에 대한 방문이 모두 끝났으므로 노드 A의 오른쪽 서브 트리를 방문해야 한다. 그러므로 노드 A의 오른쪽 서브 트리인 노드 C를 방문한다. 이로써 모든 노드에 대한 방문이 완료된다.

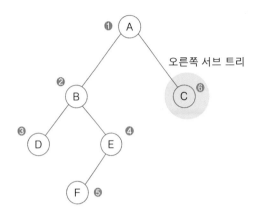

■ 중위 순회

중위 순회는 왼쪽 서브 트리, 루트 노드, 오른쪽 서브 트리 순으로 방문하는 방법이다. 동작 과정을 예를 통해 살펴보자.

① 루트 노드의 왼쪽 서브 트리를 방문한 후 노드 B의 왼쪽 서브 트리인 노드 D를 방문한다.

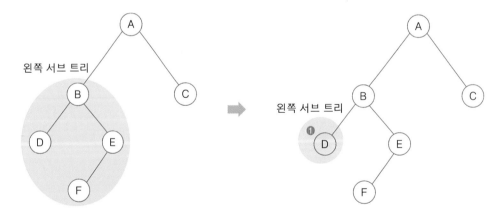

② 노드 B의 왼쪽 서브 트리에 대한 방문이 끝났으므로 루트 노드인 B를 방문한다.

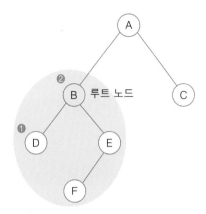

③ 노드 B의 오른쪽 서브 트리를 방문한다. 이 트리의 루트 노드는 E이다. 노드 E의 왼쪽 서브 트리를 먼저 방문해야 하므로 노드 F를 방문한다.

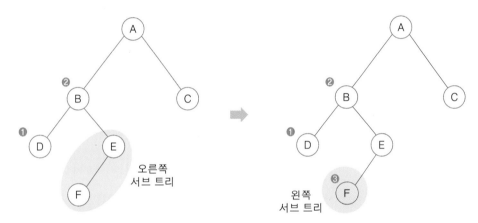

④ 노드 E의 왼쪽 서브 트리에 대한 방문이 끝났으므로 루트 노드인 E를 방문한다.

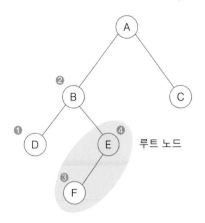

⑤ 노드 A의 왼쪽 서브 트리에 대한 방문이 모두 끝났으므로 노드 A를 방문한다.

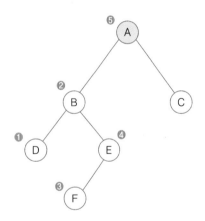

⑥ 노드 A의 오른쪽 서브 트리인 노드 C를 방문한다. 이로써 모든 노드에 대한 방문이 완료된다.

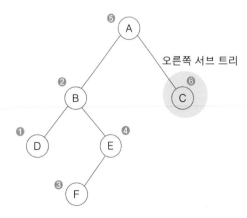

■ **후위 순회**

후위 순회는 왼쪽 서브 트리, 오른쪽 서브 트리, 루트 노드 순으로 방문하는 방법이다. 동작 과정을 예를 통해 살펴보자.

① 노드 A의 왼쪽 서브 트리를 방문한 후 노드 B의 왼쪽 서브 트리인 노드 D를 방문한다.

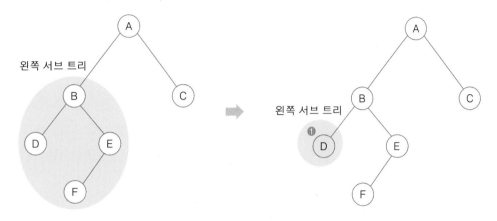

② 노드 B의 왼쪽 서브 트리에 대한 방문이 끝났으므로 노드 B의 오른쪽 서브 트리를 방문한다. 노드 B의 오른쪽 서브 트리의 루트 노드는 E인데, 노드 E의 왼쪽 서브 트리를 방문해야 하므로 노드 F를 방문한다.

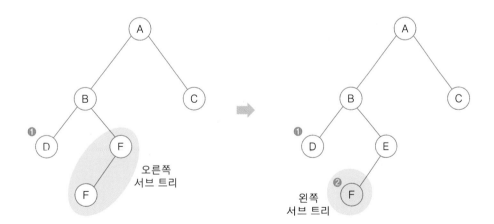

③ 노드 E의 왼쪽 서브 트리에 대한 방문이 끝났으므로 오른쪽 서브 트리를 방문해야 하는데, 오른쪽 서브 트리가 없으므로 노드 E를 방문한다.

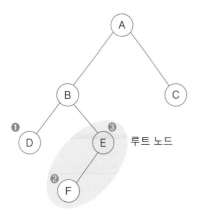

④ 노드 B의 왼쪽 서브 트리와 오른쪽 서브 트리에 대한 방문이 끝났으므로 노드 B를 방문한다.

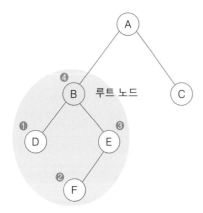

⑤ 노드 A의 왼쪽 서브 트리에 대한 방문이 끝났으므로 오른쪽 서브 트리인 노드 C를 방문한다.

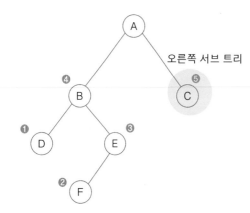

⑥ 노드 A의 왼쪽 서브 트리와 오른쪽 서브 트리에 대한 방문이 끝났으므로 노드 A를 방문한다. 이로써 모든 노드에 대한 방문이 완료된다.

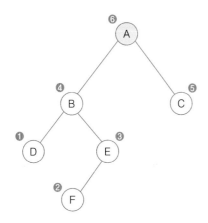

3 이진 탐색 트리

이진 탐색 트리^{binary search tree}는 이진 트리 중에서 같은 데이터를 갖는 노드가 없으며, 왼쪽 서브 트리에 있는 모든 데이터가 현재 노드의 데이터보다 작고, 오른쪽 서브 트리에 있는 모든 데이터가 현재 노드의 데이터보다 큰 트리를 말한다. 데이터의 삽입, 삭제, 검색 등이 자주 발생하는 경우에 효율적인 구조다.

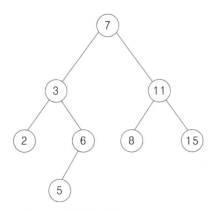

그림 6-53 **이진 탐색 트리**

이진 탐색 트리에 새로운 데이터를 삽입할 때는 삽입할 위치를 루트 노드에서 내려가며 찾는다. 삽입할 노드의 데이터가 비교하는 노드의 데이터보다 작으면 왼쪽 서브 트리로, 크면 오른쪽 서브 트리로 진행한다.

예를 들어 [그림 6-54]의 이진 탐색 트리에 데이터가 9인 노드를 삽입한다고 가정해보자. 9는 루트 노드의 7보다 크므로 오른쪽 서브 트리로 진행하고, 11과 만나면 11보다 작으므로 왼쪽 서브 트리로 진행한다. 그리고 8과 만나면 단말 노드이므로 더 이상 진행하지 않고 9가 8보다 크므로 단말 노드의 오른쪽 자식 노드로 삽입한다. 만약 삽입할 노드의 데이터가 8보다 작으면 왼쪽 자식 노드로 삽입한다. 삽입을 위한 탐색 과정에서 같은 데이터를 가진 노드를 만나면 삽입 실패로 종료한다.

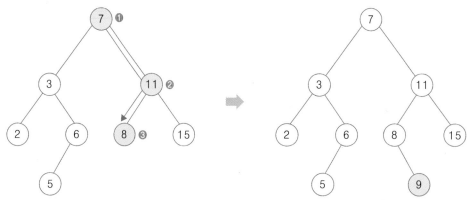

그림 6-54 이진 탐색 트리에 데이터 삽입

이진 탐색 트리에서 노드를 삭제하는 동작은 삭제할 노드가 단말 노드인 경우, 삭제할 노드의 자식 노드가 하나인 경우, 삭제할 노드의 자식 노드가 두 개인 경우로 구분된다.

■ 삭제할 노드가 단말 노드인 경우

이 경우에는 부모 노드에서 삭제할 노드를 가리키는 링크를 제거하면 된다. 예를 들어 [그림 6-55]의 (a) 트리에서 데이터가 6인 노드를 삭제하려면, (b)와 같이 부모 노드에 해당하는 데이터가 7인 노드에서 삭제할 노드를 가리키는 링크를 제거한다.

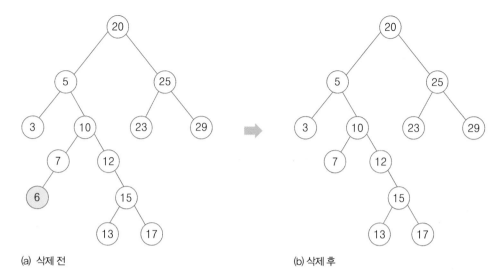

(a) 삭제 전   (b) 삭제 후

그림 6-55 **삭제할 노드가 단말 노드인 경우**

■ **삭제할 노드의 자식 노드가 하나인 경우**

이 경우에는 부모 노드에서 삭제할 노드를 가리키는 링크를, 삭제할 노드의 자식 노드를 가리키게 하면 된다. 예를 들어 다음 그림의 (a) 트리에서 데이터가 12인 노드를 삭제하려면 데이터가 12인 노드를 삭제하고, (b)와 같이 데이터가 12인 노드의 부모 노드, 즉 데이터가 10인 노드가 삭제된 노드의 자식 노드인 데이터가 15인 노드를 가리키게 한다.

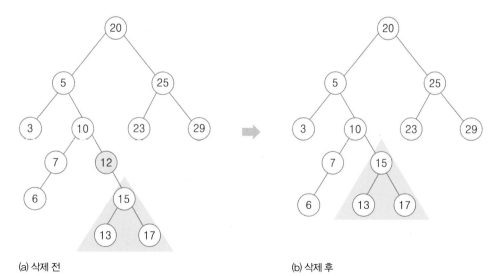

(a) 삭제 전   (b) 삭제 후

그림 6-56 **삭제할 노드의 자식 노드가 하나인 경우**

■ 삭제할 노드의 자식 노드가 두 개인 경우

이 경우는 조금 복잡하다. 우선 삭제할 노드를 왼쪽 서브 트리에서 가장 큰 노드 또는 오른쪽 서브 트리에서 가장 작은 노드로 대체한다. 그리고 대체된 원래 노드를 삭제한다. 다음 그림의 (a)에서 자식 노드가 두 개인 데이터가 10인 노드를 삭제하려면, 자신의 왼쪽 서브 트리에서 가장 큰 노드인 데이터 7 또는 오른쪽 서브 트리에서 가장 작은 노드인 데이터 12로 대체한다. 만약 오른쪽 서브 트리에서 가장 작은 노드인 데이터가 12인 노드로 대체한다고 가정하면 (b)와 같이 나타난다. 그리고 대체된 원래의 데이터 12 노드를 삭제하면 (c)와 같은 결과가 나온다.

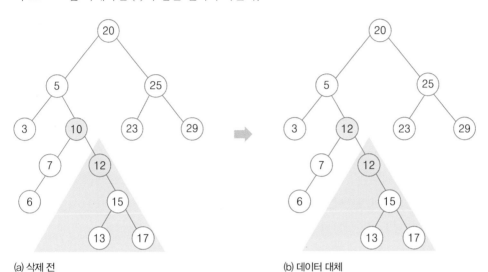

(a) 삭제 전

(b) 데이터 대체

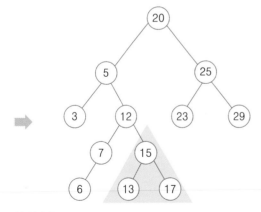

(c) 삭제 후

그림 6-57 **삭제할 노드의 자식 노드가 두 개인 경우**

1 자료구조

프로그램에서 쉽게 이용할 수 있도록 구성된 데이터 간의 논리적인 관계를 말한다. 대표적인 자료 구조로는 배열, 연결 리스트, 스택, 큐, 그래프, 트리 등이 있다.

2 배열과 연결 리스트

배열은 같은 자료형의 데이터를 순서대로 나열한 구조고, 연결 리스트는 각 데이터를 포인터로 연결하여 관리하는 구조다.

3 연결 리스트의 종류

- **단순 연결 리스트**: 각 노드의 포인터 영역이 다음 노드를 가리킨다.
- **이중 연결 리스트**: 각 노드에 다음 노드를 가리키는 포인터 영역뿐만 아니라 이전 노드를 가리키는 포인터 영역이 있다.

4 스택과 큐

- **스택**: 데이터의 삽입과 삭제가 한쪽 방향에서만 일어나는 구조다. 가장 나중에 삽입된 데이터가 가장 먼저 삭제되어 후입선출LIFO, Last-In First-Out 구조라고도 한다.
- **큐**: 데이터가 한쪽 방향으로 삽입되고 반대 방향으로 삭제되는 구조다. 가장 먼저 삽입된 데이터가 가장 먼저 삭제되어 선입선출FIFO, First-In First-Out 구조라고도 한다.

5 그래프

데이터 간의 관계를 점과 선으로 나타낸 구조로, 점은 데이터를 나타내고 선은 데이터 간의 관계를 나타낸다.

6 트리

나무를 뒤집은 모습으로 계층을 표현하기에 적합한 구조다. 트리 중에서 모든 노드들의 자식 노드가 두 개 이하인 트리를 이진 트리라고 한다.

7 이진 트리의 순회

이진 트리의 모든 노드를 특정한 순서대로 한 번씩 방문하는 것을 말한다. 순회하는 방법에는 전위 순회, 중위 순회, 후위 순회가 있다.

8 이진 탐색 트리

이진 트리 중에서 같은 데이터를 갖는 노드가 없으며, 왼쪽 서브 트리에 있는 모든 데이터가 현재 노드의 데이터보다 작고, 오른쪽 서브 트리에 있는 모든 데이터가 현재 노드의 데이터보다 큰 트리를 말한다.

연습문제   IT COOKBOOK

1 다음과 같은 조건의 1차원 배열 arr에서 arr[3]의 주소를 계산하시오.

> 배열의 시작 주소는 200이고, 배열의 인덱스는 0으로 시작된다. 그리고 배열 요소의 크기는 4바이트다.

2 다음과 같은 조건의 행 중심 2차원 배열 arr[5][3]에서 arr[3][2]의 주소를 계산하시오.

> 배열의 시작 주소는 200이고, 배열의 인덱스는 0으로 시작된다. 그리고 배열 요소의 크기는 4바이트다.

3 단순 연결 리스트에 데이터를 삽입하고 삭제하는 과정을 설명하시오.

4 이중 연결 리스트에 데이터를 삽입하고 삭제하는 과정을 설명하시오.

5 배열로 구현한 스택에 데이터를 삽입하고 삭제하는 과정을 설명하시오.

6 연결 리스트로 구현한 스택에 데이터를 삽입하고 삭제하는 과정을 설명하시오.

7 배열로 구현한 큐에 데이터를 삽입하고 삭제하는 과정을 설명하시오.

8 연결 리스트로 구현한 큐에 데이터를 삽입하고 삭제하는 과정을 설명하시오.

9 다음 이진 트리를 전위, 중위, 후위 순회했을 때 순서를 나열하시오.

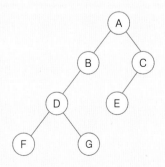

10 다음 이진 탐색 트리를 보고 물음에 답하시오.

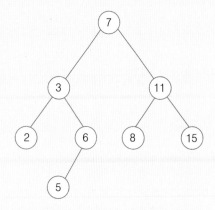

(1) 데이터가 9인 노드를 삽입하시오.

(2) 데이터가 2인 노드를 삭제하시오.

(3) 데이터가 11인 노드를 삭제하시오.

07

알고리즘

문제 해결을 위한 효율적인 방법과 절차

학습목표
- 알고리즘의 의미와 조건을 알아본다.
- 선택 정렬, 삽입 정렬, 버블 정렬 등 정렬 알고리즘의 동작 과정을 알아본다.
- 선형 탐색, 이진 탐색 등 탐색 알고리즘의 동작 과정을 알아본다.
- 피보나치 수열, 하노이 탑, 퀵 정렬 등 재귀 알고리즘의 동작 과정을 알아본다.

알고리즘의 개요

1 알고리즘의 개념

알고리즘algorithm이란 어떤 문제를 해결하기 위해 구성된 일련의 절차를 말한다. 다음 그림은 X 값이 3, Y 값이 5일 때 X와 Y 값을 바꾸는 알고리즘을 순서도로 표현한 것이다.

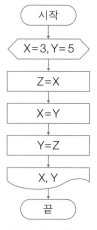

그림 7-1 **X와 Y 값을 바꾸는 알고리즘**

알고리즘은 다음의 조건을 만족해야 한다.

• 0개 이상의 입력과 1개 이상의 출력이 있어야 한다.

• 반드시 종료되어야 한다.

• 모든 명령이 실행 가능해야 한다.

컴퓨터 과학에서 다루는 알고리즘은 종류도 다양하고 분류하는 기준도 여러 가지다. 이 장에서는 여러 알고리즘 중 가장 기본이 되는 정렬 알고리즘, 탐색 알고리즘, 재귀 알고리즘에 대해 살펴본다.

정렬sort이란 데이터를 일정한 규칙에 따라 재배열하는 것으로 오름차순 정렬과 내림차순 정렬이 있다. 예를 들어 15, 11, 1, 3, 8과 같은 데이터가 있을 때 오름차순으로 정렬하면 1, 3, 8, 11, 15이고, 내림 차순으로 정렬하면 15, 11, 8, 3, 1이다.

주어진 수를 정렬하는 알고리즘의 종류는 다양하다. 이 절에서는 대표적인 정렬 알고리즘인 선택 정렬, 삽입 정렬, 버블 정렬에 대해 살펴본다.

1 선택 정렬

선택 정렬selection sort은 정렬되지 않은 데이터 중에서 가장 작은 데이터를 찾아 가장 앞의 데이터와 교환 해나가는 방식의 알고리즘이다.

1.1 선택 정렬의 동작 과정

다음 그림의 데이터 집합을 이용해서 선택 정렬의 동작 과정을 살펴보자.

15	11	1	3	8
ds[0]	ds[1]	ds[2]	ds[3]	ds[4]

그림 7-2 **정렬되지 않은 데이터 집합**

① 가장 작은 데이터 1과 가장 앞에 위치한 15를 교환한다.

15	11	1	3	8
ds[0]	ds[1]	ds[2]	ds[3]	ds[4]

1	11	15	3	8
ds[0]	ds[1]	ds[2]	ds[3]	ds[4]

② 인덱스 0을 제외하고 나머지 데이터 중에서 가장 작은 3과 가장 앞에 위치한 11을 교환한다.

1	11	15	3	8
ds[0]	ds[1]	ds[2]	ds[3]	ds[4]

1	3	15	11	8
ds[0]	ds[1]	ds[2]	ds[3]	ds[4]

③ 인덱스 0, 1을 제외하고 나머지 데이터 중에서 가장 작은 8과 가장 앞에 위치한 15를 교환한다.

1	3	15	11	8
ds[0]	ds[1]	ds[2]	ds[3]	ds[4]

1	3	8	11	15
ds[0]	ds[1]	ds[2]	ds[3]	ds[4]

④ 인덱스 0, 1, 2를 제외하고 나머지 데이터 중에서 가장 작은 11과 가장 앞에 위치한 11을 교환한다. 같은 데이터이므로 위치의 변화는 없다.

1	3	8	11	15
ds[0]	ds[1]	ds[2]	ds[3]	ds[4]

1	3	8	11	15
ds[0]	ds[1]	ds[2]	ds[3]	ds[4]

⑤ 정렬이 완료된다.

1	3	8	11	15
ds[0]	ds[1]	ds[2]	ds[3]	ds[4]

1.2 파이선으로 구현한 선택 정렬

선택 정렬을 이용해서 데이터를 오름차순 정렬하는 selection 함수를 정의하고 이 함수를 호출하는 프로그램을 만들어보자. 문제를 해결하기 위한 알고리즘은 다음과 같다.

[selection 함수]

① 전달 받은 데이터를 ds 리스트에 저장한다.

② a 값을 0부터 1씩 증가하며 'ds 리스트의 길이-2'가 될 때까지 ③~⑤ 과정을 반복한다.

③ 최댓값의 인덱스를 저장할 min_ind 변수에 a 값을 저장한다.

④ b 값을 'a 값+1'부터 1씩 증가하며 'ds 리스트의 길이-1'이 될 때까지 다음 과정을 반복한다.

   • ds 리스트의 b 번째 요소가 ds 리스트의 min_ind 번째 요소보다 작으면 min_ind에 b 값을 저장한다.

⑤ ds 리스트의 a 번째 요소와 ds 리스트의 min_ind 번째 요소를 교환한다.

[주 프로그램]

① dataset 리스트에 임의의 정수들을 저장한다.

② selection 함수를 호출한다.

③ dataset 리스트에 저장된 값을 출력한다.

위 알고리즘을 파이선으로 구현한 프로그램은 다음과 같다.

```python
def selection(ds):
    for a in range(0, len(ds)-1):
        min_ind=a
        for b in range(a+1, len(ds)):
            if ds[b]<ds[min_ind]:
                min_ind=b
        ds[a], ds[min_ind]=ds[min_ind], ds[a]

dataset=[20, 50, 30, 10, 60, 40]
selection(dataset)
print(dataset)
```

```
– □ ×
[10, 20, 30, 40, 50, 60]
```

2 삽입 정렬

삽입 정렬insertion sort은 아직 정렬되지 않은 임의의 데이터를 이미 정렬된 부분의 적절한 위치에 삽입해 가며 정렬하는 방식이다.

2.1 삽입 정렬의 동작 과정

다음 그림의 데이터 집합을 이용해서 삽입 정렬의 동작 과정을 살펴보자.

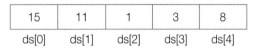

그림 7-3 **정렬되지 않은 데이터 집합**

① 인덱스 1의 11, 인덱스 0의 15를 비교한다. 11이 작으므로 15를 인덱스 1로 보내고 11을 인덱스 0
  에 저장한다.

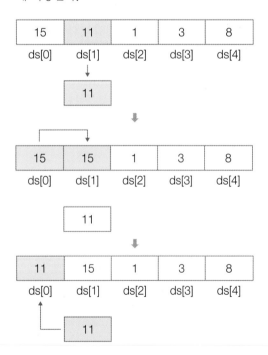

② 인덱스 2의 1, 인덱스 1의 15, 인덱스 0의 11을 비교한다. 1이 가장 작으므로 15와 11을 한 칸씩 뒤
  로 보내고 1을 인덱스 0에 저장한다.

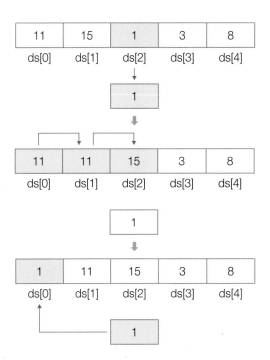

③ 인덱스 3의 3과 앞에 위치한 15, 11, 1을 비교한다. 3은 1보다 크고 15와 11보다 작으므로 15와 11을 한 칸씩 뒤로 보내고 3을 인덱스 1에 저장한다.

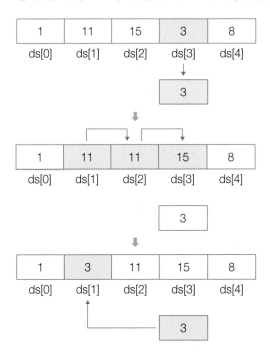

④ 마지막에 위치한 인덱스 4의 8과 앞에 위치한 15, 11, 3, 1을 비교한다. 8은 1과 3보다 크고 15와 11보다 작으므로 11과 15를 한 칸씩 뒤로 보내고 8을 인덱스 2에 저장한다.

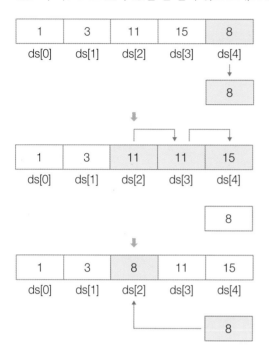

⑤ 정렬이 완료된다.

1	3	8	11	15
ds[0]	ds[1]	ds[2]	ds[3]	ds[4]

2.2 파이선으로 구현한 삽입 정렬

삽입 정렬을 이용해서 데이터를 오름차순 정렬하는 insertion 함수를 정의하고 이 함수를 호출하는 프로그램을 만들어보자. 문제를 해결하기 위한 알고리즘은 다음과 같다.

[insertion 함수]

① 전달 받은 데이터를 ds 리스트에 저장한다.

② a 값을 1부터 1씩 증가하며 'ds 리스트의 길이−1'이 될 때까지 ③~⑥ 과정을 반복한다.

③ key 변수에 ds 리스트의 a 번째 요소를 저장한다.

④ b 변수에 'a 값−1'을 저장한다.

⑤ b 값이 0보다 크거나 같고 ds 리스트의 b 번째 요소가 key 값보다 큰 동안 다음 과정을 반복한다.

　• ds 리스트의 b 번째 요소를 오른쪽으로 한 칸 이동시킨다.

　• b 값을 1 감소시킨다.

⑥ ds 리스트의 b+1 번째에 key 값을 저장한다.

[주 프로그램]

① dataset 리스트에 임의의 정수들을 저장한다.

② insertion 함수를 호출한다.

③ dataset 리스트에 저장된 값을 출력한다.

위 알고리즘을 파이선으로 구현한 프로그램은 다음과 같다.

```
def insertion(ds):
    for a in range(1, len(ds)):
        key=ds[a]
        b=a-1
        while b>=0 and ds[b]>key:
            ds[b+1]=ds[b]
            b=b-1
        ds[b+1]=key

dataset-[20, 50, 30, 10, 60, 40]
insertion(dataset)
print(dataset)
```

```
- □ ×
[10, 20, 30, 40, 50, 60]
```

3 버블 정렬

버블 정렬bubble sort은 서로 이웃한 데이터들을 비교해 가장 큰 데이터를 맨 뒤로 보내며 정렬하는 방식이다.

3.1 버블 정렬의 동작 과정

다음 그림의 데이터 집합을 이용해서 버블 정렬의 동작 과정을 살펴보자.

15	11	1	3	8
ds[0]	ds[1]	ds[2]	ds[3]	ds[4]

그림 7-4 **정렬되지 않은 데이터 집합**

① 인덱스 0의 15와 인덱스 1의 11을 비교해 큰 데이터를 뒤로 보낸다. 즉 11과 15의 위치를 바꾼다.

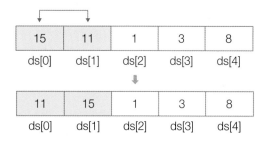

② 인덱스 1의 15와 인덱스 2의 1을 비교한다. 15가 크므로 둘의 위치를 바꾼다.

③ 인덱스 2의 15와 인덱스 3의 3을 비교한다. 15가 크므로 둘의 위치를 바꾼다.

④ 마찬가지 방식을 적용해 인덱스 3의 15와 인덱스 4의 8 위치를 바꾼다. 가장 큰 데이터인 15가 가장 뒤에 위치하게 된다.

11	1	3	15	8
ds[0]	ds[1]	ds[2]	ds[3]	ds[4]

11	1	3	8	15
ds[0]	ds[1]	ds[2]	ds[3]	ds[4]

⑤ 처음부터 다시 시작한다. 인덱스 0의 11과 인덱스 1의 1을 비교해 11이 크므로 둘의 위치를 바꾼다.

11	1	3	8	15
ds[0]	ds[1]	ds[2]	ds[3]	ds[4]

1	11	3	8	15
ds[0]	ds[1]	ds[2]	ds[3]	ds[4]

⑥ 마찬가지 방식을 적용해 인덱스 1의 11과 인덱스 2의 3 위치를 바꾼다.

1	11	3	8	15
ds[0]	ds[1]	ds[2]	ds[3]	ds[4]

1	3	11	8	15
ds[0]	ds[1]	ds[2]	ds[3]	ds[4]

⑦ 마찬가지 방식을 적용해 인덱스 2의 11과 인덱스 3의 8 위치를 바꾼다. 두 번째로 큰 데이터인 11이 뒤에서 두 번째에 위치하게 된다.

1	3	11	8	15
ds[0]	ds[1]	ds[2]	ds[3]	ds[4]

1	3	8	11	15
ds[0]	ds[1]	ds[2]	ds[3]	ds[4]

⑧ 처음부터 다시 시작한다. 인덱스 0의 1과 인덱스 1의 3을 비교해 앞에 위치한 1이 작으므로 그대로 둔다.

1	3	8	11	15
ds[0]	ds[1]	ds[2]	ds[3]	ds[4]

⑨ 인덱스 1의 3과 인덱스 2의 8을 비교한다. 앞에 위치한 3이 작으므로 그대로 둔다. 세 번째로 큰 데이터인 8이 뒤에서 세 번째에 위치하게 된다.

1	3	8	11	15
ds[0]	ds[1]	ds[2]	ds[3]	ds[4]

⑩ 처음부터 다시 시작한다. 인덱스 0의 1과 인덱스 1의 3 크기를 비교해 앞에 위치한 1이 작으므로 그대로 둔다. 모든 데이터에 대한 정렬이 완료된다.

1	3	8	11	15
ds[0]	ds[1]	ds[2]	ds[3]	ds[4]

3.2 파이선으로 구현한 버블 정렬

버블 정렬을 이용해서 데이터를 오름차순 정렬하는 bubble 함수를 정의하고 이 함수를 호출하는 프로그램을 만들어보자. 문제를 해결하기 위한 알고리즘은 다음과 같다.

[bubble 함수]
① 전달 받은 데이터를 ds 리스트에 저장한다.
② a 값을 0부터 1씩 증가하며 'ds 리스트의 길이-2'가 될 때까지 ③ 과정을 반복한다.
③ b 값을 0부터 1씩 증가하며 'ds 리스트의 길이-2-a'가 될 때까지 다음 과정을 반복한다.
  • ds 리스트의 b 번째 요소가 ds 리스트의 b+1 번째 요소보다 크면 둘을 교환한다.

[주 프로그램]
① dataset 리스트에 임의의 정수들을 저장한다.
② bubble 함수를 호출한다.
③ dataset 리스트에 저장된 값을 출력한다.

위 알고리즘을 파이선으로 구현한 프로그램은 다음과 같다.

```
def bubble(ds):
    for a in range(0, len(ds)-1):
        for b in range(0, len(ds)-1-a):
            if ds[b]>ds[b+1]:
                ds[b], ds[b+1]=ds[b+1], ds[b]

dataset=[20, 50, 30, 10, 60, 40]
bubble(dataset)
print(dataset)
```

- □ ×

```
[10, 20, 30, 40, 50, 60]
```

탐색search이란 데이터 집합에서 어떤 조건이나 성질을 만족하는 데이터를 찾는 것을 의미한다. 데이터 집합은 무작위로 섞여 있을 수도 있고 특정 규칙에 따라 정렬되어 있을 수도 있는데 각 상황에 따라 탐색 방법은 달라진다. 이 절에서는 어떤 상황에 어떤 탐색 방법을 사용하는 것이 효과적인지 살펴본다.

1 선형 탐색

선형 탐색linear search은 주어진 데이터 집합에서 원하는 데이터를 처음부터 순차적으로 비교하며 찾는 방법이다. 예를 들면 여러 명의 명함이 놓여 있을 때 원하는 사람의 명함을 찾기 위해 처음부터 하나하나 살펴보는 것과 같다. 선형 탐색은 순차 탐색sequential search이라고도 한다.

1.1 선형 탐색 과정

다음 그림의 데이터 집합에서 선형 탐색 방법으로 데이터 1을 찾는 과정을 살펴보자.

15	11	1	3	8
ds[0]	ds[1]	ds[2]	ds[3]	ds[4]

그림 7-5 **선형 탐색을 위한 데이터 집합**

① 인덱스 0의 15와 찾고자 하는 1이 같은지 비교한다. 다르므로 다음으로 이동한다.

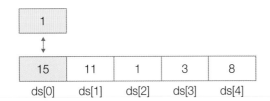

② 인덱스 1의 11과 1을 비교한다. 다르므로 다음으로 이동한다.

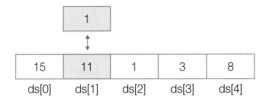

③ 인덱스 2의 1과 1을 비교한다. 같으므로 탐색을 성공한 것으로 보고 종료한다. 만약 마지막까지 원하는 데이터를 찾지 못하면 탐색 실패로 결론 짓고 종료한다.

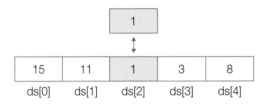

1.2 파이선으로 구현한 선형 탐색

선형 탐색을 이용해서 데이터를 탐색하는 linear 함수를 정의하고 이 함수를 호출하는 프로그램을 만들어보자. 문제를 해결하기 위한 알고리즘은 다음과 같다.

[linear 함수]
① 전달 받은 데이터를 ds 리스트에 저장하고 찾고자 하는 값을 key 변수에 저장한다.
② a 값을 0부터 1씩 증가하며 'ds 리스트의 길이−1'이 될 때까지 다음 과정을 반복한다.
　　• key 값과 ds 리스트의 a 번째 요소가 같으면 a 값을 반환한다.
③ 함수를 종료한다.

[주 프로그램]
① dataset 리스트에 임의의 정수들을 저장한다.
② linear 함수를 호출하여 반환 받은 값을 출력한다.

위 알고리즘을 파이선으로 구현한 프로그램은 258쪽의 소스코드와 같다.

```
def linear(ds, key):
    for a in range(0, len(ds)):
        if key==ds[a]:
            return a
    return

dataset=[20, 50, 30, 10, 60, 40]
print(linear(dataset, 10))
```

3

2 이진 탐색

이진 탐색binary search은 정렬된 데이터 집합을 반으로 쪼개가면서 탐색하는 방법이다. 예를 들면 가나다 순으로 정렬되어 있는 전화번호부에서 임의의 사람에 대한 전화번호를 찾는 경우와 같다.

2.1 이진 탐색 과정

다음 그림과 같이 정렬된 데이터 집합에서 이진 탐색 방법으로 데이터 15를 찾는 과정을 살펴보자.

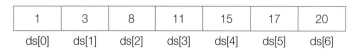

그림 7-6 **이진 탐색을 위한 데이터 집합**

① 첫 번째 데이터의 인덱스 0을 low로 하고 마지막 데이터의 인덱스 6을 high로 한다.

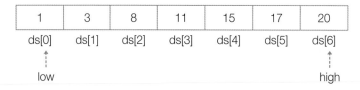

② 탐색 영역의 중간 위치를 구한 후 해당 위치에 있는 데이터와 찾고자 하는 데이터를 비교한다. 중간 위치를 구하는 공식은 'mid=(low+high)/2' 이다. [그림 7-6]의 경우 mid 값을 구하면 3이며 이 위 치에 저장된 11과 찾고자 하는 15가 같은지 비교한다.

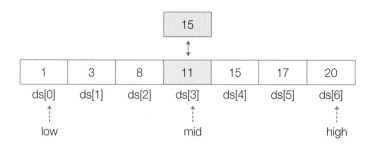

③ 15는 11보다 크므로 mid 값의 오른쪽 영역에 있음을 알 수 있다. 따라서 탐색 영역을 새로 설정하여 low=mid+1, 즉 3+1=4로 재설정한다.

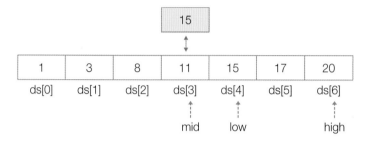

④ 다시 mid 값을 계산하면 5가 된다. 인덱스 5의 17과 15를 비교한다.

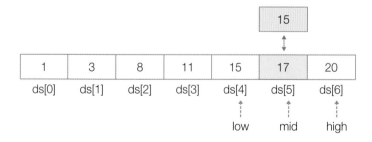

⑤ 15는 17보다 작으므로 찾는 데이터가 현재 mid 값의 왼쪽 영역에 있음을 알 수 있다. 따라서 탐색 영역을 새롭게 설정하여 high=mid−1, 즉 5−1=4로 재설정한다.

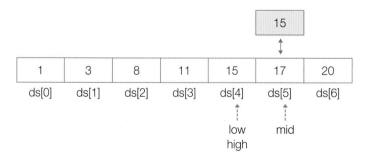

⑥ 나시 mid 값을 계산하면 4가 된다. 인덱스 4의 15와 15를 비교하여 같으므로 딤색을 성공으로 보고 종료한다. 만약 low가 high보다 커졌는데도 원하는 데이터를 찾지 못하면 탐색 실패로 보고 종료한다.

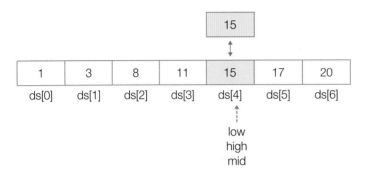

2.2 파이썬으로 구현한 이진 탐색

이진 탐색을 이용해서 데이터를 탐색하는 binary 함수를 정의하고 이 함수를 호출하는 프로그램을 만들어보자. 문제를 해결하기 위한 알고리즘은 다음과 같다.

[binary 함수]
① 전달 받은 데이터를 ds 리스트에 저장하고 찾고자 하는 값을 key 변수에 저장한다.
② low에 탐색 영역의 첫 번째 요소의 인덱스인 0을 저장하고 high에 탐색 영역의 마지막 요소의 인덱스인 'ds 리스트의 길이-1'을 저장한다.
③ low 값이 high 값보다 작거나 같은 동안 다음 과정을 반복한다.
  • low 값과 high 값을 더한 후 2로 나눈 몫을 mid 변수에 저장한다.
  • key 값과 ds 리스트의 mid 번째 요소가 같으면 mid 값을 반환한다.
  • key 값이 ds 리스트의 mid 번째 요소보다 작으면 high에 'mid-1'을 저장한다.
  • key 값이 ds 리스트의 mid 번째 요소보다 크면 low에 'mid+1'을 저장한다.
④ 함수를 종료한다.

[주 프로그램]
① dataset 리스트에 임의의 정수들을 저장한다.
② binary 함수를 호출하여 반환 받은 값을 출력한다.

위 알고리즘을 파이선으로 구현한 프로그램은 다음과 같다. return 문은 함수를 종료하면서 None을 반환한다.

```python
def binary(ds, key):
    low=0
    high=len(ds)-1
    while low<=high:
        mid=(low+high)//2
        if key==ds[mid]:
            return mid
        elif key<ds[mid]:
            high=mid-1
        else:
            low=mid+1
    return

dataset=[10, 20, 30, 40, 50]
print(binary(dataset, 20))
```

```
- □ ×
1
```

임의의 함수가 자신을 호출하는 것을 재귀 호출이라 하고 재귀 호출을 이용하는 알고리즘을 재귀 알고리즘이라 한다. 1부터 n까지 합을 구하는 문제를 재귀 알고리즘으로 풀어보자.

1부터 3까지 합을 구하는 수식은 다음과 같이 나타낼 수 있다.

3 + 2 + 1

위 수식은 다음과 같이 나타낼 수도 있다.

3 + 2까지의 합

같은 방법을 적용하면 다음과 같다.

```
3까지의 합
  └──→ 3 + 2까지의 합
          └──→ 2 + 1까지의 합
```

1까지의 합은 1이므로 2까지의 합은 3이 되고 3까지의 합은 6이 된다.

```
3까지의 합
6  └──→ 3 + 2까지의 합
        3  └──→ 2 + 1까지의 합
                      1
```

3을 n으로 일반화하면 다음과 같다.

n까지의 합 = n + n−1까지의 합

단, n이 1이면 1이 되므로 n까지의 합을 구하는 최종 수식은 다음과 같다.

n까지의 합 = 1 (n=1일 때)

= n + n −1까지의 합 (n 〉1일 때)

이 수식에서 'n까지의 합'을 sum(n)으로 바꾸면 다음과 같다. n이 1이면 1을 반환하고 그 외의 경우에는 n + sum(n − 1)을 반환한다.

sum(n) = 1 (n=1일 때)

= n + sum(n − 1) (n 〉1일 때)

위 내용을 파이선 함수로 나타내면 다음과 같다. 04행을 보면 자기 자신인 s 함수를 다시 호출하는데, 이처럼 임의의 함수가 자신을 다시 호출하는 것을 재귀 호출이라 하고 이런 함수를 재귀 함수라 한다. 재귀 함수는 실행이 종료되지 않고 무한히 반복 실행되는 문제가 발생할 수 있으므로 반드시 종료되는 조건을 설정해주어야 한다. 아래 코드에서 종료 조건은 02행에 있다.

```
01   def s(n):
02       if n==1:
03           return 1
04       return n+s(n-1)
```

재귀 호출을 사용하는 대표적인 알고리즘으로는 피보나치 수열, 하노이 탑, 퀵 정렬이 있다. 하나씩 살펴보자.

1 피보나치 수열

피보나치 수열은 이탈리아 수학자 피보나치[Fibonacci]가 발견했는데 다음의 토끼 번식 이야기에서 출발했다.

어떤 남자가 벽으로 둘러싸인 장소에 한 쌍의 어린 토끼를 두었다. 한 달 후에 토끼가 커서 두 달째부터 매달 토끼를 한 쌍씩 낳는다고 가정하면 그 해에 얼마나 많은 쌍의 토끼가 번식할까?

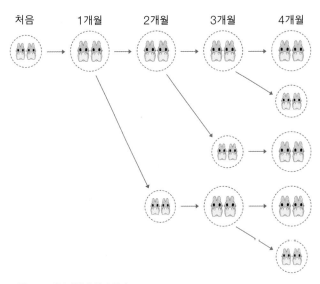

그림 7-7 **피보나치 수열과 토끼**

이 문제의 결과 생기는 수열은 다음과 같다.

1, 1, 2, 3, 5, 8, 13, 21, …

이 수열을 '피보나치 수열'이라 하고, 이 수열에서 나타나는 수들을 '피보나치 수'라고 한다. 이 수열은 그 결실이 많다고 판명되었고 수학과 과학의 많은 분야에서 적용되고 있다.

1.1 피보나치 수열 공식

피보나치 수열은 처음 두 항은 1이고, 세 번째 항부터는 바로 앞의 두 항을 합쳐서 만든다. 그래서 세 번째 항은 첫 번째 항 1과 두 번째 항 1을 더한 2가 된다. 그리고 네 번째 항은 두 번째 항 1과 세 번째 항 2를 더한 3이 된다.

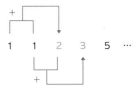

그림 7-8 **피보나치 수열의 생성 규칙**

피보나치 수열을 수학 공식으로 나타내면 다음과 같다.

$f(n) = 1$ ($n \leq 2$ 일 때)

$f(n) = f(n-2) + f(n-1)$

1.2 파이선으로 구현한 피보나치 수열

재귀 호출을 이용해서 피보나치 수를 구하는 fibo 함수를 정의하고 이 함수를 호출하는 프로그램을 만들어보자. 문제를 해결하기 위한 알고리즘은 다음과 같다.

[fibo 함수]

① 전달 받은 항을 n에 저장한다.

② n 값이 2보다 작거나 같으면 1을 반환한다.

③ fibo(n-1)을 호출하여 반환 받은 값과 fibo(n-2)를 호출하여 반환 받은 값을 더한 후 그 값을 반환한다.

[주 프로그램]

① fibo 함수를 호출하여 반환 받은 값을 출력한다.

위 알고리즘을 파이선으로 구현한 프로그램은 266쪽의 소스코드와 같다.

```
def fibo(n):
    if n<=2:
        return 1
    return fibo(n-1) + fibo(n-2)

print(fibo(7))
```

13

2 하노이 탑

하노이 탑은 1883년 프랑스 수학자 루카스Lucas에 의해 고안된 문제다.

> 가운데 기둥을 이용해서 왼쪽 기둥에 놓인 크기가 다른 원판을 오른쪽 기둥으로 옮기시오. 이때 원판은 한 번에 한 개만 옮길 수 있으며 작은 원판 위에 큰 원판이 놓일 수 없다.

2.1 하노이 탑의 풀이 과정

우선 원판 두 개를 옮겨보자.

그림 7-9 원판이 두 개인 하노이 탑

① 왼쪽 기둥에 있는 두 개의 원판 중 위에 있는 원판을 가운데 기둥으로 옮긴다.

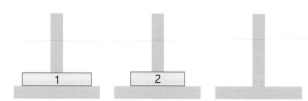

② 왼쪽 기둥에 남아 있는 큰 원판을 오른쪽 기둥으로 옮긴다.

③ 가운데 기둥에 있는 원판을 오른쪽 기둥으로 옮기면 모든 동작이 끝난다.

다음으로 세 개의 원판을 옮기는 과정을 통해 규칙을 세워보자.

그림 7-10 원판이 세 개인 하노이 탑

① 왼쪽 기둥에 있는 가장 위의 원판을 오른쪽 기둥으로 옮긴다.

② 왼쪽 기둥 위에 있는 원판을 가운데 기둥으로 옮긴다.

③ 오른쪽 기둥의 원판을 가운데 기둥으로 옮긴다. 지금까지의 과정을 통해 다음과 같은 첫 번째 규칙을 세운다.

[규칙1] 왼쪽 기둥에서 2(n−1)개의 원판을 가운데 기둥으로 옮긴다. 이때 오른쪽 기둥을 이용한다.

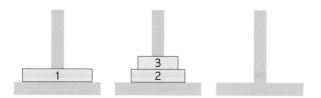

④ 왼쪽 기둥의 원판을 오른쪽 기둥으로 옮기는데, 이것이 두 번째 규칙이 된다. 그리고 다음과 같은 세 번째 규칙도 세운다.

[규칙2] 왼쪽 기둥의 원판을 오른쪽 기둥으로 옮긴다.
[규칙3] 가운데 기둥의 2(n−1)개의 원판을 오른쪽 기둥으로 옮긴다. 이때 왼쪽 기둥을 이용한다

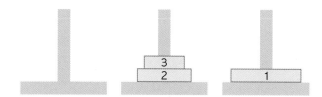

⑤ 가운데 기둥 위에 있는 원판을 왼쪽 기둥으로 옮긴다.

⑥ 가운데 기둥의 원판을 오른쪽 기둥으로 옮긴다.

⑦ 왼쪽 기둥의 원판을 오른쪽 기둥으로 옮기면 모든 동작이 종료된다.

세워진 세 개의 규칙을 일반화해 n개의 원판으로 적용하면 다음과 같다.

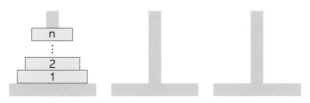

그림 7-11 **원판이 n개인 하노이 탑**

① 우선 왼쪽 기둥의 n-1개의 원판을 가운데 기둥으로 옮긴다. 이때 오른쪽 기둥을 이용한다.

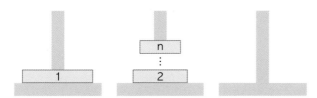

② 왼쪽 기둥의 원판을 오른쪽 기둥으로 옮긴다.

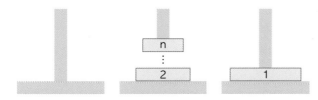

③ 가운데 기둥의 n-1개의 원판을 오른쪽 기둥으로 옮긴다. 이때 왼쪽 기둥을 이용한다.

하노이 탑 문제를 해결하는 규칙을 다시 정리하면 다음과 같다. 규칙 1의 왼쪽 기둥의 n−1개의 원판을 가운데 기둥으로 옮기는 동작과 규칙 3의 가운데 기둥의 n−1개의 원판을 오른쪽 기둥으로 옮기는 동작이 재귀에 해당된다.

[규칙 1] 왼쪽 기둥의 n−1개의 원판을 가운데 기둥으로 옮긴다. 이때 오른쪽 기둥을 이용한다.

[규칙 2] 왼쪽 기둥의 원판을 오른쪽 기둥으로 옮긴다.

[규칙 3] 가운데 기둥의 n−1개의 원판을 오른쪽 기둥으로 옮긴다. 이때 왼쪽 기둥을 이용한다.

2.2 파이선으로 구현한 하노이 탑

재귀 호출을 이용해서 하노이 탑 문제를 해결하는 알고리즘은 다음과 같다.

[hanoi 함수]

① 전달 받은 원판의 수를 n에, 왼쪽 기둥을 A에, 가운데 기둥을 B에, 오른쪽 기둥을 C에 저장한다.

② n 값이 1이면 원판을 n을 A에서 C로 이동하고 함수를 종료한다. 이는 함수를 종료하는 조건인데, 원판이 한 개면 왼쪽 기둥에서 오른쪽 기둥으로 직접 옮길 수 있다는 의미다.

③ n 값이 1이 아니면 다음을 실행한다.

• hanoi(n−1, A, C, B)를 호출한다.

• 원판 n을 A에서 C로 이동한다.

• hanoi(n−1, B, A, C)를 호출한다.

[주 프로그램]

① hanoi 함수를 호출한다.

위 알고리즘을 파이선으로 구현한 프로그램은 다음과 같다.

```
def hanoi(n, A, B, C):
    if n==1:
        print('board', n, 'move', A, '->', C)
    else:
        hanoi(n-1, A, C, B)
        print('board', n, 'move', A, '->', C)
        hanoi(n-1, B, A, C)

hanoi(3, 'left', 'mid', 'right')
```

```
                                                      - □ ×
board 1 move left -> right
board 2 move left -> mid
board 1 move right -> mid
board 3 move left -> right
board 1 move mid -> left
board 2 move mid -> right
board 1 move left -> right
```

3 퀵 정렬

퀵 정렬quick sort은 기준키를 중심으로 작거나 같은 값을 지닌 데이터는 앞으로, 큰 값을 지닌 데이터는 뒤로 가도록 하여 작은 값을 갖는 데이터와 큰 값을 갖는 데이터로 분리해가며 정렬하는 방법이다.

3.1 퀵 정렬의 동작 과정

다음 그림의 데이터 집합을 이용해서 퀵 정렬의 동작 과정을 살펴보자.

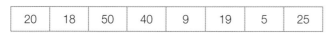

| 20 | 18 | 50 | 40 | 9 | 19 | 5 | 25 |

그림 7-12 퀵 정렬을 위한 데이터

① 맨 앞의 20을 기준키로 하고, 기준키 다음부터 기준키보다 큰 데이터를 찾아 50을 선택한 후, 마지막 데이터부터 기준키보다 작은 데이터를 찾아 5를 선택한다. 그리고 선택된 50과 5를 교환한다.

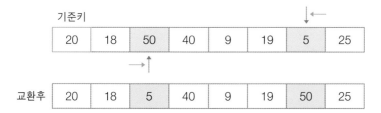

② 계속해서 진행하어 기준키보다 큰 데이터인 40을 선택하고, 기준키보다 작은 데이터인 19를 선택한 후 두 수를 교환한다.

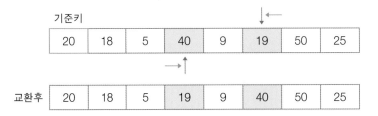

③ 마찬가지로 진행하여 기준키보다 큰 데이터인 40과 기준키보다 작은 데이터인 9를 선택한다. 그런 데 발견된 위치가 서로 교차하는데, 이런 경우에는 두 값을 교환하지 않고 기준키 20과 작은 데이터 인 9를 교환한다. 또한 기준키보다 큰 데이터를 발견하지 못하는 경우에도 기준키와 작은 데이터를 교환한다.

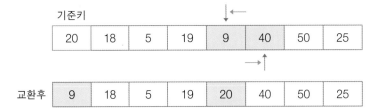

④ 결과를 보면 기준키 20을 기준으로 왼쪽에는 기준키보다 작은 데이터들이, 오른쪽에는 큰 데이터들 이 있음을 알 수 있다. 이때 기준키를 중심으로 양분한다.

| 9 | 18 | 5 | 19 | | 20 | | 40 | 50 | 25 |

⑤ 이제부터는 기준키를 중심으로 왼쪽 데이터들에 대해 그리고 오른쪽 데이터들에 대해 같은 방법으 로 동작한다. 먼저 왼쪽 데이터들에 대해 동작하는 과정을 살펴보자. 기준키 9보다 큰 데이터인 18 과 작은 데이터인 5를 선택하고 교환한다.

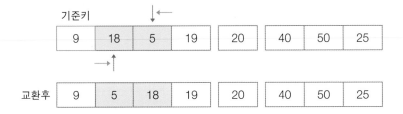

⑥ 마찬가지로 진행하여 큰 데이터인 18과 작은 데이터인 5를 선택하는데, 발견된 위치가 교차하므로 기준키 9와 작은 데이터인 5를 교환한다.

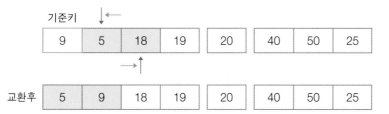

⑦ 그리고 기준키 9를 중심으로 양분한다.

⑧ {18, 19}에 대해 기준키 18보다 큰 데이터인 19와 기준키와 작거나 같은(같은 것도 포함됨) 데이터인 18을 선택하는데, 발견된 위치가 교차되므로 기준키 18과 기준키보다 작거나 같은 18을 교환한다.

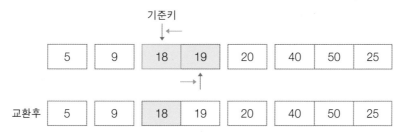

⑨ 그리고 양분한다.

⑩ 이제 {40, 50, 25}에 대해 동작하면, 기준키 40보다 큰 50과 작은 25를 선택한 후 두 수를 교환한다.

⑪ 다음으로 큰 데이터인 50과 작은 데이터인 25를 선택하는데, 교차하므로 기준키 40과 작은 데이터
인 25를 교환한다.

⑫ 그리고 기준키 40을 기준으로 양분한다. 모든 동작이 완료된다.

3.2 파이선으로 구현한 퀵 정렬

재귀 호출을 이용해서 퀵 정렬하는 quick 함수를 정의하고 이 함수를 호출하는 프로그램을 만들어보자.
문제를 해결하기 위한 알고리즘은 다음과 같다.

[quick 함수]

① 전달 받은 데이터를 ds 리스트에 저장한다.

② ds 리스트의 길이가 2보다 작으면 ds 리스트를 반환한다.

③ ds 리스트의 길이가 2보다 작지 않으면 다음을 실행한다.

 • ds 리스트의 0 번째 요소를 key에 저장한다.

 • ds 리스트에서 key 값보다 작거나 같은 요소들을 left 리스트에 저장한다.

 • ds 리스트에서 key 값보다 큰 요소들을 right 리스트에 저장한다.

 • quick(left)를 호출하여 반환 받은 값, key 값, quick(right)를 호출하여 반환 받은 값을 연결한 리스트를 반환한다.

[주 프로그램]

① dataset 리스트에 임의의 정수들을 저장한다.

② quick 함수를 호출하여 반환 받은 값을 출력한다.

위 알고리즘을 파이선으로 구현한 프로그램은 다음과 같다. 06행은 ds 리스트의 요소 중 key 값보다 작
은 요소들로 이루어진 리스트를 생성해서 left에 저장한다. 그리고 08행은 재귀 호출하는 부분이다.

```
01    def quick(ds):
02        if len(ds)<2:
03            return ds
04        else:
05            key=ds[0]
06            left=[data for data in ds[1:] if data<=key]
07            right=[data for data in ds[1:] if data>key]
08            return quick(left)+[key]+quick(right)
09
10    dataset=[20, 50, 30, 10, 60, 40]
11    print(quick(dataset))
```

```
                              - □ ×
[10, 20, 30, 40, 50, 60]
```

1 알고리즘

문제를 해결하기 위해 구성된 일련의 절차를 말한다.

2 알고리즘의 조건

- 0개 이상의 입력과 1개 이상의 출력이 있어야 한다.
- 반드시 종료되어야 한다.
- 모든 명령이 실행 가능해야 한다.

3 정렬 알고리즘

- **선택 정렬**: 가장 작은 데이터를 찾아 가장 앞의 데이터와 교환해나가는 방식이다.
- **삽입 정렬**: 정렬되지 않은 임의의 데이터를 이미 정렬된 부분의 적절한 위치에 삽입해가며 정렬하는 방식이다.
- **버블 정렬**: 서로 이웃한 데이터를 비교해 가장 큰 데이터를 맨 뒤로 보내며 정렬하는 방식이다.

4 탐색 알고리즘

- **선형 탐색**: 주어진 데이터 집합에서 원하는 데이터를 처음부터 순차적으로 비교하며 찾는 방법이다.
- **이진 탐색**: 정렬된 데이터 집합을 반으로 쪼개가면서 탐색하는 방법이다.

5 재귀 알고리즘

- **피보나치 수열**: 처음 두 항은 1이고 세 번째 항부터는 바로 앞 두 항의 합이 되는 수를 나열한 것이다.
- **하노이 탑**: 가운데 기둥을 이용해서 왼쪽 기둥에 놓인 크기가 다른 원판을 오른쪽 기둥으로 옮기는 문제다.
- **퀵 정렬**: 기준키를 중심으로 작거나 같은 값을 지닌 데이터는 앞으로, 큰 값을 지닌 데이터는 뒤로 가도록 하여 작은 값을 갖는 데이터와 큰 값을 갖는 데이터로 분리해가며 정렬하는 방법이다.

1 알고리즘의 조건을 설명하시오.

2 다음 데이터를 보고 물음에 답하시오.

95	75	85	100	50

(1) 선택 정렬을 이용하여 오름차순으로 정렬하시오.

(2) 삽입 정렬을 이용하여 오름차순으로 정렬하시오.

(3) 버블 정렬을 이용하여 오름차순으로 정렬하시오.

(4) 퀵 정렬을 이용하여 오름차순으로 정렬하시오.

3 다음 데이터를 보고 물음에 답하시오.

1	3	5	7	9

(1) 선형 탐색을 이용하여 데이터 7을 탐색하시오.

(2) 이진 탐색을 이용하여 데이터 7을 탐색하시오.

4 재귀 호출의 의미를 설명하시오.

5 재귀 호출을 이용하여 n 팩토리얼(n!)을 구하는 함수를 작성하시오.

6 재귀 호출을 이용하여 하노이 탑 문제 해결 프로그램을 다음과 같이 작성했다. 프로그램의 동작 과정을 설명하시오.

```
def hanoi(n, A, B, C):
    if n==1:
        print('board', n, 'move', A, '->', C)
    else:
        hanoi(n-1, A, C, B)
        print('board', n, 'move', A, '->', C)
        hanoi(n-1, B, A, C)

hanoi(3, 'left', 'mid', 'right')
```

데이터베이스

방대한 데이터를 다루는 기술

01 데이터베이스의 개요

1 데이터베이스의 개념

한 대학에서 학생 관리 프로그램, 교수 관리 프로그램, 성적 관리 프로그램이라는 세 개의 응용 프로그램을 갖추고 있다고 하자. 학생 관리 프로그램은 학생 정보 파일을 이용하고, 교수 관리 프로그램은 교수 정보 파일을, 그리고 성적 관리 프로그램은 성적 정보 파일을 이용한다. 즉, 다음과 같이 각각의 응용 프로그램들은 개별 파일을 이용한다.

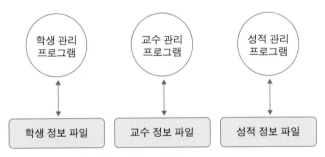

그림 8-1 개별 파일을 이용하는 응용 프로그램

이런 경우 각 파일에는 많은 정보가 중복 저장되어 있다. 그런데 중복된 정보 중 하나라도 수정되면 관련된 모든 파일을 수정해야 하므로 불편하다. 예를 들어 한 학생이 자퇴하면 학생 정보 파일뿐만 아니라 교수 정보 파일, 성적 정보 파일도 수정해야 한다.

이런 문제점을 해결하기 위해 나온 개념이 데이터베이스다. 데이터베이스^{DB, DataBase}란 어느 한 조직의 여러 응용 프로그램이 공유하는 관련 데이터의 모임이다. 앞의 사례에 적용하면, 대학 내 서로 관련 있는 데이터들을 하나로 통합하여 데이터베이스로 구축하고 학생 관리 프로그램, 교수 관리 프로그램, 성적 관리 프로그램은 이 데이터베이스를 공유하게 된다.

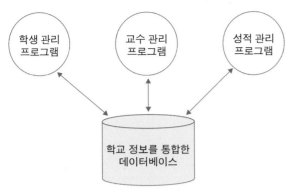

그림 8-2 **하나의 데이터베이스를 공유하는 여러 응용 프로그램**

2 데이터베이스 관리 시스템

데이터베이스는 이를 사용하는 응용 프로그램에서 직접 조작하지 않고 별도의 소프트웨어를 통해 조작한다. 이러한 소프트웨어를 데이터베이스 관리 시스템DBMS, DataBase Management System이라고 한다. 데이터베이스 관리 시스템은 여러 응용 프로그램이 데이터베이스를 공유하며 사용할 수 있는 환경을 제공한다.

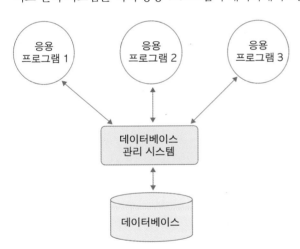

그림 8-3 **데이터베이스 관리 시스템의 역할**

데이터베이스 관리 시스템의 역할은 다음과 같다.

- 데이터베이스를 구축하는 틀을 제공한다.
- 데이터를 효율적으로 검색하고 저장할 수 있도록 한다.
- 각 응용 프로그램이 데이터베이스에 접근할 수 있도록 사용 환경(인터페이스)을 제공한다.
- 권한이 없는 사용자가 접근하거나 시스템에 장애가 생겼을 때 데이터를 안전하게 보호한다.

현재 널리 사용되는 데이터베이스 관리 시스템 제품으로는 마이크로소프트사의 MS-SQL 서버, 오라클사의 오라클, 오픈 소스인 MySQL 등이 있다. 이러한 제품 중에서 작업에 적합한 제품을 선정할 때는 구축하려는 데이터베이스의 규모와 구축 비용 등 기술적인 요소와 경제적인 요소를 모두 고려하여 선택해야 한다.

그림 8-4 데이터베이스 관리 시스템 제품

3 데이터 모델

데이터베이스를 구축할 때 체계화된 구조를 갖추는 것이 필요한데, 이러한 구조를 명시하기 위한 개념을 데이터 모델^{data model}이라 한다. 데이터 모델은 데이터베이스의 구조뿐만 아니라 이런 구조에서 허용되는 연산 그리고 이런 구조와 연산에 대한 제약 조건 등을 포함한다.

데이터 모델의 대표적인 종류에는 계층형 데이터 모델, 네트워크형 데이터 모델, 관계형 데이터 모델, 객체 지향형 데이터 모델 등이 있다. 이 장에서는 가장 많이 사용되는 관계형 데이터 모델에 기반한 관계형 데이터베이스를 중심으로 데이터베이스의 구축과 활용에 대해 살펴본다.

1 관계형 데이터 모델

관계형 데이터 모델relational data model은 테이블 형식으로 데이터를 정의하고 설명한 모델이다. 다음은 학생에 대한 정보를 테이블로 표현한 예다.

학생

학번	이름	학과명	성별	성적
20181201	김철수	컴퓨터	남	85
20180315	이영희	수학	여	95
20170527	홍길동	과학	남	88
20161209	이영희	컴퓨터	여	95
20170307	박희동	수학	남	82

그림 8-5 관계형 데이터 모델의 예

관계형 데이터 모델과 관련된 용어를 살펴보면 다음과 같다.

- **속성**attribute: 각 열에는 이름이 부여되는데 이를 속성이라 한다. [그림 8-5]의 학번, 이름, 학과명, 성별, 성적이 속성에 해당된다.
- **도메인**domain: 각 속성에는 입력 가능한 값들의 범위가 미리 정해져 있는데 이를 도메인이라 한다. 예를 들어 성별 속성의 도메인은 남 또는 여가 된다.
- **차수**degree: 속성의 수를 말한다. [그림 8-5]에는 다섯 개의 속성이 있으므로 차수는 5가 된다.
- **튜플**tuple: 각 행을 말한다. 하나의 튜플은 각 속성에서 정의된 값들로 구성된다. [그림 8-5]에서는 〈20181201, 김철수, 컴퓨터, 남, 85〉가 하나의 튜플이 된다.
- **카디널리티**cardinality: 튜플의 수를 말한다. [그림 8-5]에는 다섯 개의 튜플이 있으므로 카디널리티는 5이다.
- **릴레이션**relation: 테이블을 릴레이션이라고 한다. 하나의 릴레이션에는 중복된 튜플이 있어서는 안 되고 중복된 속성이 있어서도 안 된다.

릴레이션에서는 중복된 튜플을 허용하지 않는다. 따라서 각 튜플을 유일하게 식별할 수 있는 속성이나 속성의 집합이 필요한데 이를 '키'라고 한다. 키의 종류로는 후보키와 기본키가 있다.

- **후보키**^{candidate key}: 튜플을 구분할 수 있는 최소한의 속성만으로 구성된 키를 말한다. [그림 8-5]에서는 (학번) 또는 (이름, 학과명) 등이 후보키에 해당된다. 후보키에서 어떤 속성이라도 제외하면 후보키가 될 수 없다. 예를 들어 (이름, 학과명)의 경우 하나의 속성이라도 빠지면 튜플을 구분할 수 없게 된다.
- **기본키**^{primary key}: 후보키가 두 개 이상인 경우 그중 하나로 선택된 키를 말한다. [그림 8-5]의 경우 후보키는 (학번), (이름, 학과명) 등이 되는데, (학번)을 기본키로 결정할 수 있다. 후보키 중에서 기본키를 결정하는 특별한 규칙은 없다.

2 관계형 데이터 연산

앞에서 데이터 모델이란 데이터베이스의 구조뿐만 아니라 이런 구조에서 허용되는 연산을 포함한 개념이라고 설명했다. 다음에 제시된 릴레이션을 통해 관계형 데이터 연산의 종류와 각각의 의미를 살펴보자.

학생

학번	이름	학과명	성별	성적
20181201	김철수	컴퓨터	남	85
20180315	이영희	수학	여	95
20170527	홍길동	과학	남	88
20161209	이영희	컴퓨터	여	95
20170307	박희동	수학	남	82

학과

학과명	사무실	전화번호
수학	A304	720-0816
과학	A205	720-0821
영어	C201	720-0851
컴퓨터	E304	720-0856

교수

이름	학과명	성별	직위
김종훈	윤리	남	교수
이종진	수학	남	부교수
박현경	영어	여	조교수
최동규	컴퓨터	남	부교수

그림 8-6 학생, 학과, 교수 릴레이션

2.1 선택

선택select 연산은 하나의 릴레이션에서 주어진 조건을 만족하는 튜플을 검색하는 연산으로, 형식은 다음과 같다.

$\sigma_{조건식}$ (릴레이션)

예를 들어 [그림 8-6]의 학생 릴레이션에서 성별이 '여'인 튜플을 선택하는 연산은 다음과 같다.

$\sigma_{성별='여'}$ (학생)

학번	이름	학과명	성별	성적
20180315	이영희	수학	여	95
20161209	이영희	컴퓨터	여	95

그림 8-7 **선택 연산의 결과**

선택 연산에는 AND($\land$), OR($\lor$), NOT과 같은 연산자를 이용할 수 있다. 예를 들어 교수 릴레이션에서 성별이 '남'이면서 직위가 '부교수'인 튜플을 선택하는 연산은 다음과 같다.

$\sigma_{성별='남' \land 직위='부교수'}$ (교수)

이름	학과명	성별	직위
이종진	수학	남	부교수
최동규	컴퓨터	남	부교수

그림 8-8 **AND 연산자가 포함된 선택 연산의 결과**

2.2 추출

추출project 연산은 하나의 릴레이션에서 원하는 속성만 선택하는 연산으로, 형식은 다음과 같다.

$\pi_{속성리스트}$ (릴레이션)

예를 들어 학생 릴레이션에서 학번과 이름 속성만 추출하는 연산은 다음과 같다.

$$\pi_{\text{학번, 이름}} (\text{학생})$$

학번	이름
20181201	김철수
20180315	이영희
20170527	홍길동
20161209	이영희
20170307	박희동

그림 8-9 **추출 연산의 결과**

다음은 교수 릴레이션에서 성별이 '남'인 튜플의 이름과 학과명을 추출하는 연산으로, 선택 연산과 추출 연산을 함께 사용한 예다.

$$\pi_{\text{이름, 학과명}} (\sigma_{\text{성별='남'}} (\text{교수}))$$

이름	학과명
김종훈	윤리
이종진	수학
최동규	컴퓨터

그림 8-10 **선택 연산과 함께 사용한 추출 연산의 결과**

2.3 합집합

합집합($\cup$) 연산은 두 릴레이션에서 어느 한쪽에 있거나 양쪽에 있는 모든 튜플을 찾는 연산으로, 형식은 다음과 같다.

$$(\pi_{\text{속성리스트}} (\text{릴레이션})) \cup (\pi_{\text{속성리스트}} (\text{릴레이션}))$$

다음은 학생과 교수 릴레이션에서 이름과 학과명을 모두 찾는 연산이다.

$$(\pi_{\text{이름, 학과명}} (\text{학생})) \cup (\pi_{\text{이름, 학과명}} (\text{교수}))$$

이름	학과명
김철수	컴퓨터
이영희	수학
홍길동	과학
이영희	컴퓨터
박희동	수학
김종훈	윤리
이종진	수학
박현경	영어
최동규	컴퓨터

그림 8-11 **합집합 연산의 결과**

다음은 학생과 교수 릴레이션에서 학과명이 '컴퓨터'인 튜플의 이름을 모두 찾는 연산이다.

$$(\pi_{\text{이름}} (\sigma_{\text{학과명='컴퓨터'}} (\text{학생}))) \cup (\pi_{\text{이름}} (\sigma_{\text{학과명='컴퓨터'}} (\text{교수})))$$

이름
김철수
이영희
최동규

그림 8-12 **선택, 추출 연산과 함께 사용한 합집합 연산의 결과**

어떻게 이런 결과가 나오는지 자세히 살펴보자.

① 학생 릴레이션에서 학과명이 '컴퓨터'인 튜플을 찾는다.

$\sigma_{\text{학과명='컴퓨터'}} (\text{학생})$ ⇒

학번	이름	학과명	성별	성적
20181201	김철수	컴퓨터	남	85
20161209	이영희	컴퓨터	여	95

② 여기에서 다음과 같이 이름 속성을 추출한다.

$\pi_{\text{이름}} (\sigma_{\text{학과명='컴퓨터'}} (\text{학생}))$ ⇒

이름
김철수
이영희

③ 마찬가지로 교수 릴레이션에서 학과명이 컴퓨터인 튜플을 찾고 이름 속성을 추출한다.

$\pi_{\text{이름}} (\sigma_{\text{학과명='컴퓨터'}} (\text{교수}))$ ➡️

이름
최동규

④ 이 두 가지에 합집합을 적용하면 다음과 같은 결과를 얻는다.

이름
김철수
이영희
최동규

2.4 교집합

교집합(∩) 연산은 두 릴레이션에 공통적으로 포함된 튜플을 찾는 연산으로, 형식은 다음과 같다.

$(\pi_{\text{속성리스트}} (\text{릴레이션})) \cap (\pi_{\text{속성리스트}} (\text{릴레이션}))$

다음은 학생과 교수 릴레이션에서 공통된 학과명을 찾는 연산이다.

$(\pi_{\text{학과명}} (\text{학생})) \cap (\pi_{\text{학과명}} (\text{교수}))$

학과명
컴퓨터
수학

그림 8-13 교집합 연산의 결과

2.5 차집합

차집합(−) 연산은 한 릴레이션에는 있지만 다음 한 릴레이션에는 없는 튜플을 찾는 연산으로, 형식은 다음과 같다.

$(\pi_{\text{속성리스트}} (\text{릴레이션})) - (\pi_{\text{속성리스트}} (\text{릴레이션}))$

학생 릴레이션에는 있지만 교수 릴레이션에는 없는 학과명을 찾는 연산은 다음과 같다.

$$(\pi_{\text{학과명}}\,(\text{학생})) - (\pi_{\text{학과명}}\,(\text{교수}))$$

학과명
과학

그림 8-14 **차집합 연산의 결과**

2.6 카티션 곱

카티션 곱(×) 연산은 두 릴레이션의 튜플 간의 모든 조합을 취하는 연산으로, 형식은 다음과 같다.

릴레이션 1 × 릴레이션 2

예를 들어 릴레이션 R1과 R2가 다음과 같다고 해보자.

R1

A1	A2
a	1
b	2

R2

A3
가
나
다

그림 8-15 **예시 릴레이션**

릴레이션 R1과 R2에 대한 카티션 곱을 구하면 다음과 같다.

R1 × R2

A1	A2	A3
a	1	가
b	2	가
a	1	나
b	2	나
a	1	다
b	2	다

그림 8-16 **카티션 곱 연산의 결과**

2.7 조인

조인^{join} 연산은 두 릴레이션에서 특정 조건을 만족하는 튜플들을 결합해 하나의 튜플로 만드는 연산으로, 형식은 다음과 같다.

릴레이션 1 $\bowtie_{조건식}$ 릴레이션 2

학생과 학과 릴레이션에서 학생이 속한 학과명에 대한 정보를 결합하여 하나의 튜플로 만들어보자. 학과명이 두 릴레이션에 모두 있으므로 이를 구분하기 위해 학생.학과명, 학과.학과명으로 나타낸다.

학생 $\bowtie_{학생.학과명=학과.학과명}$ 학과

학번	이름	학생.학과명	성별	성적	학과.학과명	사무실	전화번호
20181201	김철수	컴퓨터	남	85	컴퓨터	E304	720-0856
20180315	이영희	수학	여	95	수학	A304	720-0816
20170527	홍길동	과학	남	88	과학	A205	720-0821
20161209	이영희	컴퓨터	여	95	컴퓨터	E304	720-0856
20170307	박희동	수학	남	82	수학	A304	720-0816

그림 8-17 조인 연산의 결과

이 결과를 이용해서 컴퓨터과에 다니는 학생의 이름과 학과의 전화번호를 찾으려면 다음과 같은 연산을 사용한다.

$\pi_{이름, 전화번호}\left(\sigma_{학생.학과명='컴퓨터'}\left(학생 \bowtie_{학생.학과명=학과.학과명} 학과\right)\right)$

이름	전화번호
김철수	720-0856
이영희	720-0856

그림 8-18 선택, 추출 연산과 함께 사용한 조인 연산의 결과

1 SQL 소개

SQL^{Structured Query Language}은 데이터베이스를 구축하고 활용하기 위해 사용하는 언어다. IBM에서 개발했으며 관계형 데이터베이스를 다루는 언어로 널리 사용되고 있다. SQL은 영어 문장과 유사하여 초보자들도 비교적 쉽게 사용할 수 있는데, 크게 데이터 정의어^{DDL, Data Definition Language}와 데이터 조작어^{DML, Data Manipulation Language}로 나뉜다.

- **데이터 정의어**: 릴레이션을 생성, 삭제, 변경할 때 사용한다.
- **데이터 조작어**: 릴레이션에서 원하는 데이터를 검색, 삽입, 삭제, 갱신할 때 사용한다.

2 릴레이션 생성

릴레이션을 생성할 때는 CREATE TABLE 문을 사용한다. 형식은 다음과 같다.

```
CREATE TABLE 릴레이션이름
  (속성1 자료형1,
   속성2 자료형2,
        ⋮
   속성n 자료형n);
```

위 형식에서 '릴레이션이름'은 새롭게 생성될 릴레이션의 이름이고, 속성 1, 속성 2, …, 속성 n은 릴레이션에 포함될 속성을 말한다. 그리고 자료형 1, 자료형 2, …, 자료형 n은 해당 속성의 자료형을 말한다.

대표적인 자료형의 종류는 다음 표와 같다.

표 8-1 속성의 자료형

자료형	설명
CHAR(n)	길이가 n인 고정 길이 문자열
VARCHAR(n)	길이가 최대 n인 가변 길이 문자열
INT	정수형
FLOAT(n)	n개의 자릿수를 갖는 부동소수점형
DATE	날짜형
TIME	시간형

다음은 대학생 릴레이션을 생성하는 명령문으로, 이름, 주민등록번호, 학과명, 학년 속성으로 구성된다. 널^{NULL}을 허용하지 않으려면 03행처럼 'NOT NULL'을 사용하고, 기본키를 지정하려면 06행처럼 'PRIMARY KEY'를 사용한다.

```
01   CREATE TABLE 대학생
02    (이름 VARCHAR(20),
03      주민등록번호 CHAR(14) NOT NULL,
04      학과명 VARCHAR(20),
05      학년 INT,
06      PRIMARY KEY (주민등록번호));
```

이와 같이 생성된 대학생 릴레이션의 구조는 다음과 같다.

대학생

이름	주민등록번호	학과명	학년
⋮	⋮	⋮	⋮

그림 8-19 대학생 릴레이션의 구조

3 릴레이션 삭제

릴레이션을 삭제할 때는 DROP TABLE 문을 사용한다. 형식은 다음과 같다.

```
DROP TABLE 릴레이션이름;
```

다음은 대학생 릴레이션을 삭제하는 명령이다.

```
DROP TABLE 대학생;
```

4 릴레이션 변경

기존 릴레이션에서 속성을 추가, 삭제, 변경하는 명령문은 ALTER TABLE 문이다. 릴레이션에 속성을 추가하는 형식은 다음과 같다.

```
ALTER TABLE 릴레이션이름
ADD 속성이름 자료형;
```

다음은 대학생 릴레이션에 성적 속성을 추가하는 명령이다.

```
ALTER TABLE 대학생
ADD 성적 INT;
```

릴레이션의 속성을 삭제하는 형식은 다음과 같다.

```
ALTER TABLE 릴레이션이름
DROP 속성이름;
```

다음은 대학생 릴레이션의 학년 속성을 삭제하는 명령이다.

```
ALTER TABLE 대학생
DROP 학년;
```

5 검색

검색문은 기본적으로 SELECT, FROM, WHERE 절로 구성된다. 검색 결과는 FROM 절에 나오는 릴레이션에 대해 WHERE 절의 조건을 만족하는 튜플을 추출한 후 SELECT 절에 나오는 속성을 추출한 것이다.

```
SELECT 속성리스트
FROM 릴레이션리스트
WHERE 조건;
```

다음은 학생 릴레이션에서 모든 이름과 학과명을 검색하는 명령이다.

```
SELECT 이름, 학과명
FROM 학생;
```

다음은 학생 릴레이션에서 학과명이 '컴퓨터'인 튜플을 찾아 학번과 이름을 검색하는 명령이다.

```
SELECT 학번, 이름
FROM 학생
WHERE 학과명='컴퓨터';
```

검색 시 두 개의 릴레이션을 사용할 경우 FROM 절에 릴레이션의 이름을 나열하면 카티션 곱이 수행된다. 소속 학과가 같은 학생 이름과 교수 이름을 검색하는 명령을 살펴보자. SQL 문을 보면 학생 릴레이션과 교수 릴레이션을 카티션 곱을 한 후 학생.학과명과 교수.학과명이 같은 튜플에서 학생.이름과 교수.이름을 검색한다.

```
SELECT 학생.이름, 교수.이름
FROM 학생, 교수
WHERE 학생.학과명=교수.학과명;
```

학생.이름	교수.이름
이영희	이종진
박희동	이종진
김철수	최동규
이영희	최동규

그림 8-20 **두 개의 릴레이션을 포함한 SELECT 문의 결과**

다음은 위 SQL 문에 학생.학과명이 '컴퓨터'인 조건을 추가한 명령이다.

```
SELECT 학생.이름, 교수.이름
FROM 학생, 교수
WHERE 학생.학과명=교수.학과명 and 학생.학과명='컴퓨터';
```

학생.이름	교수.이름
김철수	최동규
이영희	최동규

그림 8-21 **검색 조건이 두 개인 SELECT 문의 결과**

6 삽입

릴레이션에 튜플을 삽입하는 명령은 INSERT로, 형식은 다음과 같다.

```
INSERT INTO 릴레이션이름
VALUES(값1, 값2, …, 값n);
```

다음은 [그림 8-19]의 대학생 릴레이션에 튜플 하나를 삽입하는 명령이다. 속성값의 순서는 릴레이션에 정의된 이름, 주민등록번호, 학과명, 학년 순으로 작성한다.

```
INSERT INTO 대학생
VALUES('홍길동', '111111-1111111', '컴퓨터', 2);
```

만약 릴레이션에 정의된 속성 순서와 다르게 입력하고 싶으면 다음과 같이 속성이름을 표시해준다. 그러면 값 1은 속성이름 1에, 값 2는 속성이름 2에, …, 값 n은 속성이름 n에 대응된다.

```
INSERT INTO 릴레이션이름(속성이름1, 속성이름2, …, 속성이름n)
VALUES(값1, 값2, …, 값n);
```

다음은 대학생 릴레이션에 정의된 순서와 다르게 튜플을 삽입하는 명령이다.

```
INSERT INTO 대학생(학년, 학과명, 이름, 주민등록번호)
VALUES(2, '컴퓨터', '홍길동', '111111-1111111');
```

여러 튜플을 한 번에 삽입할 때는 SELECT 문을 사용한다. 다음은 학생 릴레이션에서 학과명이 '컴퓨터'인 학생들의 학번, 이름, 성별을 검색해서 그 결과를 컴퓨터과학생 릴레이션에 삽입하는 명령이다.

```
INSERT INTO 컴퓨터과학생(학번, 이름, 성별)
SELECT 학번, 이름, 성별
FROM 학생
WHERE 학과명='컴퓨터';
```

7 삭제

튜플을 삭제하는 명령은 DELETE로, 형식은 다음과 같다.

```
DELETE FROM 릴레이션이름
WHERE 조건;
```

다음은 학생 릴레이션에서 학과명이 '수학'인 튜플을 삭제하는 명령이다.

```
DELETE FROM 학생
WHERE 학과명='수학';
```

다음은 교수 릴레이션의 모든 튜플을 삭제하는 명령인데, 모든 튜플이 삭제된다 하더라도 릴레이션은 삭제되지 않고 남아 있다.

```
DELETE FROM 교수;
```

8 갱신

튜플의 속성값을 갱신할 때 사용하는 명령은 UPDATE로, 형식은 다음과 같다. 대상 릴레이션에서 WHERE 절에 나오는 조건을 만족하는 튜플의 속성 1의 값은 수식 1로, 속성 2의 값은 수식 2로, …, 속성 n의 값은 수식 n으로 갱신한다.

```
UPDATE 릴레이션이름
SET 속성1=수식1, 속성2=수식2, …, 속성n=수식n
WHERE 조건;
```

다음은 대학생 릴레이션에서 모든 튜플의 학년을 하나씩 증가시키는 명령이다.

```
UPDATE 대학생
SET 학년=학년+1;
```

다음은 교수 릴레이션에서 이름이 '박현경'인 튜플의 직위를 '부교수'로 변경하는 명령이다.

```
UPDATE 교수
SET 직위='부교수'
WHERE 이름='박현경';
```

1 데이터베이스

한 조직의 여러 응용 프로그램이 공유하는 데이터의 모임으로, 서로 관련 있는 데이터들을 하나로 통합하여 구축한 것이다.

2 데이터베이스 관리 시스템

여러 응용 프로그램이 데이터베이스를 공유하며 사용할 수 있는 환경을 제공하는 소프트웨어다. 데이터베이스를 구축하는 틀을 제공할 뿐만 아니라 데이터를 효율적으로 검색하고 저장할 수 있도록 해주며, 권한이 없는 사용자가 접근하거나 시스템에 장애가 생겼을 때 데이터를 안전하게 보호한다.

3 데이터 모델

데이터베이스를 구축할 때 체계화된 구조를 갖추는 것이 필요한데, 이러한 구조를 명시하기 위한 개념을 데이터 모델이라 한다.

4 관계형 데이터 연산

- **선택(σ)**: 하나의 릴레이션에서 주어진 조건을 만족하는 튜플을 검색한다.
- **추출(π)**: 하나의 릴레이션에서 원하는 속성 혹은 속성의 집합을 추출한다.
- **합집합($\cup$)**: 두 릴레이션에서 어느 한쪽에 있거나 양쪽에 있는 모든 튜플을 찾는다.
- **교집합($\cap$)**: 두 릴레이션에 공통적으로 포함된 튜플을 찾는다.
- **차집합($-$)**: 한 릴레이션에는 있지만 다음 한 릴레이션에는 없는 튜플을 찾는다.
- **카티션 곱($\times$)**: 두 릴레이션의 튜플 간의 모든 조합을 취한다.
- **조인($\bowtie$)**: 두 릴레이션에서 특정 조건을 만족하는 튜플들을 결합해 하나의 튜플로 만든다.

5 SQL

데이터베이스를 구축하고 활용하기 위해 사용하는 언어다. IBM에서 개발했으며 관계형 데이터 모델로 표현되는 데이터베이스를 다루는 언어로 널리 사용되고 있다. 영어 문장과 유사하므로 초보자들도 비교적 쉽게 사용할 수 있는데, 크게 데이터 정의어[DDL]와 데이터 조작어[DML]로 나뉜다.

1 다음의 학생, 학과, 교수 릴레이션을 이용해 (1)~(4)의 연산 결과를 쓰시오.

학생

학번	이름	학과명	성별	성적
20181201	김철수	컴퓨터	남	85
20180315	이영희	수학	여	95
20170527	홍길동	과학	남	88
20161209	이영희	컴퓨터	여	95
20170307	박희동	수학	남	82

학과

학과명	사무실	전화번호
수학	A304	720-0816
과학	A205	720-0821
영어	C201	720-0851
컴퓨터	E304	720-0856

교수

이름	학과명	성별	직위
김종훈	윤리	남	교수
이종진	수학	남	부교수
박현경	영어	여	조교수
최동규	컴퓨터	남	부교수

(1) $\sigma_{\text{학과명='컴퓨터'}}$ (교수)

(2) $\sigma_{\text{학과명='컴퓨터' } \lor \text{ 성적}\geq 90}$ (학생)

(3) $\pi_{\text{이름, 학과명}} (\sigma_{\text{성별='여'}}$ (교수))

(4) 학과 $\bowtie_{\text{학과.학과명=학생.학과명}}$ 학생

2 다음에 제시된 용어의 의미를 설명하시오.

(1) 데이터베이스

(2) 데이터베이스 관리 시스템

(3) 데이터 모델

(4) SQL

3 다음 문제에 대해 SQL 문을 작성하시오.

(1) 이름, 반, 성별 속성으로 구성된 고등학생 릴레이션을 생성하시오.

(2) 고등학생 릴레이션에 전화번호 속성을 추가하시오.

(3) 고등학생 릴레이션에 〈김철수, 1, 남, 720-0858〉 튜플과 〈이영희, 2, 여, 2186-5992〉 튜플을 삽입하시오.

(4) 고등학생 릴레이션에서 성별이 '여'인 학생들의 이름과 반 속성을 검색하시오.

(5) 고등학생 릴레이션에서 이름이 '김철수'인 학생의 전화번호를 751-0858로 수정하시오.

CHAPTER 09

네트워크와 인터넷

인터넷에서 정보 전송 과정

학습목표

- 네트워크의 개념을 이해하고 LAN과 WAN의 차이점을 알아본다.
- 인터넷의 개념을 이해하고 인터넷 서비스의 종류를 알아본다.
- IP 주소와 도메인 이름의 역할을 알아본다.
- 인터넷을 이용한 통신 과정을 알아본다.
- 네트워크에서 오류 검출 방법을 알아본다.

네트워크와 인터넷의 개요

1 네트워크의 개념

네트워크network란 전송 매체로 연결된 장치들의 모임이다. 여기서 장치는 일반 컴퓨터, 프린터나 스캐너 같은 주변 장치, 서버 같은 대형 컴퓨터를 아울러 데이터를 주고받을 수 있는 모든 장치를 말한다. 네트워크를 이용하면 멀리 떨어져 있는 장치끼리 정보를 주고받을 수 있어 편리하다.

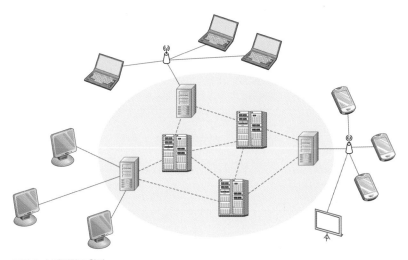

그림 9-1 네트워크 환경

2 네트워크의 분류

네트워크는 규모에 따라 근거리 통신망인 LAN과 원거리 통신망인 WAN으로 구분한다.

2.1 LAN

LANLocal Area Network은 비교적 가까운 거리에 위치한 소수의 장치들을 연결한 네트워크다. 일반적으로 하나의 사무실, 하나 또는 몇 개의 인접한 건물을 연결한다. LAN은 장치들을 연결하는 형식, 즉 토폴로지topology에 따라 링형, 버스형, 스타형 등으로 분류된다.

■ 링형(ring)

네트워크를 구성하는 장치들이 원형으로 연결된 형태로, 데이터 전송을 위해 토큰token을 사용한다. 토큰은 링형 네트워크를 따라 순환하는데, 토큰을 획득해야 데이터를 전송할 수 있다. 다음 그림은 장치 A에서 장치 C로 데이터를 전송하는 과정을 나타낸 것이다.

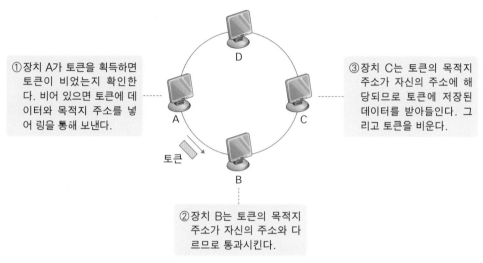

①장치 A가 토큰을 획득하면 토큰이 비었는지 확인한다. 비어 있으면 토큰에 데이터와 목적지 주소를 넣어 링을 통해 보낸다.

③장치 C는 토큰의 목적지 주소가 자신의 주소에 해당되므로 토큰에 저장된 데이터를 받아들인다. 그리고 토큰을 비운다.

토큰

②장치 B는 토큰의 목적지 주소가 자신의 주소와 다르므로 통과시킨다.

그림 9-2 링형 토폴로지에서 데이터 전송

■ 버스형(bus)

하나의 통신 회선에 장치들이 연결된 형태다. 데이터를 목적지 주소와 함께 버스에 실어 보내면 버스에 연결된 모든 장치에 전송되는데, 데이터를 받은 장치는 목적지 주소를 확인하여 자신이면 데이터를 받아들인다.

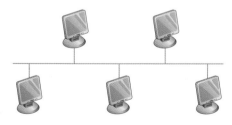

그림 9-3 버스형 토폴로지

■ 스타형(star)

모든 장치들이 중앙에 위치한 한 장치에 연결되고, 데이터의 전달은 항상 이 중앙 장치를 통해 이루어진다. 가장 많이 사용되는 방식이다.

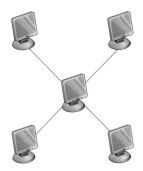

그림 9-4 **스타형 토폴로지**

2.2 WAN

WAN$^{Wide\ Area\ Network}$은 둘 이상의 LAN이 넓은 지역에 걸쳐 연결되어 있는 네트워크다. 일반적으로 지역과 지역, 국가와 국가를 연결한다. WAN을 구성하기 위해서는 둘 이상의 LAN을 연결해야 하는데, 이를 위해 라우터^{router}라는 장치가 필요하다. 라우터는 하나의 LAN과 또 다른 네트워크를 연결하는 역할을 한다. 다음 그림은 WAN의 구성을 나타낸 것이다. 그림을 보면 라우터를 통해 LAN과 LAN이 연결된 것을 볼 수 있다.

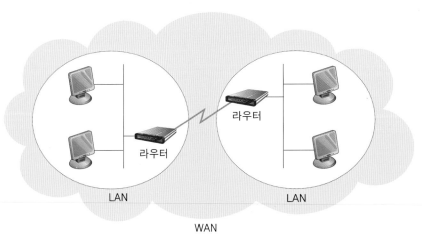

그림 9-5 **WAN의 구성**

3 인터넷의 등장

네트워크 간 통신을 인터네트워킹^{internetworking}이라고 한다. 우리가 일반적으로 사용하는 인터넷^{Internet}이 이런 종류의 네트워크 중 하나다. 인터넷은 전 세계의 수많은 컴퓨터를 연결한 네트워크 집합체로, 1969년 미국 국방부에서 추진한 알파넷^{ARPAnet, Advanced Research Projects Agency Network}에서 시작되었다. 당시 알파넷은 국방부의 계약 업체와 여러 대학의 컴퓨터들을 연결하는 데 사용했다.

4 인터넷 서비스

인터넷은 1980년대 초부터 민간용으로 사용되기 시작했으며, 1990년대 초에 월드 와이드 웹과 웹 브라우저가 개발되면서 사용자 수가 급격히 증가했다. 인터넷이 제공하는 대표적인 서비스에는 월드 와이드 웹, 전자우편, FTP, 텔넷 등이 있다.

4.1 월드 와이드 웹

월드 와이드 웹^{WWW, World Wide Web}은 1989년 유럽입자물리연구소^{CERN}에서 일하던 팀 버너스 리^{Tim Berners Lee}가 고안한 것으로, 인터넷에서 정보를 쉽게 찾을 수 있도록 제공하는 서비스다(줄여서 '웹'이라고도 한다). 월드 와이드 웹은 하이퍼텍스트 방식을 이용하는데, 임의의 단어를 클릭하면 연결된 문서로 이동하여 원하는 정보를 손쉽게 찾을 수 있다. 하이퍼텍스트 방식의 웹 페이지는 HTML^{HyperText Markup Language} 문서로 작성한다.

그림 9-6 **HTML 문서와 결과 화면**

4.2 전자우편

전자우편e-mail은 인터넷을 통해 편지를 교환하는 서비스로, 텍스트로 된 편지뿐만 아니라 그림, 소리, 동영상 등으로 이루어진 편지도 주고받을 수 있다. 전자우편을 이용하는 방법으로는 아웃룩 익스프레스Outlook Express와 같은 메일 관리 프로그램을 이용하는 방법과 네이버, 다음 등에서 제공하는 웹 메일 서비스를 이용하는 방법이 있다. 다음은 네이버의 웹 메일 서비스 화면이다.

그림 9-7 네이버의 웹 메일 화면

4.3 FTP

FTPFile Transfer Protocol는 인터넷을 통해 컴퓨터 간에 파일을 송수신하는 서비스로, 큰 용량의 파일도 빠르게 주고받을 수 있다. FTP를 이용하려면 원격지의 컴퓨터에 접속할 수 있는 사용자 계정이 있어야 한다. 다음은 이스트소프트의 FTP 프로그램인 알드라이브 화면이다.

그림 9-8 이스트소프트의 알드라이브 화면

4.4 텔넷

텔넷[telnet]은 원격지의 컴퓨터를 인터넷을 통해 접속하여 자신의 컴퓨터처럼 사용할 수 있는 원격 접속 서비스다. 텔넷을 이용하려면 원격 컴퓨터를 이용할 수 있는 사용자 계정이 있어야 한다. 다음은 크롬 원격 데스크톱 기능을 이용하여 다른 컴퓨터에서 원격 컴퓨터에 접속하는 화면이다.

그림 9-9 **크롬 원격 데스크톱 접속 화면**

주소는 집집마다 구분하기 위해 사용한다. 인터넷으로 연결된 컴퓨터도 서로 구분하기 위해 주소를 사용하는데, 이를 인터넷 주소라고 한다. 인터넷 주소는 IP 주소와 도메인 이름으로 구분한다.

1 IP 주소

IP 주소는 인터넷에 연결된 여러 장치를 식별하는 번호로 '218.237.65.1'과 같이 네 개의 10진수로 구성된다. 여기서 각 10진수는 여덟 자리 2진수를 의미하는 것으로, IP 주소는 다음 그림과 같이 총 32비트로 구성된다.

그림 9-10 IP 주소의 2진수 표현

IP 주소는 네트워크 주소와 호스트 주소로 나뉜다. 네트워크 주소는 장치가 속해 있는 네트워크를 식별하는 데 사용하고, 호스트 주소는 해당 네트워크 내에서 그 장치를 식별하는 데 사용한다.

그림 9-11 IP 주소의 구분

한 네트워크에 포함된 모든 장치들은 같은 네트워크 주소를 갖고 있지만, 한 네트워크 내의 호스트 주소는 모두 다르다. 결국 모든 장치는 서로 다른 IP 주소를 가진다.

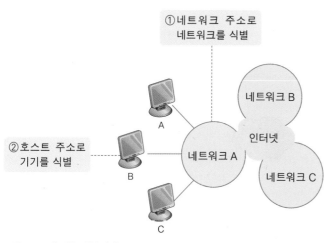

그림 9-12 **네트워크 주소와 호스트 주소**

여기에서 한 네트워크의 의미는 라우터와 같이 네트워크와 네트워크를 연결하는 기기 없이 장치들 사이에 통신이 이루어지는 범위를 말한다. 만약 장치 간에 통신을 하는데, 라우터와 같은 기기를 거쳐야 한다면 이는 한 네트워크에 있는 것이 아니다. 다음 그림에서 A, B, …, K는 한 네트워크에 있지만 A와 L은 라우터를 거쳐야 연결되므로 서로 다른 네트워크에 있다.

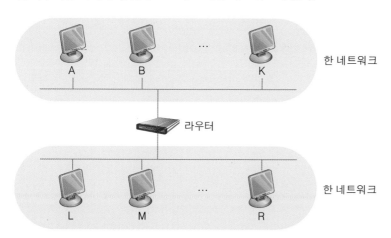

그림 9-13 **한 네트워크의 의미**

그렇다면 어디까지가 네트워크 주소고 어디부터가 호스트 주소인지 어떻게 구분할까? 이는 IP 주소 체계인 클래스에 따라 달라진다. 클래스의 개념과 종류를 살펴보자.

2 클래스

32비트 IP 주소 체계는 A, B, C, D, E의 다섯 가지 클래스로 구분된다. 여기에서는 클래스 A~C에 대해서만 살펴보고, 클래스 D와 E는 특수한 목적으로 사용되므로 설명을 생략한다.

클래스 A, B, C의 네트워크 주소와 호스트 주소 구분은 [그림 9-14]와 같다. 클래스 A는 처음 8개 비트가 네트워크 주소고, 24개 비트가 호스트 주소며, 첫 번째 비트가 '0'이다. 클래스 B는 처음 16개의 비트가 네트워크 주소, 나머지 16개의 비트가 호스트 주소, 처음 두 비트가 '10'이다. 그리고 클래스 C는 처음 24개 비트가 네트워크 주소, 8개 비트가 호스트 주소, 처음 세 비트가 '110'이다.

그림 9-14 **IP 주소 체계**

각 클래스로 나타낼 수 있는 주소의 범위는 클래스마다 네트워크 주소와 호스트 주소를 나누어 보면 된다. 예를 들어 클래스 A로 나타낼 수 있는 네트워크 주소는 다음과 같이 '0.×.×.×~127.×.×.×'가 된다. 참고로 이 중 127.×.×.×는 다른 용도로 예약되어 있으므로 사용할 수 없다. 또한 클래스 A로 나타낼 수 있는 호스트 주소는 '×.0.0.0~×.255.255.255'이다.

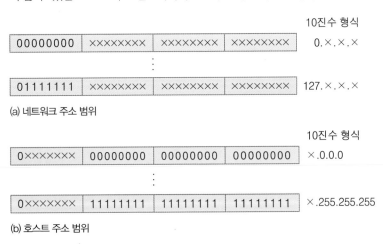

그림 9-15 **클래스 A로 나타낼 수 있는 주소 범위**

결국 클래스 A로 나타낼 수 있는 주소 범위는 0.0.0.0~127.255.255.255이다. 각 클래스별로 나타낼 수 있는 주소 범위를 정리하면 다음 표와 같다.

표 9-1 클래스별 주소 범위

클래스	주소 범위
클래스 A	0.0.0.0~127.255.255.255
클래스 B	128.0.0.0~191.255.255.255
클래스 C	192.0.0.0~223.255.255.255

3 도메인 이름

도메인 이름이란 숫자 형태의 IP 주소를 기억하기 쉽게 하기 위해 부여된 이름이다. 예를 들어 한빛아카데미 웹 사이트를 방문하려면 웹 브라우저 주소 입력줄에 'www.hanbit.co.kr'을 입력한다. 여기서 www.hanbit.co.kr이 도메인 이름이다.

그림 9-16 한빛아카데미 웹 사이트

도메인 이름은 사용자가 임의로 부여해서 사용할 수 없다. 누군가가 [표 9-2]와 같이 IP 주소와 도메인 이름의 관계를 관리하고 있어야 하는데, 이것이 바로 DNS$^{Domain\ Name\ System}$다. DNS는 도메인 이름에 대한 IP 주소를 등록하고 있으면서, 도메인 이름에 대한 IP 주소를 알려주거나 IP 주소에 대한 도메인 이름을 알려주는 일을 한다.

표 9-2 IP 주소와 도메인 이름

IP 주소	도메인 이름
218.38.58.195	www.hanbit.co.kr
192.203.138.21	www.jejunu.ac.kr

다음은 DNS의 역할을 그림으로 나타낸 것이다. 그림에서 '도메인 이름에 대한 IP 주소는?'이라고 질의하는 기기를 DNS 클라이언트라 하고, 질의에 대한 답변, 즉 DNS 서비스를 제공하는 기기를 DNS 서버라 한다.

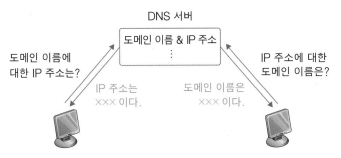

그림 9-17 **DNS의 역할**

도메인 이름에 대한 IP 주소는 어떻게 찾을까? 예를 들어 제주대학교에 있는 내 PC의 웹 브라우저에서 www.hanbit.co.kr에 접속하려는 상황을 가정해보자. 내 PC는 www.hanbit.co.kr에 대한 IP 주소를 얻기 위해 내부적으로 학내 DNS 서버에 질의를 보낼 것이다. 질의를 받은 DNS 서버는 해당 도메인 이름에 대한 정보가 등록되어 있는지 확인하여 등록되어 있으면 IP 주소를 알려준다.

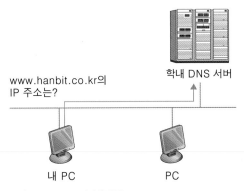

그림 9-18 **DNS 서버에 질의**

그러나 일반적으로 DNS 서버는 자신이 속해 있는 회사 또는 학교 내의 웹 서버나 메일 서버에 대한 정보만 등록하지 다른 회사나 학교에 대한 모든 정보를 등록하지는 않는다. 그러므로 외부 회사나 학교 정보에 대한 질의를 받은 DNS 서버에는 정보가 없을 가능성이 크다. 이런 경우에는 해당 정보를 등록하고 있는 DNS 서버를 찾아서 그곳에 질의를 보내 IP 주소를 얻어야 한다.

[그림 9-19]를 보자. 도메인 이름을 보면 마침표(.)로 구분하여 계층화되어 있다. 오른쪽에 있는 이름이 상위 계층을 나타낸다. 이런 구조에서 하위 계층의 도메인 이름에 대한 정보를 바로 위의 상위 계층의 DNS 서버에서 등록하여 관리한다.

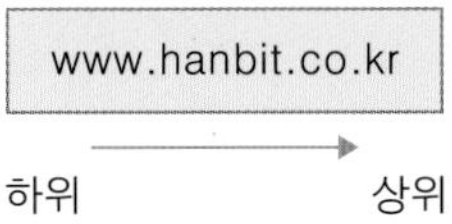

그림 9-19 **마침표를 기준으로 계층화된 도메인 이름**

즉, www.hanbit.co.kr의 정보는 바로 상위 계층인 hanbit.co.kr의 DNS 서버에서 등록하고, hanbit.co.kr의 정보는 co.kr의 DNS 서버에서 등록하며, co.kr의 정보는 kr의 DNS 서버에서 등록한다. kr의 상위 계층으로 또 하나의 도메인이 있는데, 이를 루트 도메인이라 하며 kr의 정보를 등록하여 관리한다. 그리고 이런 루트 도메인에 대한 정보는 모든 DNS 서버에서 등록하여 관리한다.

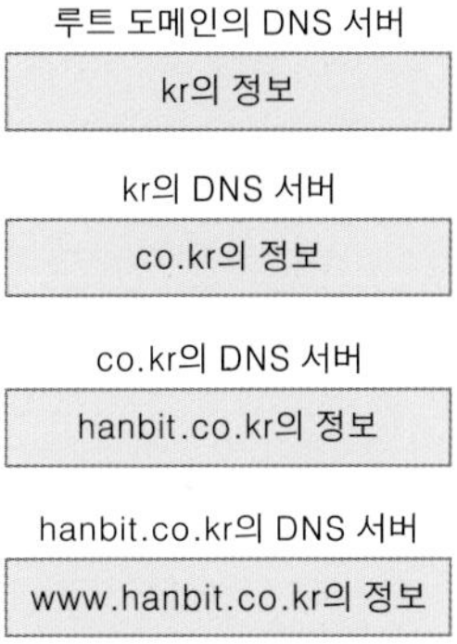

그림 9-20 **DNS 서버의 계층 구조**

앞의 예로 다시 돌아가서, 학내 DNS 서버에 www.hanbit.co.kr에 대한 정보가 없을 경우에는 루트 도메인의 DNS 서버에 질의를 한다. 루트 도메인의 DNS 서버에서는 kr의 정보를 등록하고 있으므로 kr의 DNS 서버의 IP 주소를 알려준다. 그러면 학내 DNS 서버는 kr의 DNS 서버에 질의해서 co.kr의 DNS 서버의 IP 주소를 얻고, 다시 co.kr의 DNS 서버에 질의해서 hanbit.co.kr의 DNS 서버의 IP 주소를 얻는다. 최종적으로 hanbit.co.kr의 DNS 서버에 질의해서 www.hanbit.co.kr의 IP 주소를 얻은 학내 DNS 서버는 내 PC에 www.hanbit.co.kr의 IP 주소를 알려준다. 그러면 내 PC는 IP 주소를 이용해서 통신한다.

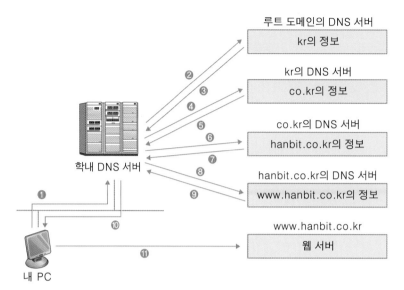

그림 9-21 도메인 이름에 대한 IP 주소 검색 과정

03 인터넷 통신 과정

인터넷을 통한 통신이란 임의의 컴퓨터에서 다른 컴퓨터로 데이터를 전송하는 것을 말한다. 네트워크 구성이 다음 그림과 같을 때 PC 1에서 PC 2로 데이터를 전송하는 과정을 살펴보자.

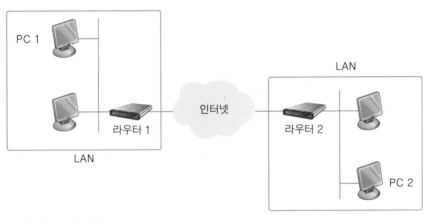

그림 9-22 **네트워크 환경**

1 데이터 전송 시작

인터넷을 통해 데이터를 보내고 받는 일은 인터넷 애플리케이션이 담당한다(웹 브라우저, FTP 프로그램, 텔넷 프로그램 등과 같은 인터넷 애플리케이션이 사용자들에게 직접 네트워크 서비스를 제공한다). 인터넷 애플리케이션은 먼저 전송할 데이터를 운영체제 내의 TCP/IP 소프트웨어에 전달하는데, 이때 데이터를 받을 PC 2의 IP 주소와 포트 번호도 함께 전달한다.

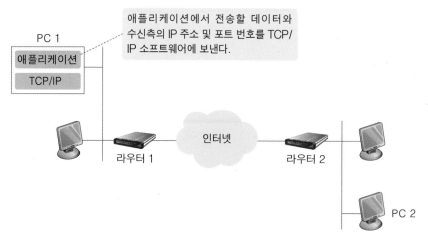

그림 9-23 애플리케이션에서 전송할 데이터를 TCP/IP에 전송

IP 주소는 인터넷에 연결된 기기를 식별하는 번호고, 포트 번호는 수신측에서 동작하는 여러 애플리케이션 중에서 데이터를 수신할 애플리케이션을 식별하는 번호로, 인터넷 애플리케이션의 포트 번호는 모두 다르다. 결국 IP 주소를 통해 수신측 기기가 정해지고, 포트 번호를 통해 수신할 애플리케이션이 정해져 원하는 기기의 애플리케이션에 데이터가 전달된다.

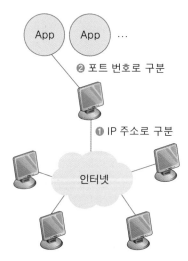

그림 9-24 IP 주소는 수신측을, 포트 번호는 수신할 애플리케이션을 가리킴

애플리케이션으로부터 전송할 데이터와 수신측의 IP 주소 및 포트 번호를 전달 받은 운영체제 내의 TCP/IP 소프트웨어는 다음과 같이 TCP 계층과 IP 계층으로 구성된다. 데이터는 TCP 계층을 거쳐 IP 계층으로 전달된다.

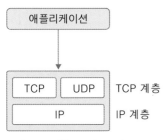

그림 9-25 **계층 구조의 TCP/IP**

2 TCP(UDP) 헤더 추가

TCP 계층은 TCP^{Transmission Control Protocol}와 UDP^{User Datagram Protocol} 두 프로토콜로 구분할 수 있다. 신뢰성이 요구되는 애플리케이션에서는 TCP를 사용하고, 간단한 데이터를 빠른 속도로 전송하는 애플리케이션에서는 UDP를 사용한다.

TCP는 [그림 9-26]의 (a)와 같이 송신측과 수신측의 연결이 이루어진 것을 확인한 다음에 데이터를 전송한다. 그리고 데이터가 제대로 전송되면 수신측으로부터 잘 받았다는 응답을 받고, 만약 응답을 받지 못하면 데이터를 재전송한다. 반면, UDP는 송신측과 수신측의 연결 과정을 거치지 않고 일방적으로 데이터를 보내고 수신측으로부터 응답도 따로 받지 않는다.

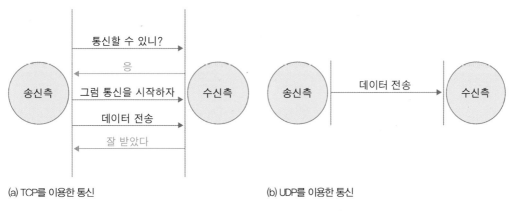

(a) TCP를 이용한 통신

(b) UDP를 이용한 통신

그림 9-26 **TCP와 UDP를 이용한 통신**

데이터가 TCP 또는 UDP를 경유할 때 어떤 일이 이루어지는지 구체적으로 살펴보자.

2.1 TCP를 경유할 경우(TCP 헤더 추가)

TCP는 애플리케이션으로부터 받은 데이터 앞에 TCP 헤더를 추가한 후 이를 IP로 보낸다.

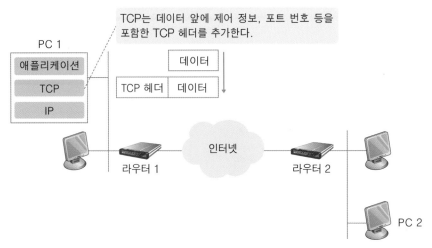

그림 9-27 데이터 앞에 TCP 헤더 추가

TCP 헤더의 크기는 20바이트로, [표 9-3]과 같은 다양한 정보들이 포함된다.

표 9-3 TCP 헤더에 포함된 정보

필드	크기(비트)	설명
송신측 포트 번호	16	데이터를 보내는 애플리케이션의 포트 번호
수신측 포트 번호	16	데이터를 받을 애플리케이션의 포트 번호
순서 번호	32	송신하는 데이터의 일련 번호로 선두 위치를 나타냄
인정(ACK) 번호	32	수신된 데이터의 순서 번호에 수신된 데이터의 크기를 더한 값
데이터 오프셋	4	데이터가 시작되는 위치
예약 필드	6	사용하지 않음
제어 비트	6	SYN, ACK, FIN 등의 제어 번호
윈도우 크기	16	수신측에서 수신할 수 있는 데이터의 크기
체크섬	16	데이터 오류 검사에 필요한 정보
긴급 위치	16	긴급하게 처리할 데이터의 위치
옵션	가변길이	기타 정보를 위한 부분

여기에서 수신측의 포트 번호는 애플리케이션에서 지정한 번호가 되고, 송신측의 포트 번호는 미사용 중인 포트 번호에서 임의로 골라 할당한다. 그리고 제어 비트에는 SYN, ACK 등의 제어 정보가 오는데, SYN 비트를 1로 하면 연결을 요청하는 것이고, ACK 비트를 1로 하면 '응'이라는 응답을 하는 것이다. 다음 그림을 보자. SYN이 1이면 '통신할 수 있니?'라는 뜻이고, SYN과 ACK가 1이면 '응'이라는 응답을 뜻한다. 그러고 나서 ACK가 1이면 '그럼 통신을 시작하자'라는 의미가 된다.

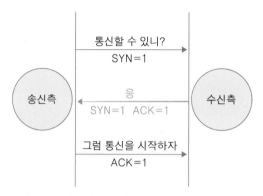

그림 9-28 **통신 시작 단계에서 SYN과 ACK 제어 정보**

앞에서 TCP는 데이터가 제대로 전송됐는지 확인하고 제대로 전송되지 않았다면 재전송한다고 했다. 이 때 필요한 정보가 순서 번호와 인정 번호다. 송신측의 TCP에서 데이터의 일련 번호인 순서 번호를 TCP 헤더에 포함시켜 데이터를 전송하면, 수신측에서는 수신한 데이터의 순서 번호에 받은 데이터의 크기를 더한 값을 인정 번호로 하여 잘 받았다는 응답을 송신측에 보낸다.

[그림 9-29]의 예를 살펴보자. 송신측에서 처음에 데이터를 보낼 때 순서 번호는 1인데, 이는 데이터의 첫 번째 바이트부터 보낸다는 의미다. 그다음에 수신측은 첫 번째 응답에 해당하는 인정 번호 201, 즉 받은 데이터의 순서 번호 1에 데이터의 크기 200을 더한 값을 보낸다. 인정 번호 201을 받은 송신측은 두 번째로 보내는 데이터의 순서 번호를 201로 보낸다. 이는 201번째 데이터부터 보낸다는 뜻이다.

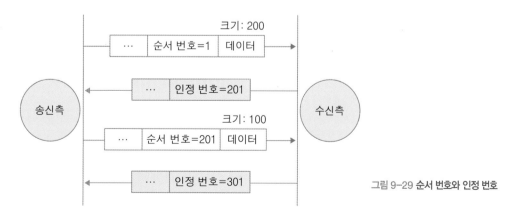

그림 9-29 **순서 번호와 인정 번호**

만약 송신측이 일정 시간이 지나도록 수신측으로부터 응답을 받지 못하면 데이터를 재전송한다. 그러나 몇 차례 데이터를 재전송해도 수신측으로부터 응답이 오지 않으면 애플리케이션에 전송 오류가 발생했음을 알린다.

또한 TCP는 전송할 데이터가 큰 경우에는 다음과 같이 적절한 크기로 분할하여 각각의 분할된 부분에 TCP 헤더를 추가한다.

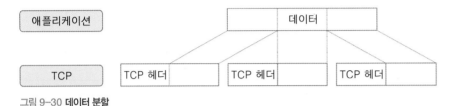

그림 9-30 데이터 분할

2.2 UDP를 경유할 경우(UDP 헤더 추가)

UDP 역시 애플리케이션으로부터 받은 데이터 앞에 UDP 헤더를 추가해서 IP로 보낸다.

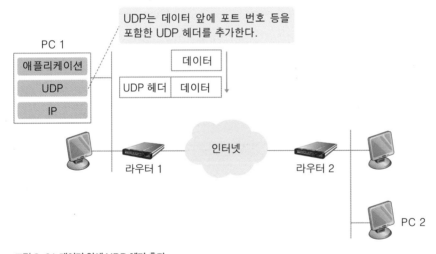

그림 9-31 데이터 앞에 UDP 헤더 추가

UDP 헤더의 크기는 8바이트이며, [표 9-4]와 같은 정보를 포함한다. 이는 [표 9-3]의 TCP 헤더에 비해 단순한데, TCP는 데이터가 확실히 전달되었는지 확인하는 등의 일을 수행하기 위해 많은 정보가 포함되기 때문이다.

표 9-4 UDP 헤더에 포함된 정보

필드	크기(비트)	설명
송신측 포트 번호	16	데이터를 보내는 애플리케이션의 포트 번호
수신측 포트 번호	16	데이터를 받을 애플리케이션의 포트 번호
데이터 길이	16	UDP 헤더와 데이터의 총 길이
체크섬	16	데이터 오류 검사에 필요한 정보

UDP는 데이터가 잘 전송됐는지 확인하는 신뢰성을 보장하지는 않지만, 간단하고 통신 속도가 빠르다는 장점이 있다. UDP를 사용하는 대표적인 애플리케이션으로는 DNS가 있다.

3 IP 헤더 추가

TCP(또는 UDP)로부터 TCP(또는 UDP) 헤더가 추가된 데이터를 받은 IP는 앞에 IP 헤더를 추가한다.

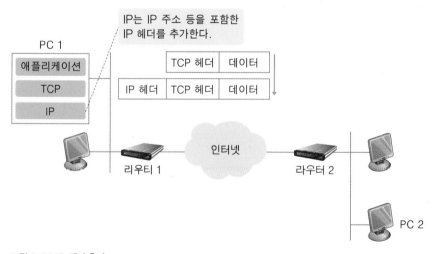

그림 9-32 IP 헤더 추가

IP 헤더의 크기는 20바이트로, [표 9-5]와 같은 정보들이 포함된다. 가장 중요한 정보라 할 수 있는 수신측의 IP 주소는 애플리케이션에서 전달 받은 주소가 된다.

표 9-5 IP 헤더에 포함된 정보

필드	크기(비트)	설명
버전	4	IP 프로토콜의 버전
헤더 길이	4	IP 헤더의 길이
서비스 타입	8	우선순위
전체 길이	16	IP 헤더를 포함한 데이터 전체 길이
ID	16	IP 헤더를 포함한 데이터의 일련 번호
조각 상태	3	조각 여부
조각의 위치	13	데이터가 처음으로부터 떨어진 정도
TTL	8	생존 기간
프로토콜	8	프로토콜 종류(TCP: 6, UDP: 17, ICMP: 1, IP: 0)
체크섬	16	데이터 오류 검사에 필요한 정보(지금은 사용하지 않음)
송신측 IP 주소	32	데이터를 보내는 측의 IP 주소
수신측 IP 주소	32	데이터를 받는 측의 IP 주소
옵션	가변길이	기타 정보를 위한 부분

4 데이터를 보낼 다음 노드의 IP 주소 결정

[그림 9-33]은 서로 다른 네트워크에 있는 두 장치의 데이터 전송 과정을 나타낸 것이다. 그림을 보면 송신측 PC 1에서 수신측 PC 2까지 데이터를 전송하는 과정에서 라우터 1과 라우터 2를 경유하는 것을 볼 수 있다.

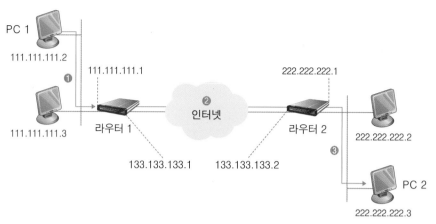

그림 9-33 라우터 1과 라우터 2를 경유하여 데이터 전송

위 그림의 PC 1에서 전송한 데이터가 라우터 1을 거쳐 가려면 라우터 1의 IP 주소를 알아야 하는데, 이 때 라우팅 테이블을 이용한다. 라우팅 테이블이란 데이터를 어디로 보낼지 나타낸 표를 말한다. PC 1의 라우팅 테이블이 다음 표와 같다고 가정해보자.

표 9-6 PC 1의 라우팅 테이블

수신 네트워크 주소	넷마스크	게이트웨이	인터페이스	메트릭
0.0.0.0	0.0.0.0	111.111.111.1	111.111.111.2	1
111.111.111.0	255.255.255.0	111.111.111.2	111.111.111.2	1

라우팅 테이블을 볼 때는 최종 목적지 주소와 수신 네트워크 주소를 비교해서 가장 적합한 행을 찾는다. 주의할 점은 주소의 모든 부분을 비교하는 것이 아니라 넷마스크가 1인 부분만 비교한다. 예를 들어, 목적지 주소가 111.111.111.3이라 하자. [표 9-6]의 두 번째 행의 수신 네트워크 주소와 넷마스크를 2진수로 나타내면 다음과 같은데, 여기에서 넷마스크가 1로 되어 있는 수신 네트워크 부분을 추출한다.

111.111.111.0   ▸   01101111.01101111.01101111.00000000
255.255.255.0   ⟶   11111111.11111111.11111111.00000000

그림 9-34 넷마스크가 1로 되어 있는 수신 네트워크 주소 추출

이렇게 추출한 수신 네트워크 주소는 목적시 주소 부분과 비교한다. 결과적으로 목적지 주소의 세 수와 수신 네트워크 주소의 세 수가 같으면 라우팅 테이블의 해당 행을 선택한다([표 9-6]에서는 두 번째 행을 선택한다).

목적지 주소	111.111.111.3
수신 네트워크 주소	111.111.111.0

그림 9-35 **목적지 주소와 추출한 수신 네트워크 주소 비교**

라우팅 테이블에서 적합한 행을 찾은 후에는 해당 행의 게이트웨이로 데이터를 보낸다. 게이트웨이는 수신 네트워크에 도달할 수 있는 호스트의 IP 주소를 사용하여 해당 주소로 데이터를 보내는 역할을 한다. 그런데 자신의 IP 주소와 게이트웨이의 주소가 같으면 직접 목적지 주소의 호스트로 데이터를 보내는데, PC 1의 주소와 두 번째 행의 게이트웨이 주소가 같으므로 PC 1이 직접 111.111.111.3 장치에 데이터를 보낸다.

PC 1 주소	111.111.111.2
게이트웨이	111.111.111.2

그림 9-36 **두 번째 행의 게이트웨이 확인**

다시 [그림 9-33]의 PC 1에서 PC 2로 데이터를 전송하는 경우를 살펴보자. 이 경우에 목적지 PC 2의 주소는 222.222.222.3인데, [표 9-6]의 두 번째 행의 수신 네트워크 주소와는 다르다.

목적지 주소	222.222.222.3
수신 네트워크 주소	111.111.111.0

그림 9-37 **목적지 주소와 수신 네트워크 주소 비교**

이와 같이 라우팅 테이블에서 적용되는 행이 없을 때는 최종적으로 첫 번째 행을 적용하는데, [표 9-6]의 첫 번째 행의 넷마스크가 모두 0이므로 어느 부분과도 비교하지 않아도 된다. 즉, 첫 번째 행의 게이트웨이를 모든 목적지 주소에 적용할 수 있다. 이런 게이트웨이를 기본 게이트웨이라고 한다. 첫 번째 행의 기본 게이트웨이는 111.111.111.1이므로 PC 1은 데이터를 111.111.111.1의 주소를 지닌 호스트(라우터 1)로 보내기로 결정한다.

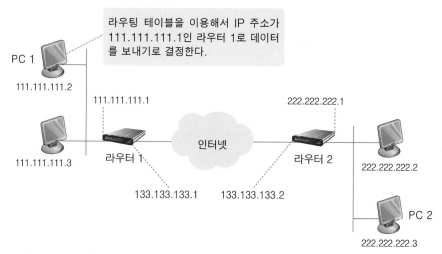

라우팅 테이블을 이용해서 IP 주소가 111.111.111.1인 라우터 1로 데이터를 보내기로 결정한다.

PC 1
111.111.111.2

111.111.111.1

111.111.111.3

라우터 1

인터넷

133.133.133.1

133.133.133.2

222.222.222.1

라우터 2

222.222.222.2

PC 2

222.222.222.3

그림 9-38 **라우팅 테이블을 이용해서 데이터 전송**

목적지 주소와 수신 네트워크 주소를 비교할 때 만약 일치하는 행이 여러 개라면 최대한 많은 수를 비교한 행을 선택한다. 예를 들어 목적지 주소가 111.111.111.3인 경우에 다음과 같은 라우팅 테이블이 있으면 두 번째 행과 세 번째 행 모두 일치하는데, 많은 수를 비교한 세 번째 행을 선택한다.

표 9-7 **라우팅 테이블의 예**

수신 네트워크 주소	넷마스크	기타 정보
0.0.0.0	0.0.0.0	
111.111.0.0	255.255.0.0	. . .
111.111.111.0	255.255.255.0	

5 MAC 헤더 추가

라우팅 테이블을 이용해서 데이터를 보낼 상대의 IP 주소가 정해졌으면, 상대 네트워크 카드의 MAC 주소를 포함하고 있는 MAC 헤더를 추가한다.

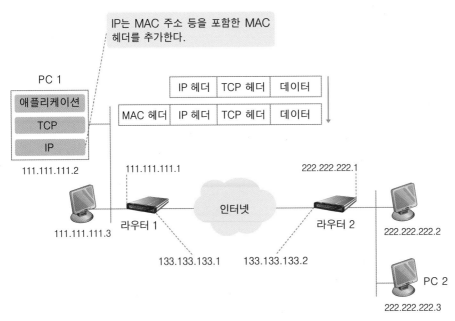

그림 9-39 **MAC 헤더 추가**

MAC^{Media Access Control} 주소란 모든 네트워크 카드에 부여된 유일한 번호로, LAN상에서의 실제 데이터 전송은 이 주소를 통해 이루어진다. MAC 주소를 포함하는 MAC 헤더의 크기는 14바이트로, [표 9-8] 과 같은 정보들을 포함한다.

표 9-8 **MAC 헤더에 포함된 정보**

필드	크기(비트)	설명
송신측 MAC 주소	48	데이터를 보내는 네트워크 카드의 MAC 주소
수신측 MAC 주소	48	라우팅 테이블에 의해 정해진 상대 네트워크 카드의 MAC 주소
이더넷 타입	16	프로토콜 종류(IP: 0800, ARP: 0806)

송신측의 MAC 주소는 자신의 네트워크 카드에 내장된 롬^{ROM}에서 쉽게 얻을 수 있다. 그러나 수신측 의 MAC 주소를 알아내는 일은 좀 복잡한데, [그림 9-40]을 통해 살펴보자. 수신측의 MAC 주소는 ARP^{Address Resolution Protocol}를 이용해 구한다. ARP는 LAN상의 모든 호스트에 'IP가 111.111.111.1인 장 치야! MAC 주소 알려줘!'라는 메시지를 보낸다. 그러면 IP 주소가 111.111.111.1인 장치(여기서는 라 우터 1)가 '난데, 나의 MAC 주소는 00-00-0c-07-ac-cb야'라고 응답한다.

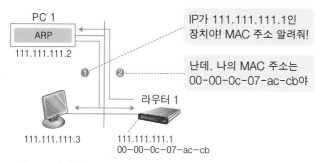

그림 9-40 **수신측의 MAC 주소 구하기**

그런데 통신할 때마다 MAC 주소를 구해야 한다면 비효율적이다. ARP에서는 한 번 조회한 MAC 주소를 ARP 캐시에 두고 다음 통신부터 ARP 캐시를 보고 MAC 주소를 얻는다. 그러나 네트워크 카드를 교체해서 MAC 주소가 바뀌거나 IP 주소를 새롭게 설정하면 문제가 생기므로, 이런 경우를 대비해서 ARP 캐시에 저장된 값은 일정 시간이 지나면 삭제된다.

6 라우터를 경유해 수신 LAN 라우터로 전송

이렇게 해서 완성된 메시지(각종 헤더를 붙인 최종 전송 데이터)는 네트워크 카드에서 전기 신호로 변환된 후 라우터 1의 e1 인터페이스로 전송된다.

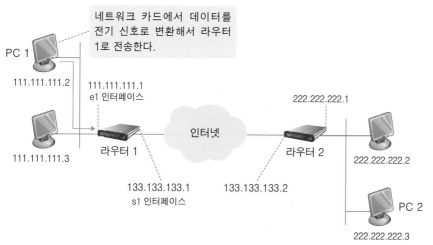

그림 9-41 **메시지를 전기 신호로 변환한 후 라우터 1로 전송**

메시지를 받은 라우터 1은 MAC 헤더의 수신자 MAC 주소가 자신의 MAC 수소임을 확인한다. 그리고 MAC 주소에 문제가 없으면 MAC 헤더를 제거한다.

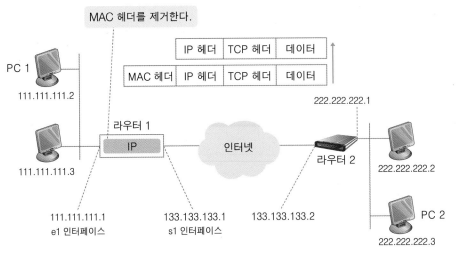

그림 9-42 **MAC 헤더 제거**

IP는 IP 헤더의 수신자측 IP 주소를 보고 다음으로 보낼 곳을 정하는데, 앞에서 설명한 라우팅 테이블을 이용해서 정하는 방법과 유사하다. 라우터에도 라우팅 테이블이 있는데 라우터 1의 라우팅 테이블이 다음 표와 같다고 하자.

표 9-9 **라우터 1의 라우팅 테이블**

수신 네트워크 주소	넷마스크	게이트웨이	인터페이스
0.0.0.0	0.0.0.0	133.133.133.2	s1
111.111.111.0	255.255.255.0	–	e1

수신측의 IP 주소가 222.222.222.3이므로 기본 게이트웨이가 선택되어 s1 인터페이스를 통해 133.133.133.2의 주소를 지닌 라우터 2로 보내기로 결정한다.

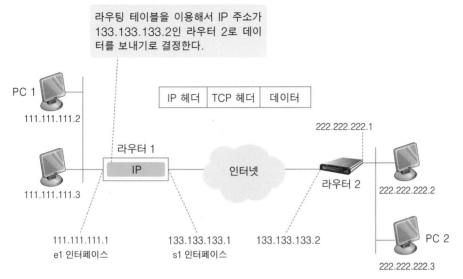

그림 9-43 **라우팅 테이블을 이용해서 라우터 2로 보내기로 결정**

라우터 1에서 라우터 2로 갈 때 거치는 네트워크는 LAN이 아니라 WAN이다. MAC 주소는 같은 LAN 상에 있는 여러 장치 중 하나에 데이터를 보낼 때 필요한 주소다. 그런데 [그림 9-44]의 라우터 1과 라우터 2는 WAN으로 연결되어 있으므로 MAC 주소가 필요 없다. 그러므로 라우터 1에서는 MAC 헤더를 추가하지 않고 s1 인터페이스를 통해 라우터 2로 데이터를 전송한다. 물론 전기 신호로 변환해서 전송한다.

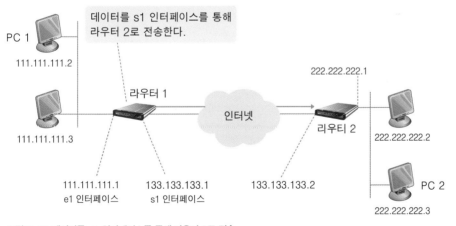

그림 9-44 **데이터를 s1 인터페이스를 통해 라우터 2로 전송**

7 수신 LAN 라우터에서 목적지로 전송

데이터를 받은 라우터 2는 IP 헤더의 수신자측 IP 주소를 보고 보낼 곳을 정해야 한다. 라우터 2의 라우팅 테이블이 다음 표와 같다고 하자.

표 9-10 라우터 2의 라우팅 테이블

수신 네트워크 주소	넷마스크	게이트웨이	인터페이스
0.0.0.0	0.0.0.0	133.133.133.1	s1
222.222.222.0	255.255.255.0	–	e1

라우터 2는 수신측 IP 주소가 222.222.222.3이기 때문에 두 번째 행의 e1 인터페이스를 통해 222.222.222.3 호스트로 데이터를 직접 전송하기로 결정한다.

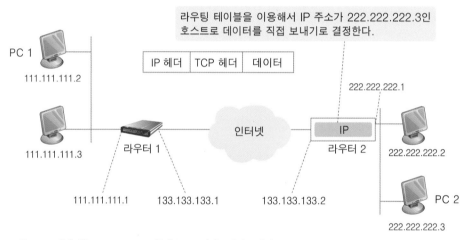

그림 9-45 데이터를 222.222.222.3인 호스트로 직접 보내기로 결정

또한 라우터 2와 목적지는 같은 LAN상에 있으므로 전송하기 전에 MAC 헤더를 추가하는데, 앞에서와 마찬가지로 ARP를 이용해서 222.222.222.3의 MAC 주소를 구해 MAC 헤더를 추가한다.

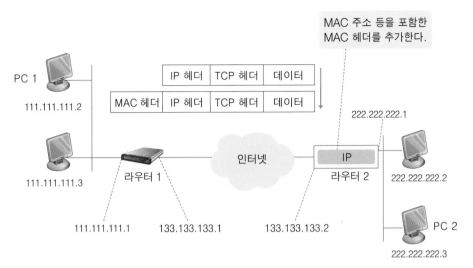

그림 9-46 MAC 헤더 추가

완성된 데이터는 네트워크 카드를 통해 PC 2로 전송한다.

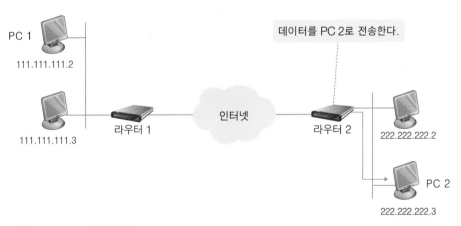

그림 9-47 PC 2로 데이터 전송

8 최종 목적지 도착

데이터를 받은 PC 2는 MAC 헤더의 수신자 MAC 주소가 자신의 MAC 주소임을 확인하여 문제가 없으면 MAC 헤더를 제거한다.

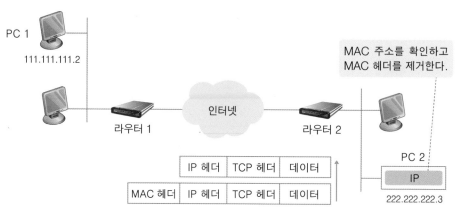

그림 9-48 MAC 주소 확인 후 MAC 헤더 제거

IP 헤더의 수신측 IP 주소가 자신의 IP 주소임을 확인하고 IP 헤더를 제거해 TCP로 보낸다.

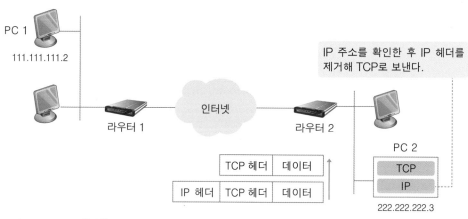

그림 9-49 IP 주소 확인 후 IP 헤더를 제거해 TCP로 전송

데이터를 받은 TCP는 잘 받았다는 ACK 신호를 PC 1에 보낸다. 물론 PC 1에서 PC 2로 데이터가 전달된 과정과 동일한 절차를 거친다.

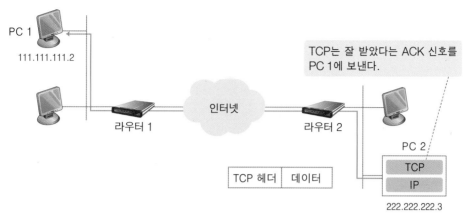

그림 9-50 **PC 1로 ACK 신호 전송**

만약 PC 1에서 데이터를 분할하여 전송했다면 PC 2의 TCP는 분할된 데이터를 모으는 일을 한다. 또한 분할된 데이터 중에 빠진 것이 있으면 PC 1에 빠진 부분을 다시 보내달라고 요청한다.

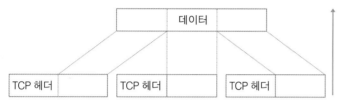

그림 9-51 **분할된 데이터 통합**

TCP 헤더를 제거하고 TCP 헤더의 정보 중 하나인 수신측 포트 번호에 해당하는 애플리케이션으로 데이터를 전달하면 PC 1에서 PC 2로 데이터를 전송하는 긴 여정이 끝난다.

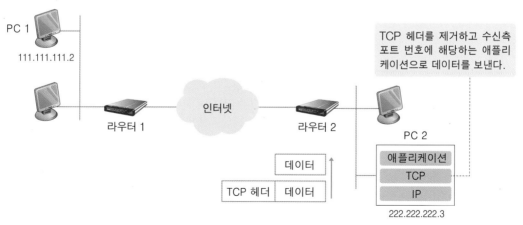

그림 9-52 **TCP 헤더 제거 후 애플리케이션으로 전송**

04 오류 검출

네트워크를 통해 데이터를 전송할 때 전파 장애, 번개, 해킹 등 여러 요인에 의해 데이터가 변경되거나 유실될 수 있다. 그래서 네트워크 시스템에서는 수신한 데이터에 오류가 있는지 판단하는 기능을 갖추고 있는데, 이것이 바로 오류 검출이다. 오류를 검출하는 방법으로는 데이터 중복 전송과 중복 정보 전송 두 가지가 있다.

1 데이터 중복 전송

송신측에서 수신측으로 각 데이터를 두 번씩 보내는 방법이다. 그러면 수신측에서는 두 데이터를 비교하여 같으면 오류가 없는 것으로 판단하고 다르면 오류로 판단한다. 그런데 이 방법은 전송되는 데이터의 양이 많을 뿐만 아니라 수신측에서 두 데이터를 모두 비교하는 데 많은 시간을 필요로 한다.

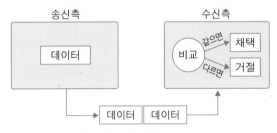

그림 9-53 데이터를 두 번 보내는 방법

2 중복 정보 전송

전송할 데이터에 대한 중복 정보(예를 들어 패리티 비트)를 데이터와 함께 보내는 방법이다. 송신측에서 생성 함수를 이용해 데이터에 대한 중복 정보를 생성하고, 이 중복 정보를 데이터와 함께 수신측에 전송한다. 수신측에서는 검사 함수로 데이터와 중복 정보를 검사해 오류 여부를 판단한다. 오류가 없다고 판단하면 중복 정보는 제거하고 원데이터만 이용한다.

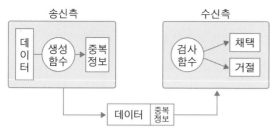

그림 9-54 **중복 정보를 함께 보내는 방법**

중복 정보를 이용해 오류를 검출하는 방법에는 수직 중복 검사, 세로 중복 검사, 순환 중복 검사 그리고 체크섬이 있다.

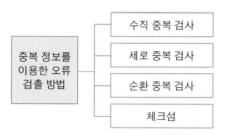

그림 9-55 **중복 정보를 이용한 오류 검출 방법**

2.1 수직 중복 검사

수직 중복 검사VRC, Vertical Redundancy Check는 오류 검출을 위해 가장 일반적으로 사용하는 방법으로, 패리티 검사parity check라고도 한다. 이 방법에서는 데이터에 대한 패리티 비트라는 중복 정보를 구해 데이터와 함께 수신측으로 전송한다.

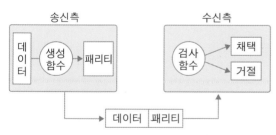

그림 9-56 **수직 중복 검사 동작 과정**

패리티 비트는 짝수 패리티와 홀수 패리티로 나눌 수 있는데, 여기에서는 짝수 패리티를 기준으로 설명한다(홀수 패리티는 짝수를 홀수로 대체하여 이해하면 된다). 우선 패리티 비트를 생성하는 과정에 대해 살펴보자.

컴퓨터에서 모든 데이터는 0과 1의 2진수로 표현된다. 짝수 패리티란 이런 2진 데이터에 패리티 비트를 추가해 1의 개수가 짝수가 되게 하는 것이다. 예를 들어 [그림 9-57]의 (a)에서 패리티 비트를 추가하여 1의 개수가 짝수가 되려면 패리티 비트가 0이 되어야 하고, (b)는 패리티 비트가 1이 되어야 한다.

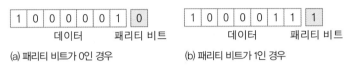

(a) 패리티 비트가 0인 경우   (b) 패리티 비트가 1인 경우

그림 9-57 **짝수 패리티의 예**

이렇게 생성된 패리티 비트를 데이터와 함께 수신측으로 보낸다. 수신측에서는 수신한 정보(데이터와 패리티 비트 모두)에 대한 패리티 비트가 모두 0이면 오류가 발생하지 않은 것으로 판단하고, 패리티 비트가 1이면 오류가 발생한 것으로 판단한다. 예를 들어 [그림 9-58]의 (a)와 같은 정보를 받았다면 패리티 비트는 0이 된다. 그러므로 오류가 발생하지 않은 것으로 여긴다. 반면 (b)와 같은 정보를 수신하면 계산된 패리티 비트가 1이 되므로 오류가 발생한 것으로 여긴다.

(a) 오류가 발생하지 않은 경우   (b) 오류가 발생한 경우

그림 9-58 **수신측에서 오류 검사**

그런데 이 방법은 짝수 개의 비트에 오류가 발생하면 오류를 검출할 수 없다는 문제점이 있다. 다음 그림은 두 개의 비트에 오류가 발생했음에도 불구하고 오류가 없는 것으로 간주하는 예다.

그림 9-59 **오류를 검출하지 못하는 경우**

2.2 세로 중복 검사

세로 중복 검사LRC, Longitudinal Redundancy Check는 수직 중복 검사에서도 발견하지 못하는 오류까지 검출할 확률이 높은 방법으로, 데이터를 행렬의 형태로 구성해 동작한다.

소프트웨어 세상을 여는 컴퓨터 과학

예를 들어 송신측에서 '01000001 01101100 11010011'과 같은 24비트 데이터를 전송한다고 가정해 보자. 그러면 데이터를 8비트로 구분해 3행 8열의 행렬로 변환한 다음, 같은 열에 대응되는 비트들에 대한 패리티 비트를 구한다. 이렇게 계산된 패리티 비트들이 중복 정보가 된다.

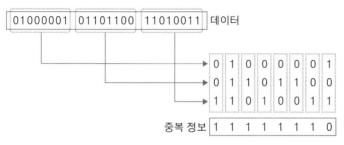

그림 9-60 **세로 중복 검사에서 중복 정보 구하기**

중복 정보를 구하면 데이터와 함께 수신측으로 전송한다.

01000001	01101100	11010011	11111110
데이터			중복 정보

그림 9-61 **중복 정보를 포함해 데이터 전송**

정보를 받은 수신측은 오류가 발생했는지를 검사하는데, 송신측에서 중복 정보를 구한 과정과 같은 방법으로 수신한 정보에 대한 중복 정보를 구한다. 계산된 결과가 0이면 오류가 없는 것으로 간주하고, 0이 아니면 오류가 있는 것으로 간주한다. 다음과 같이 두 개의 비트에 오류가 발생한 정보를 수신했다고 하자. 그러면 받은 정보에 대한 중복 정보를 계산하는데, 결과가 0이 아니므로 오류로 간주한다.

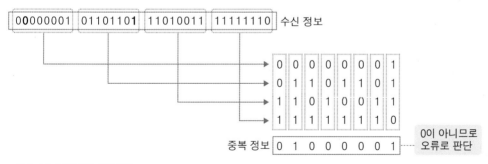

그림 9-62 **수신측에서 오류 검사**

2.3 순환 중복 검사

모듈로-2 연산을 기반으로 하는 순환 중복 검사CRC, Cyclic Redundancy Check는 가장 널리 사용되는 오류 검출 방법이다. 모듈로-2 연산은 기존 연산과는 달리 덧셈에서 캐리carry와 뺄셈에서 바로우borrow가 없는 연산으로, 덧셈이나 뺄셈의 결과가 동일하다. 다음은 1011과 0101에 대한 모듈로-2 덧셈과 뺄셈인데, 결과가 같은 것을 알 수 있다.

```
1011 + 0101 = 1110
1011 − 0101 = 1110
```

결국 모듈로-2 덧셈과 뺄셈 결과는 비트별 XOR 연산 결과와 같다.

```
1011 XOR 0101 = 1110
```

순환 중복 검사는 우선 첫 번째 비트가 1로 시작하는 n+1비트의 제수를 결정한다. 그리고 전송하고자 하는 데이터 끝에 n비트의 0을 추가한 후 제수로 모듈로-2 나눗셈을 한다. 그러면 n비트의 나머지가 구해지는데 이 나머지가 중복 정보가 된다.

그림 9-63 **순환 중복 검사에서 중복 정보 구하기**

계산된 중복 정보를 데이터와 함께 전송하면 수신측에서는 전송받은 정보를 동일한 n+1 제수로 모듈로-2 나눗셈을 한다. 나머지가 0이면 오류가 없는 것으로 판단하고, 나머지가 0이 아니면 오류로 간주한다.

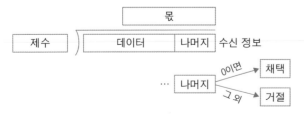

그림 9-64 **수신측에서 오류 검사**

2.4 체크섬

체크섬^{checksum} 역시 오류 검출의 한 방법으로, [표 9-3]과 [표 9-4]에서 확인할 수 있듯이 TCP 헤더와 UDP 헤더 등에 포함된다. 송신측의 TCP(또는 UDP)에서 전송할 데이터에 대한 체크섬을 구해 TCP 헤더에 포함해서 전송하면, 수신측의 TCP에서 TCP 헤더에 포함된 체크섬을 검사해 수신한 데이터에 오류가 있는지 확인한다. 체크섬의 자세한 동작 과정은 생략한다.

그림 9-65 **송신측 TCP에서 체크섬 생성, 수신측 TCP에서 검사**

1 네트워크

전송 매체로 연결된 장치들의 모임이다. 여기서 장치는 일반 컴퓨터, 프린터나 스캐너 같은 주변 장치, 서버 같은 대형 컴퓨터를 아울러 데이터를 주고받을 수 있는 모든 장치를 말한다.

2 인터넷

전 세계의 수많은 컴퓨터를 연결한 네트워크 집합체로, 인터넷을 이용한 대표적인 서비스에는 월드 와이드 웹, 전자우편, FTP, 텔넷 등이 있다.

3 IP 주소

인터넷에 연결된 여러 장치를 식별하는 번호로 '218.237.65.1'과 같이 네 개의 10진수로 구성된다. 각 10진수는 여덟 자리 2진수를 의미하며, 네 개이므로 총 32비트로 구성된다.

4 도메인 이름

숫자 형태의 IP 주소를 기억하기 쉽게 하기 위해 부여된 이름이다. 도메인 이름에 대한 IP 주소를 등록하고 있으면서 도메인 이름에 대한 IP 주소를 알려주거나 IP 주소에 대한 도메인 이름을 알려주는 일을 하는 시스템을 DNS라고 한다.

5 인터넷 통신 과정

인터넷에 연결된 임의의 컴퓨터에서 다른 컴퓨터로 데이터를 전송하면 TCP/IP 소프트웨어를 통해 수신지로 전달된다.

6 TCP와 UDP

TCP 계층은 TCP와 UDP 두 프로토콜로 구분된다. 신뢰성이 요구되는 애플리케이션에서는 TCP를 사용하고, 간단한 데이터를 빠른 속도로 전송하는 애플리케이션에서는 UDP를 사용한다.

7 오류 검출

네트워크에서 오류를 검출하는 방법에는 데이터를 두 번 보내는 방법과 중복 정보를 이용하는 방법이 있다. 특히 중복 정보를 이용해 오류를 검출하는 방법에는 수직 중복 검사, 세로 중복 검사, 순환 중복 검사 그리고 체크섬이 있다.

1 LAN과 WAN에 대해 설명하시오.

2 인터넷의 대표적인 서비스 네 가지를 설명하시오.

3 IP 주소, 도메인 이름, DNS에 대해 설명하시오.

4 다음 IP 주소에 대한 설명 중 옳은 것을 모두 고르시오.

> ① 213.237.230.5는 클래스 C에 해당된다.
> ② 125.237.3.3과 125.127.5.6은 동일한 네트워크에 속한 주소다.
> ③ 클래스 B에 해당하는 네트워크의 수는 2^{16}개다.

5 목적지의 IP 주소가 111.222.222.1이고 현 PC의 라우팅 테이블 정보가 다음과 같을 때, 우선 어느 IP 주소의 장치로 데이터를 보내야 하는지 쓰시오.

수신 네트워크 주소	넷마스크	게이트웨이	인터페이스	메트릭
0.0.0.0	0.0.0.0	111.111.111.3	111.111.111.1	1
111.111.111.0	255.255.255.0	111.111.111.1	111.111.111.1	1

6 PC 1에서 PC 2로 데이터가 전송되는 과정에서 A~E에 들어갈 내용을 쓰시오.

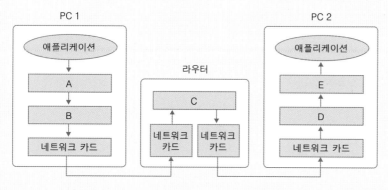

구름 속으로 올라간 컴퓨터, 클라우드 컴퓨팅이란?

클라우드 컴퓨팅cloud computing은 인터넷 기반 응용 컴퓨팅 기술로, 인터넷의 데이터 서버에 프로그램을 두고 필요할 때마다 컴퓨터나 모바일 기기로 불러와서 사용하는 서비스다. 각종 자원을 사용자가 직접 소유하면서 관리하던 기존 방식과 달리, 사용자가 필요한 자원을 가상화된 형태로 네트워크를 통해 제공 받는 방식이다.

클라우드 컴퓨팅은 사용자 입장에서 보면 구름 뒤에 가려진 복잡한 컴퓨팅 시스템 구조와 같다. 즉, 복잡한 컴퓨팅 시스템 구조를 자세히 알 필요 없이 원하는 서비스를 제공 받을 수 있다.

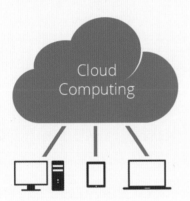

▲ 클라우드 컴퓨팅의 개념도

10

보안과 암호화

평문을 암호문으로, 암호문을 평문으로

학습목표

■ 암호화 기술의 등장 배경을 이해한다.

■ 비밀키 암호화 방식의 종류와 암호화 과정을 알아본다.

■ 공개키 암호화 방식의 종류와 암호화 과정을 알아본다.

1 암호화 기술

컴퓨터가 처음 개발되어 사용될 당시 보안 문제는 지금처럼 중요하거나 복잡하지 않았고 간단한 물리적인 보안만으로도 충분했다. 그러나 인터넷 사용이 보편화됨에 따라 해킹, 바이러스 등의 사이버 범죄 및 개인 정보 유출 문제가 대두되어 컴퓨터는 점점 보안에 취약한 구조가 되었다. 이런 분위기 속에서 신원 확인, 정보 비밀성 유지, 무결성 유지 등의 기능이 필요하게 되었는데 이때 사용되는 기술이 바로 암호화 기술이다.

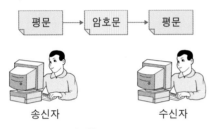

그림 10-1 **암호화 기술**

보안과 암호화 개념은 1960년대 이전까지만 하더라도 국가의 전유물이었다. 주로 국가의 외교 · 안보 분야에서 사용되는 기밀 유지를 위한 수단으로 사용되었기 때문이다. 따라서 당연히 어떻게 암호화되는 지는 국가의 비밀이었고 암호 해독 여부가 전쟁의 승패를 좌우했다.

군사 목적으로 사용되던 암호화 기술은 1970년대 중반 미국에서 민간 분야에 사용하기 위해 암호화 표준을 마련하면서 발전하였다. 이 표준은 바로 DES[Data Encryption Standard]다. 현대 암호학은 DES가 마련됨에 따라 대학, 연구소, 정부를 중심으로 관련 연구에 박차를 가하면서 본격적으로 출발하게 되었다.

현대 암호학의 역사상 가장 두드러진 발전을 할 수 있었던 때는 공개키 암호[PKC, Public Key Cryptography] 방식이 나오면서부터다. 공개키 암호의 효시는 DH 비밀키 교환 방식이고, 공개키 암호의 대표적인 예는 RSA 암호화 방식이다. 이 장에서는 초기 암호화 방식에서부터 공개키 암호화 방식에 이르기까지 기술 변천 과정을 살펴본다.

02 초기 암호화 방식

암호화되지 않은 문장을 평문^{plaintext}이라 하고, 암호화된 문장을 암호문^{ciphertext}이라 한다. 암호화란 평문을 암호문으로 바꾸는 과정이다. 그리고 이에 반대되는 과정을 복호화라 한다. 즉 암호화란 주어진 내용의 의미를 파악할 수 없도록 만드는 작업이고, 복호화란 그 암호화된 내용을 다시 파악할 수 있는 내용으로 만드는 작업이다.

이 절에서는 암호화 방식의 시초로 볼 수 있는 시저 암호, 시저 암호에 비해 해독하기 어려운 트리테미우스 암호와 비게네르 암호, 문자의 위치를 바꾸는 전치형 암호 그리고 좀 더 해독이 어려운 폴리비우스 암호에 대해 살펴본다. 이러한 방식은 하나의 암호화키를 사용해서 암호화하고 복호화하는 것으로 비밀키 암호화 방식이라고 한다.

1 시저 암호

1.1 시저 암호의 원리

로마 공화정 말기의 장군이었던 시저는 키케로나 친지들에게 은밀한 편지를 보낼 때 암호문을 이용했다. 다음은 시저 암호문의 한 예다.

```
QHYHU WUXVW EUXWXV
```

이 암호문은 단순히 알파벳을 왼쪽으로 세 자리 이동해서 작성한 것이다. 원래 문장(평문)의 문자 A는 암호 문자 D로, B는 E로, … , W는 Z로 그리고 X, Y, Z는 A, B, C로 대체하여 사용한다. 이런 평문 문자와 암호 문자의 관계를 나타내면 다음과 같다. 윗줄이 평문 문자고 아랫줄이 암호 문자다. 이런 표를 암호화 표라고 한다.

평문 문자	ABCDEFGHIJKLMNOPQRSTUVWXYZ
암호 문자	DEFGHIJKLMNOPQRSTUVWXYZABC

그림 10-2 **암호화 표**

이 표를 이용해 앞의 암호문을 해독하면 다음과 같다.

NEVER TRUST BRUTUS

시저 암호는 알파벳을 세 자리 이동한 것이지만 한 자리, 열 자리, 스무 자리 등으로 이동할 수도 있다. 그러나 스물여섯 자리를 이동하면 원래 알파벳과 같게 되고, 스물일곱 자리를 이동하면 한 자리 이동한 것과 같게 된다. 즉 스물다섯 자리까지만 이동하는 것이 의미있다.

그렇다면 스물다섯 자리 이동한 암호 알파벳을 이용해서 암호문을 작성해보자.

NEVER TRUST BRUTUS

스물다섯 자리 이동한 암호 알파벳의 암호화 표를 작성하면 다음과 같다.

평문 문자	A B C D E F G H I J K L M N O P Q R S T U V W X Y Z
암호 문자	Z A B C D E F G H I J K L M N O P Q R S T U V W X Y

그림 10-3 **스물다섯 자리 이동한 암호화 표**

위의 문장을 암호문으로 바꾸어보자.

MDUDQ SQTRS AQTSTR

시저 암호는 평문의 문자 하나하나를 암호문의 문자로 바꾸는데, 이런 방법을 치환형 암호라 한다. 시저 암호는 암호화 방법과 암호를 푸는 단서인 키를 가지고 있다. 암호화 방법은 '더한다'이고, 암호화키는 '3'이다. 암호화한 메시지를 몰래 복호화하려는 해커가 있다면 그에게는 암호화키가 3보다는 5일 때, 5 보다는 7일 때 더 복잡할 것이다. 이처럼 암호화키를 크게 설정하면 할수록 이점이 많다.

1.2 키를 알 수 없는 경우 해독 방법

어렵게만 보이는 시저 암호문의 해독은 키만 알면 매우 간단하게 할 수 있다. 만약 키를 알 수 없다면 암호문의 해독은 어떻게 할까? 이 또한 아주 간단하게 해결할 수 있다. 우선 암호문을 맨 위에 놓는다.

VLA SP

그다음 각각의 암호화된 알파벳을 알파벳순에 따라 왼쪽 수만큼 더한 값으로 써 내려간다. V에 +1을 해서 W로, 다음에는 +2를 해서 X로, 다음에는 +3을 해서 Y로, … 같은 방식으로 나머지 문자도 +25번째까지 작성한다. 어느 순간 의미 있는 문장이 되는 값이 보일 것이다. 23번째 더하기 작업을 한 후 의미있는 문장 SIX PM이 보이는데, 이 문장이 해독한 결과다.

암호문	VLA SP
+1	WMB TQ
+2	XNC UR
+3	YOD VS
+4	ZPE WT
⋮	⋮
+20	PFU MJ
+21	QGV NK
+22	RHW OL
+23	SIX PM
+24	TJY QN
+25	UKZ RO

그림 10-4 키를 알 수 없는 경우 해독 방법

시저 암호는 키가 25가지밖에 없기 때문에 어떠한 암호든지 25번의 단순 작업을 거치고 나면 해독이 된다. 하지만 당시만 해도 이러한 방법은 해독 방법도 알 수 없는 상황에서 아주 효과적이고 획기적인 것이었다.

어차피 해독될 텐데 뭐 하러 암호화하는가? 이는 해독하는 동안 시간을 조금이라도 더 벌기 위해서다. 예를 들어 암호문 VLA SP를 6시 1분에 해독을 마쳤다고 가정하자. 그럼 6시는 이미 지나버렸으므로 그들은 손쓸 틈도 없이 공격당하고 있는 중일 것이다.

1.3 단어 키를 사용한 암호화

지금까지는 키로 숫자를 이용했는데 단어를 이용하면 해독하기 어려운 암호를 만들 수 있다. 다음 단어를 사용하여 평문을 암호화해보자.

- 사용할 단어: JEJUEDUCATION
- 암호화할 문장: NEVER TRUST BRUTUS

사용할 단어 JEJUEDUCATION에서 반복되는 문자가 있으면 처음 나오는 문자 외에는 모두 삭제한다. 그러면 다음과 같이 되는데 이것이 키가 된다.

JEUDCATION

윗줄에 평문 문자인 알파벳을 순서대로 쓰고 아랫줄에 키를 첫 번째 위치부터 쓴다.

ABCDEFGHIJKLMNOPQRSTUVWXYZ
JEUDCATION

그림 10-5 단어 키를 사용한 암호화 표 작성 과정

키에 속하는 문자를 제외한 알파벳의 나머지 문자를 순서대로 쓴다. 이 표가 암호화 표가 되는데, 키로 숫자를 사용하는 암호화 표와는 달리 연속적이지 않아 복잡해진다. 그러나 V부터는 평문 문자와 암호 문자가 같은 문제점도 볼 수 있다.

| 평문 문자 | ABCDEFGHIJKLMNOPQRSTUVWXYZ |
| 암호 문자 | JEUDCATIONBFGHKLMPQRSVWXYZ |

그림 10-6 단어 키를 사용한 암호화 표

완성된 암호화 표를 이용해서 평문을 암호문으로 바꾸면 다음과 같다.

NEVER TRUST BRUTUS → HCVCP RPSQR EPSRSQ

1.4 숫자 키와 단어 키를 동시에 사용한 암호화

어느 부분부터 평문 문자와 암호 문자가 같아지는 문제점을 없애고, 좀 더 복잡하게 하려면 단어와 숫자 키를 동시에 사용하면 된다. 숫자 키 7과 단어 LINUXANDWINDOWS를 동시에 사용해서 암호화하는 과정을 살펴보자.

단어 LINUXANDWINDOWS에서 처음 나오는 문자를 제외한 반복되는 문자를 삭제하여 단어 키를 구한다. 결국 키는 숫자 7과 단어 LINUXADWOS가 된다.

LINUXADWOS

윗줄에 평문 문자인 알파벳을 쓰고, 아랫줄에 숫자 키인 7만큼 오른쪽으로 이동하여 단어 키를 쓴다.

```
A B C D E F G H I J K L M N O P Q R S T U V W X Y Z
                L I N U X A D W O S
```

그림 10-7 **숫자 키와 단어 키를 동시에 사용한 암호화 표 작성 과정**

단어 키에서 사용된 문자를 제외한 알파벳의 나머지 문자를 순서대로 쓴다. 평문 문자 Z까지 채워 넣었으면 다시 A부터 시작한다. 모두 채우면 암호화 표가 완성된다.

평문 문자	A B C D E F G H I J K L M N O P Q R S T U V W X Y Z
암호 문자	P Q R T V Y Z L I N U X A D W O S B C E F G H J K M

그림 10-8 **숫자 키와 단어 키를 동시에 사용한 암호화 표**

완성된 암호화 표를 이용해서 평문을 암호문으로 바꾸면 다음과 같다.

NEVER TRUST BRUTUS → DVGVB EBFCE QBFEFC

1.5 시저 암호의 한계

시저 암호를 사용할 때 알파벳순으로 나열되지 않은 암호화 표를 임의로 만들어 사용할 수도 있다. 그러나 아무리 암호화 표를 복잡하게 만든다 해도 해독을 위한 단서를 제공한다는 문제점이 있다. 다음 암호화 표를 사용해서 'WE ATTACK BEFORE THREE AM'을 암호화해보자.

평문 문자	A B C D E F G H I J K L M N O P Q R S T U V W X Y Z
암호 문자	Y O W Z G L K M Q P E T X N U V S R I B W D H F C A

그림 10-9 **복잡한 암호화 표**

암호문은 'HG YBBYWE OGLURG BMRGG YX'가 되는데, 무슨 뜻인지 알만한 단서가 없어 보인다. 그러나 암호 분석가는 이를 보자마자 뜻 모를 이 메시지에 G가 다섯 개, B가 세 개 있음을 알아내고는 G를 E로, B를 T로 바꿀 것이다. 알파벳 문자 중에 E는 가장 많이 사용되는 알파벳이기 때문이다.

이와 같이 암호 분석가는 키를 몰라도 매우 쉽게 해독한다. 왜 그럴까? 그것은 시저 암호화 방법으로는 언어적인 패턴과 단어의 중복 사용을 숨길 수 없기 때문이다. 이런 암호화 유형은 평문에서 암호문으로 바뀔 때 문자만 바뀔 뿐 암호화 패턴이 똑같다. 시저 암호의 이런 면이 암호 분석가에게는 충분히 해독할 수 있는 단서를 제공하는 것이다.

2 트리테미우스 암호

시저 암호는 암호 분석가들에 의해 쉽게 해독되는 문제가 있다. 시저 암호에 비해 해독하기 어려운 방법인 트리테미우스^{Trithemius} 암호에 대해 살펴보자.

트리테미우스 암호는 [그림 10-10]과 같은 암호표를 이용해 암호화를 하는데, 이 암호표에 있는 알파벳은 줄이 바뀜에 따라 왼쪽으로 한 자리씩 이동하고 왼쪽에서 밀려난 알파벳은 오른쪽 끝으로 이동한다.

	A	B	C	D	E	F	G	H	I	J	K	L	M	N	O	P	Q	R	S	T	U	V	W	X	Y	Z
1	A	B	C	D	E	F	G	H	I	J	K	L	M	N	O	P	Q	R	S	T	U	V	W	X	Y	Z
2	B	C	D	E	F	G	H	I	J	K	L	M	N	O	P	Q	R	S	T	U	V	W	X	Y	Z	A
3	C	D	E	F	G	H	I	J	K	L	M	N	O	P	Q	R	S	T	U	V	W	X	Y	Z	A	B
4	D	E	F	G	H	I	J	K	L	M	N	O	P	Q	R	S	T	U	V	W	X	Y	Z	A	B	C
5	E	F	G	H	I	J	K	L	M	N	O	P	Q	R	S	T	U	V	W	X	Y	Z	A	B	C	D
6	F	G	H	I	J	K	L	M	N	O	P	Q	R	S	T	U	V	W	X	Y	Z	A	B	C	D	E
7	G	H	I	J	K	L	M	N	O	P	Q	R	S	T	U	V	W	X	Y	Z	A	B	C	D	E	F
8	H	I	J	K	L	M	N	O	P	Q	R	S	T	U	V	W	X	Y	Z	A	B	C	D	E	F	G
9	I	J	K	L	M	N	O	P	Q	R	S	T	U	V	W	X	Y	Z	A	B	C	D	E	F	G	H
10	J	K	L	M	N	O	P	Q	R	S	T	U	V	W	X	Y	Z	A	B	C	D	E	F	G	H	I
11	K	L	M	N	O	P	Q	R	S	T	U	V	W	X	Y	Z	A	B	C	D	E	F	G	H	I	J
12	L	M	N	O	P	Q	R	S	T	U	V	W	X	Y	Z	A	B	C	D	E	F	G	H	I	J	K
13	M	N	O	P	Q	R	S	T	U	V	W	X	Y	Z	A	B	C	D	E	F	G	H	I	J	K	L
14	N	O	P	Q	R	S	T	U	V	W	X	Y	Z	A	B	C	D	E	F	G	H	I	J	K	L	M
15	O	P	Q	R	S	T	U	V	W	X	Y	Z	A	B	C	D	E	F	G	H	I	J	K	L	M	N
16	P	Q	R	S	T	U	V	W	X	Y	Z	A	B	C	D	E	F	G	H	I	J	K	L	M	N	O
17	Q	R	S	T	U	V	W	X	Y	Z	A	B	C	D	E	F	G	H	I	J	K	L	M	N	O	P
18	R	S	T	U	V	W	X	Y	Z	A	B	C	D	E	F	G	H	I	J	K	L	M	N	O	P	Q
19	S	T	U	V	W	X	Y	Z	A	B	C	D	E	F	G	H	I	J	K	L	M	N	O	P	Q	R
20	T	U	V	W	X	Y	Z	A	B	C	D	E	F	G	H	I	J	K	L	M	N	O	P	Q	R	S
21	U	V	W	X	Y	Z	A	B	C	D	E	F	G	H	I	J	K	L	M	N	O	P	Q	R	S	T
22	V	W	X	Y	Z	A	B	C	D	E	F	G	H	I	J	K	L	M	N	O	P	Q	R	S	T	U
23	W	X	Y	Z	A	B	C	D	E	F	G	H	I	J	K	L	M	N	O	P	Q	R	S	T	U	V
24	X	Y	Z	A	B	C	D	E	F	G	H	I	J	K	L	M	N	O	P	Q	R	S	T	U	V	W
25	Y	Z	A	B	C	D	E	F	G	H	I	J	K	L	M	N	O	P	Q	R	S	T	U	V	W	X
26	Z	A	B	C	D	E	F	G	H	I	J	K	L	M	N	O	P	Q	R	S	T	U	V	W	X	Y

그림 10-10 **트리테미우스 암호표**

다음과 같은 평문을 트리테미우스 방법을 이용해서 암호화해보자.

PYTHON

우선 첫 번째 글자인 P는 트리테미우스 암호표의 첫 번째 줄을 적용해 P가 되고, 두 번째 글자인 Y는 두 번째 줄을 적용해 Z가 된다. 그리고 세 번째 글자인 T는 세 번째 줄을 적용해 V가 되는데, 이런 과정을 거치면 다음과 같은 암호문이 생성된다.

PZVKSS

3 비게네르 암호

비게네르Vigenere 암호는 앞에서 살펴본 트리테미우스 암호를 한 단계 발전시킨 것으로, 트리테미우스 암호의 i 번째 문자에 i 번째 줄에 있는 암호문을 적용하는 규칙성을 벗어난 암호화 방법이다. 규칙성을 깸으로써 해독이 상당히 복잡해진 것이다.

비게네르 암호에서는 암호화키가 필요한데, 다음이 암호화키라고 해보자.

> 7, 1, 11, 19

다음 평문을 암호화해보자.

> PYTHON

암호화키가 7, 1, 11, 19라는 의미는 다음과 같이 첫 번째 글자에는 [그림 10-10] 암호표에서 7번째 줄의 암호문을 적용하고, 두 번째 글자에는 1번째 줄의 암호문을, 세 번째 글자에는 11번째 줄의 암호문을, 네 번째 글자에는 19번째 줄의 암호문을 그리고 다섯 번째 글자에는 다시 처음으로 돌아가 7번째 줄의 암호문을 적용한다는 것이다.

P	Y	T	H	O	N
7	1	11	19	7	1

그림 10-11 비게네르 암호화키 적용 ①

즉 첫 번째 글자인 P는 7번째 줄의 암호문을 적용해 V가 되고, 두 번째 글자인 Y는 1번째 줄의 암호문을 적용해 Y, T는 11번째 줄의 암호문을 적용해 D가 된다. 이런 과정을 모두 거치면 결국 다음과 같은 암호문이 생성된다. 물론 비게네르 암호에 의해 생성된 암호문을 해독하기 위해서는 암호화키를 알아야 한다.

> VYDZUN

```
      A B C D E F G H I J K L M N O P Q R S T U V W X Y Z
 1  A B C D E F G H I J K L M N O P Q R S T U V W X Y Z
 2  B C D E F G H I J K L M N O P Q R S T U V W X Y Z A
 3  C D E F G H I J K L M N O P Q R S T U V W X Y Z A B
 4  D E F G H I J K L M N O P Q R S T U V W X Y Z A B C
 5  E F G H I J K L M N O P Q R S T U V W X Y Z A B C D
 6  F G H I J K L M N O P Q R S T U V W X Y Z A B C D E
 7  G H I J K L M N O P Q R S T U V W X Y Z A B C D E F
 8  H I J K L M N O P Q R S T U V W X Y Z A B C D E F G
 9  I J K L M N O P Q R S T U V W X Y Z A B C D E F G H
10  J K L M N O P Q R S T U V W X Y Z A B C D E F G H I
11  K L M N O P Q R S T U V W X Y Z A B C D E F G H I J
12  L M N O P Q R S T U V W X Y Z A B C D E F G H I J K
13  M N O P Q R S T U V W X Y Z A B C D E F G H I J K L
14  N O P Q R S T U V W X Y Z A B C D E F G H I J K L M
15  O P Q R S T U V W X Y Z A B C D E F G H I J K L M N
16  P Q R S T U V W X Y Z A B C D E F G H I J K L M N O
17  Q R S T U V W X Y Z A B C D E F G H I J K L M N O P
18  R S T U V W X Y Z A B C D E F G H I J K L M N O P Q
19  S T U V W X Y Z A B C D E F G H I J K L M N O P Q R
20  T U V W X Y Z A B C D E F G H I J K L M N O P Q R S
21  U V W X Y Z A B C D E F G H I J K L M N O P Q R S T
22  V W X Y Z A B C D E F G H I J K L M N O P Q R S T U
23  W X Y Z A B C D E F G H I J K L M N O P Q R S T U V
24  X Y Z A B C D E F G H I J K L M N O P Q R S T U V W
25  Y Z A B C D E F G H I J K L M N O P Q R S T U V W X
26  Z A B C D E F G H I J K L M N O P Q R S T U V W X Y
```

그림 10-12 비게네르 암호화키 적용 ②

4 전치형 암호

지금까지 살펴본 암호 방법은 평문의 문자 하나하나를 암호문의 문자로 바꾸는 치환형 암호였다. 또 다른 암호화 기술로 전치형 암호가 있는데, 이는 원문의 문자 위치를 바꾸어 암호문을 생성하는 방법이다.

쉽게 생각할 수 있는 전치형 암호의 예로 다음과 같이 바꾸는 것을 들 수 있다. 이는 문자를 좌측으로 두 칸씩 옮기고 맨 앞의 두 자는 뒤로 옮기는 방법이다.

ILIKEYOU → IKEYOUIL

의미 있는 전치형 암호의 예를 살펴보자. 다음 평문을 암호화해보자.

LINUX PROGRAMMING LANGUAGE

다음 그림과 같이 4×6 행렬에 가로 방향으로 문장을 나열한다. 그다음 이를 가로 방향으로 읽지 말고 첫 번째 열을 시작으로 세로 방향으로 읽어 암호화한다.

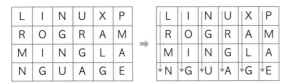

그림 10-13 **암호화(가로 방향으로 나열한 후 세로 방향으로 읽음)**

세로 방향으로 읽은 결과 다음과 같은 암호문이 생성된다.

LRMNIOIGNGNUURGAXALGPMAE

이 암호문을 더 해독하기 어렵게 하려면 4×6 행렬에 가로 방향으로 암호문을 다시 나열한다. 그다음 첫 번째 열을 시작으로 세로 방향으로 읽으면 새로운 암호문이 생성된다.

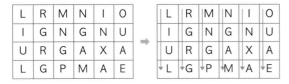

그림 10-14 **반복된 암호화(암호문을 가로 방향으로 나열 후 세로 방향으로 읽음)**

반복해서 암호화하면 다음과 같이 더 복잡한 암호문이 생성된다.

LIULRGRGMNGPNGAMINXAOUAE

이 방법은 반복하는 횟수가 많을수록 해독이 어려워지지만, 행렬의 행과 열의 크기가 같으면 다시 평문으로 돌아오는 문제가 생길 수 있다.

5 폴리비우스 암호

치환형 암호와 전치형 암호화 방법은 알파벳 문자의 사용 빈도 패턴을 이용하므로 관찰력이 뛰어난 해독가에 의해 암호문이 해독되기 쉬운 문제점이 있다. 이러한 문제점을 해결하고자 하는 암호화 기법이 폴리비우스 암호다. 폴리비우스Polybius 암호는 고대 그리스 시민인 폴리비우스가 만든 것으로 문자를 숫자로 바꾸어 표현하는 암호화 기법이다.

다음 그림은 암호화하는 데 필요한 암호표로 5×5 행렬에 알파벳을 차례대로 나열한 것이다. 알파벳 문자는 26자인데 행렬에는 25자의 문자만 저장할 수 있으므로 행렬의 2행 4열에 I와 J를 함께 저장했다.

	1	2	3	4	5
1	A	B	C	D	E
2	F	G	H	I/J	K
3	L	M	N	O	P
4	Q	R	S	T	U
5	V	W	X	Y	Z

그림 10-15 **폴리비우스 암호표**

이 암호표를 이용해 문장을 숫자 형태의 암호문으로 변환한다. 예를 들어 문자 f는 2행 1열에 위치하므로 21로, 문자 p는 3행 5열이므로 35로 암호화된다. 주어진 평문을 암호문으로 변경하면 다음과 같다.

INFORMATION → 24 33 21 34 42 32 11 44 24 34 33

폴리비우스 암호는 [그림 10-15]와 같이 암호표가 알파벳순으로 나열되어 해독하기 쉽다는 문제가 있다. 이때 암호표를 알파벳순에 상관없이 나열하면 해독하기 어려워진다. [그림 10-16]의 암호표는 'INFORMATION AND COMMUNICATION TECHNOLOGY'라는 문장을 이용해 만든 표로, 앞에서부터 'INFORMATION AND COMMUNICATION TECHNOLOGY'를 중복되지 않게 채우고 나머지는 알파벳 순서대로 나열한 것이다.

	1	2	3	4	5
1	I	N	F	O	R
2	M	A	T	D	C
3	U	B	E	G	H
4	J	K	L	P	Q
5	S	V	W	X	Y/Z

그림 10-16 **알파벳 순서 없는 암호표**

[그림 10-16]의 암호표를 이용하여 주어진 평문을 암호문으로 변경하면 다음과 같다.

LANGUAGE → 43 22 12 34 31 22 34 33

그러나 이 방법 역시 동일한 문자에 대해 동일한 숫자로 암호화되므로 해독 전문가들이 해독하기 쉽다. 이때 폴리비우스 암호화 방법에 전치형 암호를 결합하면 해독이 어려운 암호문을 생성할 수 있다. '43 22 12 34 31 22 34 33'에 전치형 암호를 결합하는 방법은 다음 그림에 있는 것처럼 두 개로 결합된 숫자를 분리해 재배치하면 '42 13 32 33 32 24 12 43'과 같은 암호문을 생성할 수 있다.

L A N G U A G E

4	2	1	3	3	2	3	3
3	2	2	4	1	2	4	3

그림 10-17 **전치형 암호화 방법 결합**

공개키 암호화 방식

최근 사용되는 대부분의 암호화 방식은 공개키 암호화 방식이다. 이 절에서는 공개키 암호화 방식의 효시가 되는 DH 비밀키 교환 방식과 공개키 암호화 방식의 대표적인 예인 RSA 방식에 대해 살펴본다.

1 공개키 암호화 방식의 개념

앞에서 살펴본 비밀키 암호화 방식은 암호화키를 여러 사람이 공유하기 때문에 암호화키가 유출될 가능성이 높다. 다음 그림을 보자. 사용자 A가 암호화키를 이용해서 암호화한 암호문을 사용자 B에게 보낸다. 그러면 사용자 B는 같은 암호화키를 이용해서 암호문을 복호화한다. 만약 임의의 사용자 C에게 암호문과 암호화키가 유출되면 암호문이 해독되는 문제가 발생한다.

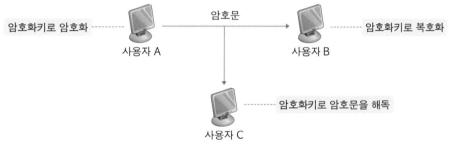

그림 10-18 **암호화키 공유로 인한 문제**

반면 공개키 암호화 방식에서는 공개키와 비밀키 두 개의 키를 사용하는데, 공개키를 이용해서 암호화하고 비밀키를 이용해서 복호화한다. 암호문을 해독하려면 비밀키를 알아야 한다. 따라서 여러 사람이 공유하는 공개키가 유출되어도 아무런 문제가 없다. 예를 들어 사용자 A는 사용자 B의 공개키를 이용해서 암호화한 암호문을 사용자 B에게 보낸다. 그러면 사용자 B는 자신의 비밀키를 이용해서 암호문을 복호화한다. 만약 사용자 C에게 암호문과 사용자 B의 공개키가 유출된다고 해도 사용자 C는 사용자 B의 비밀키가 없으므로 암호문을 해독하지 못한다. 물론 사용자 B의 비밀키가 유출되면 문제가 생길 수 있으나 비밀키는 자신만이 간직하는 키이므로 유출될 가능성은 희박하다.

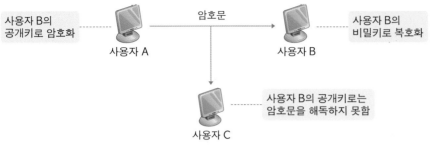

그림 10-19 **공개키 암호화 방식**

2 DH 비밀키 교환 방식

암호화는 흔히 자물쇠를 잠그는 행위에 비유되고, 복호화는 자물쇠를 여는 행위에 비유되어 암호화와 복호화에 사용되는 수단을 키^{key}라고 한다. 전후시대 이후 암호는 계속 발전해왔다. 그 중 1970년대까지는 암호화키와 복호화키가 같은 것이라고 생각했기 때문에 복호화 작업은 언제나 암호화 작업을 반대 방향으로 되풀이하는 것으로 인식되었고, 복호화를 위해서는 반드시 암호화에 사용된 키와 동일한 키가 필요하다는 것이 상식이었다.

그러나 스탠포드 대학의 디피^{Diffie}와 헬만^{Hellman}은 그와 같은 암호의 상식을 깨고자 했다. 이들은 암호화에는 공개키$^{public\ key}$를, 복호화에는 그와 다른 비밀키$^{private\ key}$를 이용하자는 공개키 암호$^{PKC,\ Public\ Key}$ ^{Cryptography} 개념을 제안했다. 그리고 이들은 두 사용자들 사이에 만나는 번거로움 없이 비밀키를 교환할 수 있는 방식을 개발하였는데 이를 DH$^{Diffie-Hellman}$ 비밀키 교환 방식이라 한다. DH 비밀키 교환 방식은 공개키 암호화 방식의 효시가 되었다.

DH 비밀키 교환 방식의 동작 과정을 살펴보자. 우선 철수가 DH 비밀키 교환 방식에 필요한 값을 정하는데, 이 값 중 개인적인 값과 공개해도 좋은 값으로 나눈다. 철수는 공개 DH 값을 영희에게 보낸다. 이 값은 제3자에게 누출될 가능성이 있다. 영희는 전송받은 공개 DH 값과 자신만의 개인적인 값을 이용해서 새로운 공개 DH 값과 암호화키를 만든다. 영희는 공개 DH 값을 철수에게 보내는데, 이 값도 누출될 가능성이 있다. 그러면 철수는 영희에게서 받은 공개 DH 값과 개인적인 값을 이용해 암호화키를 만들어낸다. 이 과정에서 철수와 영희가 주고받는 공개 DH 값이 누출되어도 제3자가 암호화키를 생성할 수는 없다.

다음 예를 통해 자세한 동작 과정을 살펴보자.

① 철수는 큰 소수 p, 베이스 g, 지수 x1 세 수를 선택한다. 계산을 쉽게 하기 위해 p는 43, g는 17, x1 은 4로 한다.

② 다음 공식을 적용하여 y1을 생성한다. y1은 15가 된다. p, g, y1은 공개하는 값이고, x1은 노출하 면 안 되는 개인적인 값이다. 수식에서 'a mod b'는 a를 b로 나눈 나머지를 의미한다.

$$y1 = g^{x1} \bmod p$$

③ 철수는 p(43), g(17), y1(15)을 영희에게 보낸다.

④ 영희는 자신만의 지수 x2를 선택하는데, x2를 6이라 하자. 그리고 다음 공식을 적용하여 y2를 생성 한다. y2는 35가 된다.

$$y2 = g^{x2} \bmod p$$

⑤ 영희는 다음 공식을 적용하여 비밀키 s를 생성하는데, s는 11이 된다.

$$s = y1^{x2} \bmod p$$

⑥ 영희는 y2(35)를 철수에게 보낸다.

⑦ 철수도 다음 공식을 적용하여 비밀키 s를 생성하는데, s는 11이 된다.

$$s = y2^{x1} \bmod p$$

⑧ 철수와 영희는 11이란 비밀키를 사용해 암호문을 만들고 해독하게 된다.

3 RSA 암호화 방식

디피와 헬만의 공개키 암호 개념을 기반으로 MIT 공대 연구팀 소속의 세 학자 리베스트^{Rivest}, 셰미르^{Shamir}, 아델만^{Adleman}은 '공개키로 암호화하고, 그와 다른 비밀키로만 열 수 있는' 암호화 알고리즘을 고안해내고자 했다. RSA 암호화 방식은 이런 아이디어를 구체화한 최초의 방식으로, 미국의 대중 잡지 「사이언티픽 아메리칸^{Scientific American}」의 1977년 8월호에 선보이게 된다. RSA란 세 학자 이름의 첫 글자를 따서 만든 명칭이다. 이들은 연구 결과가 나오기 전까지 40개가 넘는 알고리즘을 만들었다가 폐기했다고 한다. 매우 힘든 과정이었지만 끝까지 포기하지 않았기에 결국 단순 명료하면서도 깊이가 있는 알고리즘을 만들어낼 수 있었다. 현재 디지털 서명 시스템은 RSA 알고리즘에 상당 부분 의존하고 있다.

RSA 암호화 방식의 동작 원리를 알아보자. 이 방식은 두 개의 큰 소수의 곱과 추가 연산을 통해 공개키와 비밀키를 구한다. 이 과정을 거쳐 키들이 생성되면 처음의 두 소수는 더 이상 중요하지 않으므로 버려도 무방하다. 공개키는 모두에게 공개되는 키이지만, 비밀키는 자신만이 가지고 있는 키로 남에게 공개되어서는 안 된다. 이런 비밀키는 공개키에 의해 암호화된 메시지를 복호화하는 데 사용된다.

철수가 영희에게 암호문을 보내는 상황을 가정해보자.

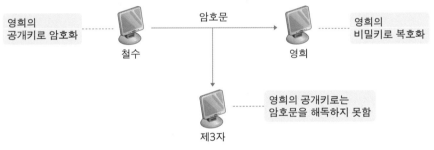

그림 10-20 **철수가 영희에게 암호문 전송**

철수는 누구에게나 공개된 영희의 공개키를 이용해 보내고자 하는 메시지를 암호화한다. 그리고 영희에게 암호화된 메시지를 보낸다. 암호문을 받은 영희는 자신의 비밀키를 이용해 암호화된 메시지를 복호화한다. 이때 암호문을 제3자가 가로챈다 하더라도 영희의 비밀키가 없으므로 암호문을 해독하지 못한다. 이 외에도 철수 자신의 비밀키를 사용해서 디지털 서명을 암호화하여 함께 보내준다면 철수가 보낸 메시지임을 더욱 확신시켜 줄 수 있다. 메시지를 받은 영희는 철수의 공개키를 사용해 암호화된 서명을 복호화할 수 있다. 즉 '발신자 도장'을 찍어 보냄으로써 신뢰를 줄 수 있는 것이다.

RSA는 상당히 큰 두 소수의 곱을 소인수분해하는 것은 어렵다는 점을 이용해 만든 공개키 알고리즘으로, 수학적 이해가 필요하다. RSA 암호화 방식의 공개키와 비밀키 생성 과정을 살펴보자.

① 적당히 비슷하고 큰 소수 p, q를 선택한다. 쉬운 계산을 위해 간단한 소수 13(p)과 11(q)을 선택한다.

② 다음 공식을 적용하여 공개키 n을 생성한다.

n = p · q → 143 = 13 · 11

③ 다음 공식을 적용하여 ø(n)을 구한다.

ø(n) = (p−1) · (q−1) → 120 = 12 · 10

④ 다음 조건을 만족하는 e를 선택한다.

gcd(e, ø(n)) = 1, 1 〈 e 〈 ø(n) → gcd(e, 120) = 1과 1 〈 e 〈 120을 만족하는 23 선택

⑤ 다음 조건을 만족하는 d를 구한다(수식 'e · d ≡ 1 (mod ø(n))'은 e · d를 ø(n)로 나누었을 때 나머지가 1이 된다는 의미다).

e · d ≡ 1 (mod ø(n)), 1 〈 d 〈 ø(n)

    ↓

23 · d ≡ 1 (mod 120)과 1 〈 d 〈 120을 만족하는 d는 다음 절차에 의해 47이 됨
127 = 5 · 23 + 5
23 = 4 · 5 + 3
5 = 1 · 3 + 2
3 = 1 · 2 + 1

이므로

1 = 3 − 1 · 2
  = 3 − 1(5 − 3)
  = 3(2) + 5(−1)
  = (23 − 4 · 5)(2) + 5(−1)
  = 23(2) + 5(−9)
  = 23(2) + (120 − 5 · 23)(−9)
  = 23(47) + 120(−9)

이다. 따라서

23 · 47 ≡ 1 (mod 120) 이므로 d는 47이 된다.

⑥ {n, e}가 공개키고, {n, d}가 비밀키다. p, q, ø(n)은 공개되지 않도록 한다. {143, 23}이 공개키가
되고, {143, 47}이 비밀키가 된다.

공개키와 비밀키를 생성하는 방법을 알았으니 암호화하는 방법과 복호화하는 방법을 알아보자. 평문 문
자가 m일 때, 공개키 {n, e}를 이용해 암호 문자 c를 구하는 수식은 다음과 같다.

$$c = m^e \bmod n$$

그리고 암호 문자 c를 비밀키 {n, d}를 이용해 복호화하는 수식은 다음과 같다.

$$m = c^d \bmod n$$

앞의 예에 이어 철수가 문자 'J'를 암호화해서 영희에게 보내면, 영희가 어떤 과정으로 복호화하는지 살
펴보자.

① 문자 'J'의 아스키 코드 값은 1001010(74)이고, 영희의 공개키 {n, e}는 {143, 23}이므로 철수는 암
호화 수식에 대입하여 암호 문자 94를 구한다.

$$74^{23} \bmod 143 = 94$$

② 철수는 영희에게 암호 문자 94를 보낸다.

③ 암호 문자 94를 받은 영희는 자신의 비밀키 {n, d}가 {143, 47}이므로 복호화하는 수식에 대입하
여 74를 구해 평문 문자 'J'를 얻게 된다. 제3자가 암호 문자 94를 가로챈다고 해도 영희의 공개키인
{143, 23}만 가지고는 복호화할 수가 없다.

$$94^{47} \bmod 143 = 74$$

1 암호화 기술

인터넷 사용이 보편화됨에 따라 해킹, 바이러스 등의 사이버 범죄나 개인 정보 유출 등을 대비한 신원 확인, 정보 비밀성 유지, 무결성 유지 등의 기능이 필요하게 되었는데, 이때 사용되는 기술이 암호화 기술이다.

2 비밀키 암호화 방식의 개념

하나의 암호화키를 사용해서 암호화하고 복호화하는 방식이다.

3 비밀키 암호화 방식의 종류

• 시저 암호: 알파벳을 왼쪽으로 세 자리 이동해서 암호문을 생성하는 방법이다.

• 트리테미우스 암호: 트리테미우스 암호표를 이용해 암호화를 하는데 이 암호표에 있는 알파벳은 줄이 바뀜에 따라 왼쪽으로 한 자리씩 이동하고 왼쪽에서 밀려난 알파벳은 오른쪽 끝으로 이동한다.

• 비게네르 암호: 트리테미우스 암호를 한 단계 발전시킨 것으로, 트리테미우스 암호의 i 번째 문자에 i 번째 줄에 있는 암호문을 적용하는 규칙성을 벗어난 암호화 방법이다.

• 전치형 암호: 원문의 문자 위치를 바꾸어 암호문을 생성하는 방법이다.

• 폴리비우스 암호: 고대 그리스 시민인 폴리비우스가 만든 것으로, 문자를 숫자로 바꾸어 표현하는 암호화 기법이다.

4 공개키 암호화 방식의 개념

공개키를 이용해서 암호화하고 비밀키를 이용해서 복호화하는 방식이다.

5 공개키 암호화 방식의 종류

• DH 비밀키 교환 방식: 두 사용자가 직접 만나는 번거로움 없이 비밀키를 교환할 수 있는 방식으로, 스탠포드 대학의 디피[Diffie]와 헬만[Hellman]이 개발했다.

• RSA 암호화 방식: 공개키로 암호화하고 그와 다른 비밀키로 복호화하는 방식으로, MIT 공대 연구팀의 리베스트[Rivest], 셰미르[Shamir], 아델만[Adleman]이 개발했다.

1 다음 문장을 보고 물음에 답하시오.

> I LOVE YOU

(1) 암호화키 '3'을 이용해서 암호화하시오.

(2) 암호화키 'EDUCATION'을 이용해서 암호화하시오.

(3) 암호화키로 단어 'EDUCATION'과 숫자 '3'을 이용하여 암호화하시오.

(4) 비게네르 암호 방식을 이용해서 암호화하시오.

(5) 전치형 암호 방식을 이용해서 암호화하시오.

(6) 폴리비우스 암호 방식을 이용해서 암호화하시오.

2 비밀키 암호화 방식과 공개키 암호화 방식에 대해 설명하시오.

3 DH 비밀키 교환 방식에 대해 설명하시오.

4 RSA 암호화 방식에 대해 설명하시오.

APPENDIX

부록

A 튜링 기계

1 튜링 기계의 이해

독일의 수학자 힐버트David Hibert는 1928년에 '원칙적으로 수학의 모든 문제를 순서대로 해결할 수 있는 일반적인 기계적 절차가 있는가?'라는 문제를 제기했다. 튜링은 이 문제를 해결하기 위해 노력하다가 인간의 두뇌를 기계의 본보기로 설정하고, 사람처럼 계산하는 기계를 구성할 수 있다는 결론에 이르렀다.

이 기계는 훗날 튜링 기계Turing Machine라 불리게 되는데, 1936년 「계산 가능한 수와 결정 문제의 응용에 관하여On Computable Numbers, with an Application to the Entscheidungsproblem」라는 논문에 발표되었다. 논문의 내용을 요약하면 다음과 같다(논문에서 컴퓨터라는 용어는 현재 이야기하는 컴퓨터가 아니라 계산하는 사람을 의미한다).

- 종이에 기호를 쓰면서 계산을 하는데, 이때 종이는 정사각형의 칸으로 나누어진 테이프에 비유할 수 있다. 즉 계산을 수행하는 시스템은 컴퓨터와 테이프로 구성된다.
- 종이에 쓸 수 있는 기호의 수효는 유한한 것으로 가정한다.
- 컴퓨터에 의해 수행되는 동작은 그 순간 주목하고 있는 테이프 한 칸에 적힌 기호와 그 상태에 따라 결정된다. 그리고 동작이 수행된 뒤에 컴퓨터가 가지는 상태가 결정된다.
- 컴퓨터가 수행하는 기본 동작은 오로지 한 개의 기호만 변경되는 것으로 전제한다.

이런 튜링 기계는 다음과 같이 제어장치, 테이프, 입출력 헤드로 구성된다.

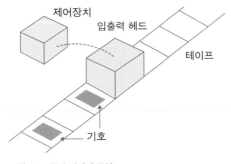

그림 A-1 **튜링 기계의 구성**

- **제어 장치**: 계산하는 사람의 마음 상태에 해당되는 상태들을 갖고 있는데, 이 상태 중 어느 한 상태에 의해 튜링 기계의 동작이 결정된다.
- **테이프**: 길이는 무한대인데, 각각의 칸에는 오로지 한 개의 기호를 갖고 있거나 아니면 비어 있다. 테이프에 기록된 기호의 수효는 유한하다.
- **입출력 헤드**: 제어 장치의 상태에 따라 테이프의 오른쪽 또는 왼쪽으로 한 칸씩 움직이며, 테이프에 저장된 기호를 읽거나 기록하고 지울 수 있다.

튜링 기계는 테이프에서 읽은 기호와 제어장치의 현재 상태에 따라 미리 정해진 동작 규칙대로 다음 상태를 결정하고, 입출력 헤드가 가리키고 있는 테이프의 칸에 기호를 쓰거나 지우고, 입출력 헤드를 오른쪽 또는 왼쪽으로 한 칸 움직인다. 튜링 기계가 어떤 동작을 하는지 나타내기 위해서는 다음과 같은 요소를 갖추어야 한다. 이 중 동작 규칙은 '(현재 상태, 읽은 기호, 다음 상태, 쓸 기호, 움직일 방향)' 형식으로 사용한다.

- 제어장치 상태들의 집합
- 테이프에 저장되는 기호
- 튜링 기계의 초기 상태
- 튜링 기계가 동작을 멈추는 상태
- 동작 규칙

2 튜링 기계의 동작

튜링 기계가 어떻게 동작하는지 두 개의 예제를 통해 살펴보자.

2.1 임의의 숫자에 1을 더하는 튜링 기계

임의의 숫자에 1을 더하는 튜링 기계를 살펴보자. 테이프 n개의 연속적인 칸에 기호가 적혀있는 상태에서 튜링 기계를 수행하면 오른쪽 칸에 기호가 하나 더 붙게 된다.

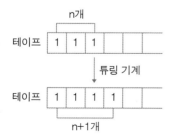

그림 A-2 n개의 연속적인 칸에 기호가 적힌 상태에서 튜링 기계 수행

이를 위한 다섯 가지 요소는 다음과 같이 정의한다. 정의에서 #은 빈 칸을 의미하고, R은 입출력 헤드가 테이프의 오른쪽 칸으로 이동함을 의미한다.

- 제어장치의 상태들의 집합: {q, h}
- 테이프에 저장되는 기호: {1, #}
- 튜링 기계의 초기 상태: q
- 튜링 기계가 동작을 멈추는 상태: h
- 동작 규칙

  (q, #, h, 1, R) (q, 1, q, 1, R)

다음과 같은 세 개의 기호가 적혀있는 테이프를 예로 들어 튜링 기계의 동작 과정을 살펴보자.

1	1	1			

그림 A-3 세 개의 기호가 적혀있는 테이프

① 튜링 기계의 초기 상태는 q이고, 입출력 헤드는 첫 번째 칸에 위치한다.

(상태: q)

② 현재 상태가 q이고 테이프 칸으로부터 읽은 기호가 1이므로 (q, 1, q, 1, R) 동작 규칙이 적용된다. 다음 상태는 q가 되고 현재 칸에는 1이 써지고 오른쪽으로 한 칸 이동한다.

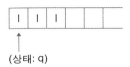

(상태: q)

③ ② 단계와 동일한 규칙이 적용되어 다음과 같이 된다.

(상태: q)

④ ② 단계와 동일한 규칙이 적용되어 다음과 같이 된다.

(상태: q)

⑤ 현재 상태가 q이고 테이프 칸에 기호가 없으므로 (q, #, h, 1, R) 동작 규칙이 적용된다. 다음 상태
는 h가 되고 현재 칸에는 1이 써지고 오른쪽으로 한 칸 이동한다.

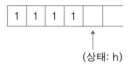

(상태: h)

⑥ 현재 상태가 h이므로 튜링 기계가 동작을 멈춘다. 결국 테이프에는 기호가 하나 더 붙게 되어 +1 효
과를 보게 된다.

2.2 주어진 2진수가 4의 배수인지 판별하는 튜링 기계

주어진 2진수가 4의 배수인지를 판별하는 튜링 기계를 살펴보자. 4의 배수인 2진수는 마지막 두 자리가
모두 0이므로 이를 판별하면 된다.

1000 (10진수 8)
1100 (10진수 12)
10100 (10진수 20)

이 튜링 기계는 '예' 또는 '아니요'라는 결과를 반환해야 하므로, '예'인 경우에는 'y' 상태로 동작을 멈추고
'아니요'인 경우에는 'n' 상태로 동작을 멈춘다. 이를 위한 다섯 가지 요소는 다음과 같이 정의한다. 정의
에서 L은 입출력 헤드가 테이프의 왼쪽 칸으로 이동함을 의미한다.

- 제어장치의 상태들의 집합: {q0, q1, q2, y, n}
- 테이프에 저장되는 기호: {0, 1, #}
- 튜링 기계의 초기 상태: q0
- 튜링 기계가 동작을 멈추는 상태: {y, n}
- 동작 규칙:

  (q0, 0, q0, 0, R) (q0, 1, q0, 1, R) (q0, #, q1, #, L)

  (q1, 0, q2, 0, L) (q1, 1, n, 1, R) (q1, #, n, #, R)

  (q2, 0, y, 0, R) (q2, 1, n, 1, R) (q2, #, y, #, R)

그러면 다음과 같이 2진수 1100이 적혀있는 테이프를 예로 들어 동작 과정을 살펴보자.

| 1 | 1 | 0 | 0 | |

그림 A-4 **2진수 1100이 적혀있는 테이프**

① 튜링 기계의 초기 상태는 q0이고 입출력 헤드는 첫 번째 칸에 위치한다.

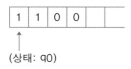

(상태: q0)

② 현재 상태가 q0이고 테이프 칸으로부터 읽은 기호가 1이므로 (q0, 1, q0, 1, R) 동작 규칙이 적용된다. 다음 상태는 q0이 되고 현재 칸에는 1이 써지고 오른쪽으로 한 칸 이동한다.

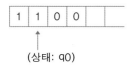

(상태: q0)

③ ② 단계와 동일한 규칙이 적용되어 다음과 같이 된다.

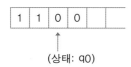

(상태: q0)

④ 현재 상태가 q0이고 테이프 칸으로부터 읽은 기호가 0이므로 (q0, 0, q0, 0, R) 동작 규칙이 적용된다. 다음 상태는 q0이 되고 현재 칸에는 0이 써지고 오른쪽으로 한 칸 이동한다.

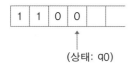

(상태: q0)

⑤ ④ 단계와 동일한 규칙이 적용되어 다음과 같이 된다.

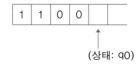

(상태: q0)

⑥ 현재 상태가 q0이고 테이프 칸으로부터 읽은 기호가 없으므로 (q0, #, q1, #, L) 동작 규칙이 적용된다. 다음 상태는 q1이 되고 현재 칸은 빈 칸으로 두고 왼쪽으로 한 칸 이동한다.

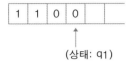

(상태: q1)

⑦ 현재 상태가 q1이고 테이프 칸으로부터 읽은 기호가 0이므로 (q1, 0, q2, 0, L) 동작 규칙이 적용된다. 다음 상태는 q2가 되고 현재 칸에는 0이 써지고 왼쪽으로 한 칸 이동한다.

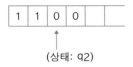

(상태: q2)

⑧ 현재 상태가 q2이고 테이프 칸으로부터 읽은 기호가 0이므로 (q2, 0, y, 0, R) 동작 규칙이 적용된다. 다음 상태는 y가 되고 현재 칸에는 0이 써지고 오른쪽으로 한 칸 이동한다.

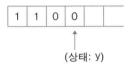

(상태: y)

⑨ 현재 상태가 y이므로 튜링 기계가 동작을 멈춘다. 결국 종료 상태가 y이므로 4의 배수임을 밝히게 된다.

두 가지 예를 통해 튜링 기계의 동작 과정을 살펴보았다. 앞에서 살펴본 튜링 기계는 하나의 작업을 위한 것으로, 할 수 있는 일은 지극히 제한되어 있다. 따라서 다른 작업을 수행하기 위해서는 새로운 튜링 기계를 만들어야 한다.

반면 다른 어떤 튜링 기계의 동작도 처리할 수 있는 튜링 기계를 생각해볼 수 있는데, 이를 범용 튜링 기계Universal Turing Machine라 한다. 범용 튜링 기계는 어떤 프로그램이든지 읽고 해석하여 테이프의 데이터를 처리할 수 있다. 이런 범용 튜링 기계의 특성에 의해 설계된 것이 바로 디지털 컴퓨터다.

B 파이선 설치 및 간단한 코드 작성

1 파이선 설치와 실행

파이선은 무료로 다운로드하여 사용할 수 있다. http://www.python.org/ 사이트에 접속한 후 [Downloads]-[Download Python 3.x.x]를 클릭해 설치 파일인 python-3.x.x.exe를 원하는 위치에 저장한다.

그림 A-5 파이선 설치 파일 다운로드

다운로드한 python-3.x.x.exe 파일을 더블클릭한다. 실행 창이 뜨면 'Add Python 3.6 to PATH'에 체크하고 [Install Now]를 클릭한다. 설치가 완료되면 [Close]를 눌러 창을 닫는다.

그림 A-6 파이선 설치

윈도우의 [시작] 버튼을 누르고 [모든 프로그램]-[Python 3.6]-[IDLE (Python 3.6 32-bit)]를 클릭해 파이선을 실행한다.

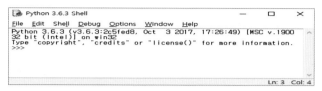

그림 A-7 **파이선 실행**

2 간단한 코드 작성

파이선 편집 창의 프롬프트(>>>)에 print('안녕하세요')를 입력한 후 Enter 키를 눌러보자. '안녕하세요'가 출력된다. 그런데 이 방법은 한 순간에 하나의 명령어만 실행시킬 수 있으므로 규모가 큰 프로그램을 작성하고 실행시키는 데 한계가 있다.

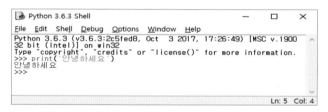

그림 A-8 **한 줄 코드 작성**

코드가 긴 프로그램은 [File]-[New File]을 선택하여 스크립트 모드에서 작성하는 것이 좋다. 스크립트 모드에서 다음과 같이 작성한 후 [File]-[Save]를 선택해 파일을 저장해보자(확장자는 .py). [Run]-[Run Module]을 선택하거나 F5 키를 누르면 프로그램이 실행된다.

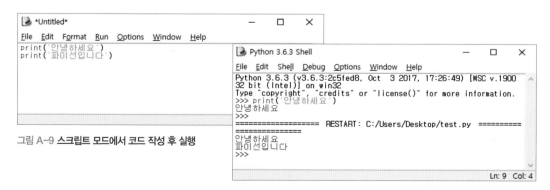

그림 A-9 **스크립트 모드에서 코드 작성 후 실행**

찾아보기